商学院
文　库

数字经济学

嵇正龙　编著

扫码申请更多资源

南京大学出版社

图书在版编目(CIP)数据

数字经济学 / 嵇正龙编著. -- 南京 : 南京大学出版社，2025.1. -- ISBN 978-7-305-28632-2

Ⅰ. F062.5

中国国家版本馆 CIP 数据核字第 2024H748Q9 号

出版发行　南京大学出版社

社　　址　南京市汉口路 22 号　　　邮　编　210093

书　　名　**数字经济学**
　　　　　SHUZI JINGJIXUE

编　　著　嵇正龙

责任编辑　武　坦　　　　　　　　编辑热线　025 - 83592315

照　　排　南京开卷文化传媒有限公司

印　　刷　盐城市华光印刷厂

开　　本　787 mm×1092 mm　1/16 开　印张 14.75　字数 341 千

版　　次　2025 年 1 月第 1 版

印　　次　2025 年 1 月第 1 次印刷

ISBN　978 - 7 - 305 - 28632 - 2

定　　价　46.00 元

网　　址:http://www.njupco.com

官方微博:http://weibo.com/njupco

官方微信:njupress

销售咨询热线:025 - 83594756

前　言

　　数字经济发展水平已经成为一个国家或地区综合实力和可持续发展潜力的重要标志。数字经济与农业经济、工业经济极为不同，数据成为生产要素。数据要素不同于物质生产要素，具有可以重复使用、可以自我增殖、可以共享、依赖数字技术等特征，导致数字经济出现边际收益递增、边际成本趋近于零、网络外部性等新经济现象和规律。中国数字经济发展取得了令人瞩目的成就，探索形成了独特的发展模式，成为培育新质生产力的核心和关键。人工智能、大数据、云计算、物联网等数字技术与实体经济深度融合，引致新产业、新模式和新业态层出不穷，一大批具有代表性的数字经济产业和企业涌现出来，成为中国经济发展的新引擎。这就对学科交叉融合、文理知识兼备、实践能力强的"新文科"应用型人才产生迫切需求。

　　鉴于此，本书遵循从微观到宏观的经典经济学理论阐释逻辑框架，吸收数字经济研究的前沿理论内容，融入数字经济发展最新实践，并辅以多元的案例分析，较为系统地介绍了数字经济的理论及其应用，试图帮助读者构建较为完整的数字经济相关知识体系，培养读者理解数字经济运行规律、开展独立思考、阐释数字经济现象、解决现实问题的能力。本书的主要特色与创新如下：

　　一是遵循主流经济学阐述逻辑框架，实现讲授与学习连贯性衔接。沿着"产品—市场—企业—产业—治理—增长"从微观到宏观的基本逻辑，对数字经济中的产品需求与供给、数字产业发展、数字经济增长等内容进行凝练与创新，梳理了数字经济领域的前沿理论和创新应用，构建了较为完整的数字经济知识框架体系，能够充分体现经济学经典分析方法的延伸与扩展、应用实践，帮助读者系统性地掌握数字经济的理论和应用实例。

　　二是立足中国数字经济发展实践，紧随数字经济学学科前沿。中国数字经济发展的速度和规模均居全球前列，且持续增长，呈现出强大的韧性，为数字经济研究提供了丰富的本土素材。本书在中国数字经济实践的基础上诠释经济学的基本概念和重要理论，将中国数字经济发展的前沿动态现实问题与经济理论有机结合，充分体现了科学性与实践性。同时，梳理数字经济研究的国内外前沿文献资料,将数字经济的新现象与经济学的经典理论相联系,对数字货币、数据跨境、增长核算等前沿热点问题有着诸多科学且新颖的论述,具有较强的前瞻性。

三是利用本土案例展开理论阐释,探索产教融合特色。本书提供教学课件、习题答案等多种形式媒体资源,极大地丰富了知识的呈现形式,拓展了本书内容,在提升课程讲授效果同时,为读者自学提供思考与探索的空间。本书在写作上做到深入浅出,简明扼要,用生动翔实的本土案例,如江苏钟吾大数据发展集团有限公司数据确权、格力大松(宿迁)与京东智联云联合开展智能制造等,解释了复杂经济现象背后的数字经济基础理论,揭示了数字经济的运行规律,体现了产教融合特色。

四是把思政元素融入专业内容,寓价值观引导于知识传授之中。本书以习近平新时代中国特色社会主义思想为指导,体现出鲜明的立德树人、经世致用的价值取向。本书融入理想信念、价值取向、政治信仰、社会责任等题材与内容,有助于在传授专业知识的同时全面提高读者缘事析理、明辨是非的能力,以培养德才兼备、全面发展的应用型人才。

嵇正龙负责全书体例框架设计,并统稿润色。本书编撰具体分工如下:第一、二、三、四、五、六、八、十章,以及每章典型案例由嵇正龙编撰;第七章由姜丽丽编撰;第九章由苗书迪编撰。

本书借鉴了大量国内外专家的著作文献、研究成果以及网络资源,在资料来源、注释或参考文献部分均已列出。在此向各位专家学者一并致以诚挚的谢意!数字经济的实践远远领先于理论研究,许多问题的探讨还有待深入,我们将持续探索,永不止步。囿于编著者学识水平不足,错谬之处在所难免,恳请专家及读者批评指正。

嵇正龙

2024 年 11 月

目　录

第一章 导 论

本章概要

经济发展历程见证了从信息经济、网络经济到数字经济的逐步演进,与之相匹配的理论框架也清晰地展现从信息经济学、网络经济学到数字经济学的逐步演化。数字经济的内涵、特征及其构成,因不同国家和地区关注焦点的差异而展现丰富多元的面貌。本书遵循经典经济学的逻辑框架,从微观至中观,再至宏观层面,为读者提供一个全面、深入且富有前瞻性的数字经济认知框架。

目标要求

1. 了解数字经济的发展历程。
2. 熟悉数字经济理论发展脉络。
3. 掌握数字经济的内涵界定、特征、构成。

本章内容

第一节 数字经济演进

一、数字经济历史演进

(一) 信息经济

20 世纪 40 年代,信息科学的蓬勃兴起引领了一场经济范式转型,标志着经济结构的核心逐渐从传统的物理维度迈向新兴的信息维度。进入 60 年代,随着大型计算机的横空出世以及 ARPANET 网络的奠基,特别是传输控制协议(TCP)与网际协议(IP)的标准化确立,不同网络间的无缝互联成为可能,最终孕育了今天所依赖的互联网体系。随后的 70 至 80 年代,个人计算机的普及如同催化剂一般,激发了操作系统与软件行业的初步繁荣,为信息技术的广泛应用奠定了坚实基础。至 90 年代,围绕互联网构建的计算机硬件制造、通信硬件、软件研发及信息服务等产业迎来了"井喷"式增长,互联网技术臻于成熟,信息经济在发达国家国民经济体系中的核心地位日益凸显。相较于传统的物质经济,信息经济以其高科技含量为核心特征,聚焦于半导体、芯片、集成电路、电子计算机、电信网络等尖端信息产品与服务。其经济活动形态体现了信息形态的转换与流转,涵盖知识信息的创造、处理、存储、传播、分配及应用的全方位、多环节,构建了一个以信息为驱动力的全新经济生态。

(二) 网络经济

在 20 世纪末至 21 世纪初的交界,互联网商业模式迎来了划时代的变革。这时期以新闻门户网站、电子邮件服务及电子商务的兴起为标志,实现了信息的精准分类与高效聚合,被业界广泛称为"Web 1.0 阶段"或"门户时代"。随着互联网信息的急剧膨胀,以搜索引擎为核心的网络经济新势力迅速崛起,标志着网络经济正式迈入以用户为核心、强调互动与个性化的"Web 2.0 时代"。随后,移动互联网的浪潮席卷全球,用户的社交关系网络逐渐迁移至线上,以 X(原 Twitter)、微博、微信等为代表的社交平台和即时通信工具迅速崛起,不仅改变了人们的交流方式,也使社交网络成为网络经济中最为炙手可热的领域之一。在此期间,电子商务产业更是以前所未有的速度蓬勃发展,成为驱动网络经济增长的关键力量。伴随着海量数据的生成与累积,数据跨越国界在全球范围内流动,对传统的分布式数据处理能力构成了严峻挑战。由此,催生了数字技术的飞速进步与创新,推动了数据处理、分析及应用的边界不断拓展,为网络经济的发展奠定了坚实的技术基础。

(三) 数字经济

自 21 世纪的第二个十年起,经济社会的发展显著地烙上了"线上线下深度融合"的印记。这个阶段,以 5G 通信技术、大数据分析、物联网、云计算、区块链及人工智能为代表的前沿科技,如雨后春笋般在经济社会的各个领域广泛渗透与应用,不仅成为推动社会进步的通用技术基石,更为数据作为新型生产要素的转化与高效利用铺设了坚实的技术轨道。数字技术的深度融入,不仅加速了传统产业的数字化转型步伐,使其焕发新生,更激发了创新活力,催生出了一系列新兴产业形态与前所未有的经济运行模式。数字化转型不仅改变了生产、分配、交换和消费等经济活动的各个环节,还促进了全球经济结构的优化升级,标志着世界正式迈入了数字经济的新纪元。在数字经济时代,数据成为关键的生产要素,驱动着经济增长的新引擎。通过高效整合与智能分析,数据赋能传统产业转型升级,同时孕育出基于数据服务的新业态、新模式,为全球经济的可持续发展注入了强大动力。

2022 年,ChatGPT 的横空出世,无疑在人工智能技术的浩瀚星空中点亮了一颗璀璨的新星,特别是在自然语言处理的核心领域,标志着一次意义深远的重大突破与飞跃。这一具有里程碑意义的成就,不仅彰显了人工智能技术的无限潜力与创新能力,也促使数字经济的内涵与外延得到了更为丰富的拓展,引领着全球经济向更加智能化、高效化的方向迈进。

二、数字经济理论演化

伴随着数字经济波澜壮阔的演进历程,数字经济学的理论体系亦经历了从信息经济学、网络经济学至数字经济学的逐步深化与演进,紧密契合了信息技术、网络技术以及数字技术持续拓展与迭代的步伐。每一阶段的跨越,都是信息技术对经济社会全方位、深层次渗透的生动体现,不仅促进了传统经济结构的重塑与升级,更催生了一系列前所未有的新业态与新模式,改变了全球经济的运行方式与未来走向。数字经济学的发展脉络,正是对变革的洞察与理论总结。

1962 年,美国经济学家弗里茨·马克卢普(Fritz Machlup)在其开创性著作《美国的知识生产与分配》中,首次引入了"知识产业"的概念,剖析了知识生产的特征与内在机制。他从部门经济的独特视角出发,构建了一套针对信息产业的核算体系,对当时美国知识产业的规模进行了初步而系统的估算,为后续信息经济研究的兴起奠定了坚实的理论基础。时光流转至 1977 年,马克·尤里·波拉特(Mac Uri Porat)在继承丹尼尔·贝尔(Daniel Bell)后工业化社会理论精髓的基础上,进一步将"知识产业"的概念演进为"信息产业",并创新性地提出了基于农业、工业、服务业与信息业四大板块的全新产业划分框架。在这个框架下,信息产业细分为两个核心部门:第一信息部门专注于向市场提供信息产品或服务,第二信息部门则涵盖政府及非信息企业为满足内部需求而开展的信息服务活动。波拉特进一步将经济划分为物质与能源转换领域与信息转换领域两大板块,两者相互交织、相辅相成,共同构成了现代社会的经济结构。他强调,物质与能源的生产离不开知识与信息的支撑,而信息的生成、处理与流通亦需物质与能源的支持。该理论框架迅速获得美国商务部及经济合作与发展组织(OECD)的认可,并被广泛应用于信息经济在国民经济中占比的测算实践。随着研究的深入,信息经济的概念在后续出版的《信息经济》系列研究报告中得到了广泛传播与深化。从"信息产业"到"信息经济"的称谓转变,不仅映射出信息与通信技术(ICT)与经济社会日益紧密的融合趋势,更标志着信息经济作为一种新型经济形态正式登上历史舞台。1983 年,保罗·霍肯(Paul Hawken)在其著作《未来的经济》中,对信息经济进行了更为深入的阐述,将其定义为一种基于新技术、新知识与新技能驱动的新型经济模式。霍肯指出,在信息经济中,信息成分超越物质成分成为主导,信息本身已成为一种关键的生产要素。他进一步观察到,现代工业产品的物质与信息构成比例正发生根本性变化,预示着物质经济正逐步向信息经济转型。霍肯预言,未来经济的繁荣将高度依赖于物质与信息在经济体系中占比的动态调整与优化。至此,信息经济作为一个明确且系统的概念被正式确立,并在全球范围内引发了广泛讨论与深入研究。

自 20 世纪 90 年代以来,信息经济的概念及其理论体系在全球范围内引发了广泛的兴趣与深入探讨。与此同时,电子商务等前沿业态与模式的迅猛发展,不仅超越了波拉特所界定的"第一信息部门"与"第二信息部门"的范畴,更促使"互联网经济"的新兴概念逐渐深入人心,成为时代的新宠。2005 年,联合国发布的里程碑式报告《信息经济报告》中,对信息经济的内涵进行了更为宽泛的阐述。报告指出,信息经济远不止于信息与通信技术(ICT)本身,也不仅仅局限于 ICT 在电子商务中的核心作用,而是涵盖 ICT(特别是互联网与电子商务模式)广泛扩散与应用所带来的深远社会与经济变革。该观点极大地丰富了信息经济的理论框架,使其更加贴近当代经济社会发展的实际。进入 2010 年,经济合作与发展组织在年度报告中,将传统的"信息技术展望"(Information Technology Outlook)标题变更为"互联网经济展望"(The Internet Economy Outlook),体现了时代概念的转型。OECD 的报告,其研究视野已远远超越了单纯的信息技术范畴,转而聚焦于互联网经济所触发的广泛经济社会活动。报告内容涵盖社会各阶层互联网使用状况的深入调研、互联网未来发展趋势的前瞻性预测,以及对互联网技术及其带来的隐私安全等问题的深度剖析,全面展现了互联网经济在推动全球经济社会变革中的核心地位与巨大潜力。

数字经济的概念,其公认的起源可追溯至 1996 年,由唐·泰普斯科特(Don Tapscott)在其著作《数字经济:网络智能时代的前景与风险》中首次明确提出,用以描绘随着互联网信息技术的兴起而涌现的新型经济形态。同年,尼古拉斯·尼葛洛庞帝(Nicholas Negroponte)在《数字化生存》一书中,从网络本质的独特视角,将数字经济精辟地概括为"利用比特而非原子的经济",该理念迅速风靡全球,影响了人们对未来经济形态的认知。进入 20 世纪末至 21 世纪初,数字经济概念迅速成为各国政府关注的焦点,初期多被等同于"电子商务"。1997 年,日本政府率先将"数字经济"纳入官方语境,并将其视为广义电子商务的代名词。随后,美国商务部在 1998 年至 2000 年,连续发布了《浮现中的数字经济》(Ⅰ、Ⅱ)及《数字经济》等系列研究报告,进一步将数字经济的范畴拓展至电子商务与信息技术产业的融合体。2000 年,美国人口普查局(Bureau of the Census)发布的《数字经济测度》报告,更是提出了一个详尽的数字经济核算框架,将数字经济细化为支持基础设施、电子业务流程及电子商务交易三大核心组成部分,为数字经济的量化分析与评估奠定了坚实基础。随着时代的演进,数字经济的概念不断超越其初始范畴,不再局限于电子商务的单一维度,而是展现更加广泛、深入且高级的发展态势。该范式转变,不仅重塑了经济社会的面貌,更带来了前所未有的变革。2011 年,技术经济学领域的杰出学者布莱恩·阿瑟(Brian Arthur)在《第二经济体》一文中,以独到的视角指出,工业革命通过机器动力构建了经济的"肌肉系统",数字革命则如同为经济打造了一套"神经系统",使得原本在物理世界中进行的经济活动得以在数字领域内高效运行。这无疑是自工业革命以来最为深远且重大的经济变革,标志着人类社会正式迈入了一个由数字技术全面驱动的新时代。

中国信息通信研究院在其发布的《中国数字经济发展白皮书(2017 年)》中,洞察数字经济发展趋势,从生产力的全新维度构建了数字经济"两化"框架——数字产业化与产业数字化。该框架强调,数字经济已远远超越了传统信息通信产业的边界,其核心价值在于数字技术作为通用目的技术的广泛应用,深度渗透至经济社会各领域、各行业,不仅促进了经济的稳健增长,还显著提升了全要素生产率,开辟了经济增长的新蓝海。随后,在《中国数字经济发展与就业白皮书(2019年)》中,研究院敏锐捕捉到了数字经济背景下组织形态与社会结构的显著变迁,进而从生产力和生产关系双重视角出发,提出了数字经济"三化"框架的拓展,即数字产业化、产业数字化与数字化治理并重。该框架揭示了数字经济在推动经济高质量发展、效率提升及动力转换方面的巨大作用,同时强调了其对政府、组织、企业等治理模式的深远影响,生动体现了生产力和生产关系在新时代背景下的辩证统一关系。步入2020年,《中国数字经济发展与就业白皮书》再次升级,将数字经济的发展脉络细化为"四化"框架,即数据价值化、数字产业化、产业数字化与数字化治理四位一体。该框架高度聚焦于数据作为关键生产要素的核心地位,强调数字化、网络化、智能化的深度融合正以前所未有的力度推动生产力与生产关系的全面系统变革。在该框架下,数据化的知识和信息成为驱动经济社会发展的新引擎,不仅重塑了生产要素的结构,更引领着生产力与生产关系的调整与升级,为中国数字经济的理论研究与实践探索提供了更为丰富与深入的视角。

2020年4月,具有里程碑意义的《中共中央　国务院关于构建更加完善的要素市场化配置体制机制的意见》正式颁布,开创性地将"数据"新兴要素与传统要素(如土地、劳动力、资本、技术)并驾齐驱,明确提出了加速培育数据要素市场的战略部署。这标志着数据在国家经济体系中的核心地位得到了前所未有的重视与认可。进入2023年,中国对数字经济与科技创新的推动力度持续加大。9月,习近平总书记在黑龙江考察时,高瞻远瞩地指出:"我们必须有效整合科技创新资源,引领发展战略性新兴产业和未来产业,加快形成新质生产力。"这不仅为科技创新指明了方向,也为数字经济的高质量发展注入了强劲动力。同年12月,中央经济工作会议再次聚焦科技创新与产业创新的深度融合,强调:"要以科技创新为引擎,强力驱动产业创新,特别是要依托颠覆性技术和前沿技术的突破,催生出一批批新兴产业、创新模式与增长动能,从而推动新质生产力的蓬勃发展。"这不仅体现了中国政府对数字经济时代机遇的洞察与精准把握,也为全球数字经济理论创新提供了丰富而生动的中国实践案例与宝贵经验。中国在数字经济领域的积极探索与显著成就,不仅为自身经济社会发展注入了强大活力,也为全球数字经济理论体系的完善与创新贡献了重要力量。

第二节　数字经济内涵

一、数字经济定义

1996年,唐·泰普斯科特首次提出"数字经济"概念,并归纳了其十二大典型特征,包括知识驱动、全面数字化、高度虚拟化、分子化结构、集成与互联工作模式、去中介化趋势、资源聚合效应、持续创新能力、消费者与生产者的双重角色、即时性响应、全球化覆盖以及内在的不一致性等。这个阶段,数字经济内涵界定虽然具有开创性,但更多聚焦于其部分显著特征,尚未能全面而精确地定义复杂经济形态。随后,美国商务部通过一系列深入研究报告,将数字经济初步界定为电子商务及其背后的信息技术产业,强调了电子商务作为数字经济核心组成部分的重要性。美国人口普查局则进一步细化了数字经济的构成,将其划分为三大支柱:电子商务基础设施(涵盖硬件、软件、网络及系统)、电子业务(依托计算机网络进行的各类商务活动,如电子邮件通信、视频会议等)以及电子商务交易(特指基于计算机网络平台实现的商品与服务交易,如在线书籍与音乐CD的销售)。早期对数字经济的探讨,多聚焦于数字技术作为生产力的直接表现,广泛涉及通信设备制造、信息技术服务、数字内容创作等产业领域,以及技术在市场中的广泛应用。往往倾向于从狭义角度理解数字经济,将其概念范畴限定于数字产业本身,即那些从传统经济中独立出来,并显著具备数字化特征的产业集合。尽管这些讨论有其合理性,但未能充分捕捉数字经济在推动经济社会全面转型中的广泛影响与深远意义。

随着数字经济的持续演进与深化发展,人们的研究视角逐渐拓展至数字技术对经济功能的深度挖掘以及对生产关系的根本性变革,关于数字经济的界定也随之呈现出日益广义化的趋势。2013年,澳大利亚政府率先将数字经济描述为通过互联网、移动电话等数字技术,实现全球经济社会的高度网络化与互联互通的全新模式。2015年,欧洲议会进一步揭示了数字经济的复杂网络结构,强调其由无数个不断增长的节点交织而成的多层次、多维度的特性。2018年,美国商务部对数字经济的定义进行了全面升级,涵盖信息与通信技术行业、支撑计算机网络运行的数字基础设施、依托计算机系统完成的数字交易(如电子商务)以及用户创造与访问的数字内容(如数字媒体),全面展现了数字经济的多元化与综合性。在全球层面,2016年G20杭州峰会达成的《二十国集团数字经济发展与合作倡议》具有里程碑意义,首次在全球范围内对数字经济进行了系统性定义,从关键要素、发展条件、实施路径及目标愿景等多个维度深入剖析,明确指出数字经济是以数字化知识和信息为核心生产要素,依托现代信息网络,通过高效利用信息与通信技术推动效率提升与经济结构优化的经济活动集合。与此同时,OECD在《数字经济展望2017》中,将数字经济视为经济社会全面数字化转型的集中体现,并强调了数字化与互联性作为技术支柱对传统生产成本结构与组织模式的影响,倡导充分利用信息与通信技术与互联网,激发数字经济在创新发展与包容性增长方面的巨大潜力。

中国在数字经济领域的研究与实践同样走在前列。2018年,中国信息化百人会课题组提出,数字经济是全社会基于数据资源深度开发利用而形成的新型经济形态。2021年,国家统计局则进一步细化了数字经济的定义,强调其以数据资源为关键生产要素,以现代信息网络为载体,以信息与通信技术为效率提升与经济结构优化的核心驱动力。最新的定义来自2022年国务院印发的《"十四五"数字经济发展规划》,该规划明确指出,数字经济作为继农业经济、工业经济之后的主要经济形态,以数据资源为核心要素,现代信息网络为重要载体,通过信息与通信技术的深度融合应用与全要素数字化转型,推动经济实现更高水平的公平与效率统一,开启了数字经济发展的新篇章。

基于已有研究,本书认为数字经济是继农业经济、工业经济之后的主要经济形态,是以数据资源为关键要素,以现代信息网络为主要载体,信息与通信技术融合应用,不断提高经济社会的数字化、网络化、智能化水平,促进全要素数字化转型,培育新质生产力,形成新型生产关系,推动经济持续增长,促进公平与效率更加统一的新经济形态。

二、数字经济构成

(一)国内数字经济构成研究

1. 数字经济四化框架

中国信息通信研究院于 2020 年从生产要素、生产力和生产关系三个维度提出由数据价值化、数字产业化、产业数字化、数字化治理组成的数字经济四化框架。一是数据价值化。作为数字经济发展的基石,数据价值化强调数据作为关键生产要素的重要性。加速数据价值化进程,是解锁数字经济潜力的本质所在。数据以其可存储、可重用的特性,呈现出爆发式增长与海量集聚的态势,成为推动实体经济向数字化、网络化、智能化转型的基础性战略资源。该过程涵盖数据采集、标准化、确权、标注、定价、交易、流转及保护等多个关键环节,共同构建起数据价值实现的完整链条。二是数字产业化。作为数字经济发展的先头部队,数字产业化聚焦于信息通信产业,为数字经济的蓬勃发展提供强有力的技术支撑、产品供给、服务保障及解决方案。该领域广泛涵盖电子信息制造业、电信业、软件与信息技术服务业、互联网行业等,特别是 5G、集成电路、软件、人工智能、大数据、云计算、区块链等前沿技术、产品及服务的迅猛发展,更是为数字经济的飞跃式发展奠定了坚实基础。三是产业数字化。作为数字经济发展的主战场,产业数字化通过深度融合数字技术于传统产业之中,显著提升生产效能与产出规模,其新增产值已成为数字经济不可或缺的组成部分。数字经济绝非简单的数字堆砌,而是深度融合的经济形态,其最终目的是推动实体经济高质量发展。在此过程中,工业互联网、两化融合、智能制造、车联网、平台经济等融合型新产业、新模式、新业态层出不穷,为数字经济发展开辟了广阔空间。四是数字化治理。作为数字经济健康可持续发展的护航者,数字化治理致力于运用数字技术创新国家治理体系与提升治理能力,是实现国家治理现代化的重要途径。这要求建立健全基于数字技术的行政管理制度体系,创新服务监管模式,推动行政决策、执行、组织、监督等体制机制的全面优化。数字化治理的实践包括但不限于多元共治模式的探索、数字技术与治理的深度融合(技管结合)以及数字化公共服务的普及与提升,共同促进政府治理效能与社会福祉的全面提升。

2. 数字经济统计口径

2021 年 5 月,国家统计局正式颁布了《数字经济及其核心产业统计分类(2021)》,该分类体系全面而精准地界定了数字经济的产业范畴,将其细分为五大类:数字产品制造业、数字产品服务业、数字技术应用业、数字要素驱动业以及数字化效率提升业。五大类下进一步细化为 32 个中类与 156 个小类，构建了详尽且层次分明的数字经济产业分类体系。前四大类——数字产品制造业、数字产品服务业、数字技术应用业与数字要素驱动业，共同构成了数字经济的产业化部分，即数字经济的核心产业支柱，不仅是技术创新与产业升级的引领者，也是数字经济价值创造与增长的主要源泉。第五大类——数字化效率提升业，则专注于推动产业数字化进程，通过深度融合数字技术于传统产业之中，显著提升生产效率与产业附加值，是数字经济向更广泛经济领域渗透与融合的关键环节，展现了数字经济赋能实体经济、促进经济转型升级的深远影响。

（二）国外数字经济构成研究

美国商务部经济分析局（Bureau of Economic Analysis）在 2018 年 3 月开创性地建立了数字经济卫星账户体系，首次对数字经济的规模进行了全面测算，并自此开启了年度性的修正与更新进程。该过程不仅标志着数字经济测度方法的重大进步，也见证了数字经济范畴从"以数字化为核心"的产品与服务向"包含部分数字化元素"的更广泛领域拓展的演变趋势。截至 2021 年 6 月，美国数字经济卫星账户已发展成为一个高度精细化的分类体系，将数字经济细分为三大核心类别：基础设施（涵盖硬件、软件及配套设施）、电子商务（包括企业对企业 B2B 及企业对消费者 B2C 两种模式）、收费数字服务（具体细分为云服务、电信服务、互联网与数据服务、数字中介服务以及所有其他类型的收费数字服务）。三大类别下进一步细化为十个具体小类，紧密对接北美产业分类体系中的 292 个细分行业，确保了数字经济测度的高度精确性与全面性。此分类体系的不断演进，不仅反映了数字经济在全球范围内的快速发展与渗透，也体现了美国作为数字经济领先国家，在数字经济测度与研究方面的持续努力与创新。

2019 年 5 月，加拿大统计局在深入借鉴经济合作与发展组织（OECD，2017）及美国商务部经济分析局（BEA，2018）的先进经验与实践基础上精心构建了加拿大独特的数字经济分类体系。该体系将数字经济划分为三大核心领域，即数字赋能基础设施、数字订购交易以及数字交付产品，三者共同构成了加拿大数字经济发展的三大支柱。为了更精准地反映数字经济在各行各业中的渗透与影响，该分类体系进一步细化为 70 个供应和使用产品代码（SUPC）对应的行业，实现了对数字经济活动的全面覆盖与细致刻画。在 70 个行业中，有 36 个行业专注于提供完全数字化的产品与服务，展现了数字经济在创新商业模式与产品形态方面的卓越成就；另外 34 个行业则通过提供部分数字化的产品与服务，同样为数字经济的蓬勃发展贡献了重要力量，体现了数字经济与传统产业深度融合的广泛性与深度。该分类体系的建立，不仅为加拿大政府及社会各界了解、监测和评估数字经济提供了有力工具，也为加拿大在全球数字经济领域保持领先地位奠定了坚实基础。

英国数字、文化、媒体和体育部对数字部门进行了全面而细致的划分，将其精心组织为电子产品与计算机制造业、计算机与电子产品批发业、出版业（不含笔译与口译）、软件发布业、影视娱乐业、电信业、计算机编程、咨询与相关活动、信息服务活动、计算机与通信设备维修业等九个核心子行业,并进一步细化为 36 个具体小类,以精准捕捉数字领域的多元化发展态势。该分类体系不仅体现了英国数字部门的高度专业化与细分化,也彰显了其在推动数字经济全面发展方面的深远考虑与战略布局。

第三节　研究内容框架

一、研究内容

数字经济学肩负着核心使命,即深入探索数字经济发展的内在规律,并据此制定前瞻性政策,以驱动数字经济持续繁荣。为达成此目标,数字经济学不仅需根植于传统经济学的深厚土壤,汲取其理论体系的精髓,更需勇于开拓创新,构建专属于自身的学科理论框架。本书遵循由微观到宏观的严谨逻辑脉络,层层递进地展开论述。

在微观层面,聚焦于数字产品,深入分析其独特属性,尤其在网络外部性和正反馈的影响下,数字产品效用和成本特征显著不同于传统产品,从而导致需求与供给表现出独有特征。进而,深入探讨数字经济环境下企业的行为模式和生产要素的新形态,揭示其在数字经济转型中的关键作用。中观层面,本书将研究重心转向数字经济产业组织,探讨双边市场结构特征、运行规律及发展趋势,聚焦平台经济发展,关注数字生态培育,讨论数字经济发展基础,为理解数字经济产业生态的复杂性和多样性提供有力支撑。在宏观维度上,全面审视数字金融的变革,分析其对传统金融体系乃至全球经济格局的影响;探讨数字经济贸易的新模式、新挑战与新机遇;研究数字经济治理的体系构建和策略选择,以应对数字时代的新挑战;关注数字经济核算方法的创新,以准确衡量数字经济对经济增长的贡献;探讨数字经济增长的动力机制和可持续发展路径,为制定数字经济政策提供科学依据。

本书旨在深入探讨新兴经济形态下,经济体系的演变轨迹、新兴经济规律的诞生以及其对传统经济理论的挑战与拓展。数字经济学的研究内容分为以下五个方面:

(一) 数字经济本质的深度剖析与界定

首要任务是对数字经济进行精准界定,明确其研究范畴与边界,同时细致剖析其本质特征。通过对比数字经济与传统经济,揭示二者之间的根本差异与内在联系,为深入研究奠定坚实基础。

(二) 数字经济现象背后的经济学原理探索

数字经济领域涌现出诸多前所未有的经济现象,如边际收益递增、网络外部性、需求方规模效应、正反馈机制以及竞争性垄断等。本部分致力于从理论上解析新经济现象的成因及其内在逻辑,挖掘其背后的经济学意义,为现代经济学理论的创新发展开辟新路径。

(三)数字经济中经济主体行为的微观分析

在数字经济浪潮下,生产、流通、消费等经济主体的行为模式发生了变化。本书从微观视角出发,深入剖析生产者和消费者在数字经济环境中的决策过程,揭示市场供需均衡的新条件。同时,运用产业组织理论,对企业生产策略、定价机制和竞争合作行为等进行全面解析,阐述数字经济中经济主体的行为法则。

(四)数字经济运行与公共经济政策的前沿研究

数字经济对宏观经济运行产生了深远影响,包括经济增长模式的转型、经济周期的波动、产业结构的升级以及国际竞争格局的重塑等。本部分针对数字经济中的市场失灵问题,将深入研究公共政策的制定逻辑,为政府决策提供坚实的理论依据,以促进数字经济的健康发展。

(五)数据要素与数字经济增长的新视角

在数字经济时代,数据作为新兴生产要素,对消费与生产模式产生了颠覆性影响。本书将探讨数据要素如何重塑经济增长机制,并分析其对外贸易数字化转型的推动作用。此外,面对数字经济带来的挑战,宏观经济增长的核算方法与原理也需相应调整与变革,以更准确地反映数字经济的实际贡献与价值。

二、分析框架

沿袭传统经济学分析框架,融合数字经济的发展特征,对传统经济学进行创新性拓展与深化。通过剖析数字经济发展中涌现的新形态、新模式及其伴生的新现象、新问题,深入探索并揭示数字经济运行的基本规律与核心理论。此举不仅能够显著提升经济理论在数字经济环境下的适用性与解释力,更将有力促进资源在新发展阶段的高效配置与深度利用,为经济的数字化转型与高质量发展提供坚实的理论支撑与方向引领。鉴于数字经济正以不可阻挡之势蓬勃发展,构建一门专注于数字经济研究的经济学分支显得尤为迫切与重要。该分支将专注于解析数字经济时代的特有规律,为政策制定者、企业家及社会各界提供科学、系统的理论工具与决策参考,共同推动数字经济与实体经济深度融合,开创经济发展的新篇章。

根据数字经济学的研究内容,本书的分析框架见图1-1。

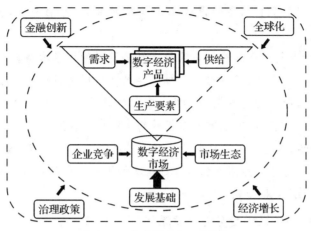

图 1-1　本书的知识逻辑框架

 案例 01

国家间新赛道:全球数字经济多极化格局

导语:国际贸易从工业经济时代的物理产品主导转向数字经济时代的数字产品主导,开辟了国家间竞争新赛道。传统经济贸易强国的优势在数字经济时代依然得到延续。但是数字经济的虚拟性、高附加值性、高渗透性等特色属性,也为不同水平的国家和地区创造了同台竞技的机会。

当前,新一轮科技革命和产业变革为各国带来新的发展机遇,数字经济发展势头仍较为强劲,发展潜力加快释放,成为推动各国经济复苏的重要力量。

1. 数字经济加速构筑经济复苏关键支撑

在总量方面,全球数字经济规模持续扩张。各主要国家纷纷把数字经济作为应对疫情冲击、提升经济发展能力的重要手段,加快发展半导体、人工智能、数字基础设施、电子商务、电子政务等,全球数字经济迎来新一轮发展热潮。2022 年,全球 51 个主要经济体数字经济规模为 41.4 万亿美元,上年同比口径规模为 38.6 万亿美元,2022 年较上年增长2.9 万亿美元,数字经济发展活力持续释放。

在占比方面,数字经济成为全球经济发展的重要支撑。当前,全球范围内传统生产经营方式正在发生深刻变革,数字化基础设施、智能化生产线、智能机器人、数据要素等逐渐成为经济发展的主要动力来源,有效支撑经济持续稳定发展。2022 年,全球 51 个主要经济体数字经济占国内生产总值(GDP)比重为 46.1%,上年同比口径为 44.3%,同比提升1.8 个百分点,数字经济在国民经济中的地位稳步提升。

在增速方面,数字经济成为全球经济增长的活力所在。数字经济发展创新活跃,新模式新业态持续涌现,持续为全球经济平稳回升注入动力。2022年,全球51个主要经济体数字经济同比名义增长7.4%,高于同期GDP名义增速4.2个百分点,有效支撑全球经济持续复苏。

在结构方面,产业数字化依然是全球数字经济发展的主导力量。数字技术加速向传统产业渗透,2022年,全球51个主要经济体数字产业化规模为6.1万亿美元,占数字经济比重为14.7%,占GDP比重为6.8%;产业数字化规模为35.3万亿美元,占数字经济比重为85.3%,占GDP比重为39.3%,较上年提升约1.8个百分点。

在产业渗透方面,全球三二一产业数字经济持续渗透。2022年,全球51个主要经济体第三、第二、第一产业数字经济增加值占行业增加值比重分别为45.7%、24.7%和9.1%,分别较前一年提升0.7、0.5和0.2个百分点。

2. 全球数字经济多极化趋势进一步深化

整体看,中、美、欧基于市场、技术、规则等方面优势,持续加大数字经济发展力度,数字经济规模持续扩大,全球数字经济三极格局持续巩固。其中,中国数字经济规模仅次于美国,拥有全球最大的数字市场,数字经济顶层设计日益完善,数据资源领先全球,数字产业创新活跃,数字中国建设成效显著。美国数字经济稳居世界第一,产业规模、产业链完整度、数字技术研发实力和数字企业全球竞争力等方面位居世界前列。欧盟具有优秀的科技和创新资源,凭借其在数字治理上的领先,形成与中美两强优势互补的第三极。具体来看:

在规模方面,美、中、德连续多年位居全球前三位。2022年,美国数字经济蝉联世界第一,达到17.2万亿美元;中国位居第二,规模为7.5万亿美元;德国位居第三,规模为2.9万亿美元。此外,日本、英国、法国数字经济规模也都超过1万亿美元。

在占比方面,英国、德国、美国数字经济占GDP比重位列全球前三位,占比均超过65%。韩国、日本、爱尔兰、法国等四国数字经济占GDP比重也超过51个国家平均水平。新加坡、中国、芬兰、墨西哥、沙特阿拉伯等五国数字经济占GDP比重为30%~45%。

在增速方面,沙特阿拉伯、挪威、俄罗斯数字经济增长速度位列全球前三位,增速均在20%以上。另有巴西、墨西哥、新加坡、印度尼西亚、越南、土耳其、美国、澳大利亚、马来西亚、以色列、中国和罗马尼亚等12个国家数字经济增速超过10%。

在产业渗透方面,经济发展水平较高的国家产业数字化转型起步早、技术应用强、发展成效明显。在第一产业数字化方面,英国一产数字经济渗透率最高,超过30%,此外,德国、沙特阿拉伯、韩国、新西兰、法国、芬兰、美国、日本、新加坡、爱尔兰、丹麦、中国、俄罗斯、挪威等14个国家一产数字经济渗透率高于51个国家平均水平。在第二产业数字化方面,德国、韩国二产数字经济渗透率超过40%。此外,美国、英国、爱尔兰、日本、法国、新加坡等国家二产数字经济渗透水平高于51个国家平均水平。在第三产业数字化方面,英国、德国三产数字经济发展遥遥领先,三产数字经济渗透率超过70%。此外,美国、日本、法国等三产数字经济渗透水平高于51个国家平均水平。

资料来源:中国信息通信研究院:全球数字经济白皮书(2023),2024年1月。

评语:数字经济已经成为驱动全球经济稳定增长的关键支撑。世界各国都试图在新的经济世界中获得话语权。数字经济并非脱离传统经济独立存在,传统的经济强国依然在主导数字经济的发展。在中美欧三极之外,其他国家也基于自身的特色优势融入数字经济发展,获得了溢出效应。

思考:为什么全球数字经济竞争格局与传统经济竞争格局如此相似? 全球数字经济中,中美欧三极各有什么特色和优势? 小国如何跟上数字经济高速发展的步伐?

课后习题

1. 梳理数字经济演进发展脉络。
2. 简要阐释数字经济构成分类。
3. 简述数字经济学研究内容。

第二章　数字产品需求与供给

本章概要

　　从数字经济的核心规律——网络外部性和正反馈效应出发,探讨数字产品及其需求与供给的内在机制。明确了数字产品的定义、类型及其特征,剖析了数字产品需求与效用的特征规律。在需求侧,分析了影响数字经济中消费需求的多重因素;在供给侧,探讨了沉没成本、转移成本、交易成本等关键因素对数字产品供给的影响。此外,我们还引入了梅特卡夫定律、摩尔定律、达维多定律、吉尔德定律等经典理论,以及长尾效应等前沿概念,揭示了数字产品供给的独特规律。

目标要求

1. 理解并掌握网络外部性和正反馈机制。
2. 熟悉梅特卡夫定律、摩尔定律、吉尔德定律、达维多定律、长尾效应等。
3. 掌握数字产品的内涵、分类。
4. 掌握数字产品需求、供给等的基本原理。
5. 应用需求、供给理论分析数字产品消费者效用和生产成本。

本章内容

第一节　网络外部性与正反馈

一、网络外部性

(一) 网络效应与网络外部性

1. 网络效应

网络效应指的是在网络环境中消费者选择一项商品或服务所能获得的效用,与选择相同商品或服务的人数相关。网络效应揭示了数字经济时代市场参与者之间错综复杂的相互影响机制。简而言之,网络效应描述了在网络环境中,消费者选择某一商品或服务所获得的效用,并非孤立存在,而是紧密关联于选择相同商品或服务的人数,如图2-1所示。该效应是数字经济领域普遍存在的现象,客观而直接地体现了网络规模扩大对产品价值的正向推动作用。网络效应的根源可追溯至网络价值的直接显现,其深层次原因根源于网络的三大特性:系统性、信息流的交互性以及基础设施的垄断性。网络作为一个复杂的系统,其内部各元素之间相互依存、相互影响,共同构成了一个动态平衡的整体。随着网络节点的增加,即用户数量的增长,网络内部的信息流动变得更加频繁与高效。交互性不仅丰富了信息的多样性,也促进了价值的创造与传递。同时,网络基础设施的垄断性,在一定程度上保障了网络的稳定运行与持续发展,为网络效应的发挥提供了坚实的基础。因此,网络效应不仅仅是简单的数量累积,更是质量上的飞跃,促使产品价值随着网络的扩展而不断攀升,形成了一种良性循环:用户数量的增加提升了产品价值,而产品价值的提升又进一步吸引了更多用户的加入。正向反馈机制,正是数字经济时代企业竞争与市场发展的核心动力所在。

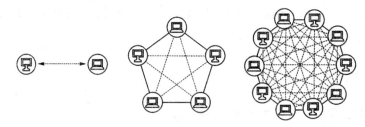

图2-1　网络效应示意图

网络效应的影响力根植于其多维度的属性之中,具体包括节点与链接、网络密度、方向性、节点间关系以及临界点等关键要素。

首先,网络由节点与链接构成,节点作为网络的基石,代表着多样化的参与者,如消费者、设备、买家、卖家等。节点在网络中的影响力、权重与价值各异,其中,中心节点凭借其庞大的链接数量,往往在网络中占据核心的地位。

其次,网络密度是衡量网络紧密程度的指标,直接由链接与节点的比率决定。高密度网络意味着更频繁的交互与更紧密的联系,从而强化了网络效应,使得信息、价值等资源得以更高效地流通与增值。正如网络"大V"与普通用户在信息传播上的差异所展示的那样,高密度网络中的信息扩散速度与影响力显著提升。

再者,节点间的链接可能具有方向性,取决于节点间特定的交互模式,涵盖金钱流动、信息交流、通信等多种形式。方向性不仅塑造了网络的信息流向,也影响了资源的分配与价值的创造。例如,微博上的"大V"与普通用户间的单向信息流,与微信中更为双向互动的沟通模式,便体现了不同网络环境中方向性的差异。节点间的关系则主要分为一对一与一对多两种模式。一对多关系常见于信息单向传播的场景,如歌星与歌迷之间的互动,一对一关系则更多体现为相互间的直接交流。关系模式不仅影响了信息传递的效率与深度,也决定了网络效应的具体表现形式。

最后,临界点作为网络效应发挥的关键阈值,决定了产品从脆弱走向成熟的转折点。在达到临界点之前,产品可能面临价值认知不足、用户基础薄弱的挑战。因此,许多数字产品会选择采用免费策略或提供补贴,以迅速积累初始用户群体,推动产品跨越临界点,进而实现网络效应的爆发式增长。该过程不仅是对市场策略的考验,更是对网络效应理解与运用的体现。

2. 网络外部性

外部性,作为经济学领域中一个至关重要的概念,揭示了经济活动中一个主体(无论是生产者还是消费者)的行为如何以非直接市场交易的方式,对另一主体的福利状态产生正面或负面的外部效应。外部性无论是表现为额外的利益(即正外部性下的"溢出"收益)还是额外的成本(即负外部性下的"强加"成本),都并非直接由行为主体所获得或承担,而是以一种"非市场性"的附带形式影响着他人的经济状况。如图 2-2 所示,通过对比考虑社会边际成本(SMC)与仅考虑私人边际成本(PMC)及私人边际收益(PMR)的市场均衡状态,可以清晰地看到外部性对市场供需平衡的扭曲作用。在图 2-2 中,当社会成本被纳入考量时,市场均衡点位于 E_0,此时的市场供给量为 Q_0,反映了更为全面且合理的资源配置状态。若忽视社会成本,市场则会在 E_1 点达到均衡,供给量增加至 Q_1,该偏差正是外部性未被内部化的结果。外部性可细分为正外部性与负外部性两大类别。正外部性描绘了一幅积极的画面:某一经济主体的活动,如技术创新、环境保护措施等,不仅提升了自身的效率与效益,还意外地为周边人群或整个社会带来了额外的利益,且利益的获得者无须为此额外付费。负外部性则揭示了经济活动中的消极面:某些生产或消费行为,如污染排放、噪声干扰等,虽可能使行为主体获益,却给社会或他人造成了损害,而损害制造者未承担相应的成本,导致社会总成本增加,资源配置效率降低。因此,正确认识并有效管理外部性,对于促进经济活动的健康运行、维护社会公平与效率具有不可估量的价值。

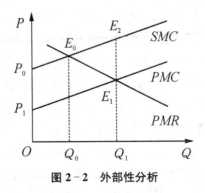

图 2-2 外部性分析

网络外部性指的是当一种产品对用户的价值随着使用相同产品或可兼容产品的用户增加而提高,即由于用户数量增加,在网络外部性的作用下,原有的用户免费得到了产品中所蕴含的新增价值而无须为这一部分的价值提供相应的补偿。网络外部性揭示了当某一产品的用户基数增长时,其对于每位用户的价值亦随之提升的现象。简而言之,网络外部性就是随着越来越多的人采用相同或兼容的产品,每个用户都能在不额外付费的情况下,享受到因用户群扩大而自然融入产品中的新增价值。从消费者视角审视尤为显著,成为理解网络外部性的主流途径,类似于规模经济在企业层面的体现——通过扩大生产规模降低成本、提升效益;网络外部性则是在消费者群体层面,通过用户规模的扩张,激发了对产品价值的共同提升,因此也被形象地称为"需求方的规模经济"。在此机制下,用户数量的增加不仅促进了产品的普及,还无形中为每位用户带来了额外的、无须额外支付的价值增益。

3. 网络效应与网络外部性辨析

网络外部性与网络效应虽紧密相连,但各具特色,是两个需细加区分的重要概念。在探讨网络外部性时,提及网络效应是必要的,但两者并不等同。信息产品的本质在于其互联的内在驱动力,人们创造与使用的核心目的,便是为了更有效地收集与分享信息。需求的满足程度,紧密依赖于网络的规模——当网络仅覆盖少数用户时,高昂的运营成本与用户间有限的交流机会成为制约因素,难以体现规模经济的优势。然而,随着用户数量的不断攀升,局面将发生根本性转变。网络的价值开始展现几何级数的增长态势,即所谓的网络效应,体现了梅特卡夫定律的精髓。在此过程中,每位用户都能从网络规模的扩大中获益,享受到更高质量的信息交流与使用体验。网络效应的特性,使得市场参与者难以简单地将之内化,即无法通过传统的价格机制直接反映在收益或成本函数中,从而在数字经济领域催生了独特的外部性现象。外部性,正是数字经济时代区别于传统经济模式的重要特征之一。

(二) 不同类型的网络外部性

1. 正网络外部性与负网络外部性

通常而言,网络外部性被普遍视为一种正面的外部效应,但实际上,也蕴含着负外部性的可能。正外部性无疑是网络外部性的主流展现,吸引了广泛的关注与讨论。然而,不容忽视的是,负外部性同样能以网络效应的形式存在,对系统整体产生不利影响。拥塞现象便是负网络外部性的一个典型例证,消弱正网络外部性所带来的积极效应。在技术条件尚不完善的情境下,网络的承载能力存在明确上限,而用户行为模式(如工作时间、消费习惯及作息规律)又进一步加剧了网络使用的集中性。特别是在晚间 7 点至 11 点的高峰时段,以及一周内不同日期的特定时间段,网络负载显著上升。此时,每新增一个用户接入网络,都可能引发其他用户网速的明显下降,便是负网络外部性的直观体现。负网络外部性的出现往往与技术水平紧密相连,并非随时发生,而是在用户数量超越网络承载能力临界点后才逐渐显现。幸运的是,随着技术的不断进步与网络基础设施的持续升级,负网络外部性的现象正日益减少,为用户提供了更加流畅、高效的在线体验。

2. 直接网络外部性与间接网络外部性

经济学家卡茨(Katz)与夏皮罗(Shapiro)早在 1985 年便对网络外部性进行了开创性的分类研究,他们将其划分为直接网络外部性与间接网络外部性两大类别。直接网络外部性聚焦于消费相同产品的用户数量变化所直接引发的物理效应,进而产生的外部性。如微信等即时通信工具中,随着网络内用户基数的增长,每位用户所能获得的使用价值与体验均随之提升。直接网络外部性直接关联于用户间的网络连接,实现了使用效用的正向累积。间接网络外部性,则揭示了随着某一产品用户数量的增加,其互补品市场得以繁荣,表现为互补品种类增多、价格下降,从而间接提升了原产品的整体价值。以计算机软硬件为例,当特定类型计算机的用户群扩大时,会吸引更多厂商投入生产相关软件,不仅丰富了软件选择,还促进了软件质量的提升与价格的下降,最终使用户获得额外的利益与便利。

随后,经济学家法雷尔(Farrell)与塞隆纳(Saloner)在此基础上,进一步细化了两种网络外部性的定义。他们指出,直接网络外部性体现在一个消费者所拥有的产品价值,会因另一消费者对兼容产品的购买而直接增加;间接网络外部性,则通过"市场中介效应"展现其影响力,即当产品的互补品(如配件、服务、软件等)变得更加经济实惠且易于获取时,该产品的市场生态得以拓展,消费者的整体价值感知显著提升。"市场中介效应",正是卡茨与夏皮罗所描述的间接网络外部性的核心所在。

3. 跨边网络外部性

跨边网络外部性,作为双边市场结构平台独有的现象,体现了平台两侧用户之间相互促进、共同增值的紧密关联。在电子商务的广阔舞台上,卖家数量的蓬勃增长为买家提供了琳琅满目的商品选择,极大地丰富了市场供给;买家群体的壮大,则如同磁铁般吸引着卖家,为其带来滚滚而来的流量与销售机遇。同样,在网约车领域,司机队伍的扩大有效缩短了乘客的等待时间,提升了出行效率;乘客需求的激增,则减少了司机的空驶率,促进了订单量的激增。

在大型数字平台的复杂生态系统中,上述不同类型的网络外部性往往交织并存,共同驱动着平台的繁荣与发展。以电子商务平台为例,跨边网络外部性之外,还涌现出直接网络外部性的力量——随着买家基数的不断扩大,平台上累积的评价、点赞等社交信号日益丰富,为潜在买家提供了宝贵的决策依据,有效降低了信息搜寻与选择成本。同时,间接网络外部性亦不容忽视,买家数量的激增带动了交易量的飙升,进而激发了支付、物流、保险等配套服务的蓬勃发展,形成了一个良性循环,不断优化着买家的线上购物体验。因此,在探讨数字平台的经济效应时,无须过分拘泥于网络外部性类型的严格区分,而应着眼于用户网络规模扩张所激发的广泛而深远的网络效应。这不仅促进了平台内各参与方的互利共赢,更推动了整个数字经济的蓬勃发展。

(三) 梅特卡夫定律

梅特卡夫定律,作为网络技术演进的一项里程碑式理论,由计算机网络的先驱人物罗伯特·梅特卡夫(Robert Metcalfe)洞察并提出。该定律核心阐述了网络价值与用户数量之间的非凡关系——网络价值并非简单线性增长,而是呈现出以用户数量平方为速率的爆炸式增长态势。试想,当仅有单一电话存在时,其经济价值几乎可忽略不计,因为缺乏互联互通的基础。然而,随着第二部电话的加入,网络的经济价值便如同魔法般跃升至一个全新的高度,具体表现为用户数量(此例中为两部)的平方,即 4,标志着网络互联互通的潜力初露锋芒。此后,每新增一部电话,不仅仅是数量的简单累加,而是网络价值以几何级数激增的催化剂。例如,第三部电话的加入,将网络的经济价值迅速推升至9,增长速度远超传统算术级递增的想象范畴。图2-3清晰地勾勒出网络价值随着用户数量增加而呈现的指数级跃升轨迹。该规律不仅揭示了网络技术发展的内在动力,也影响着对数字经济时代价值创造模式的认知。

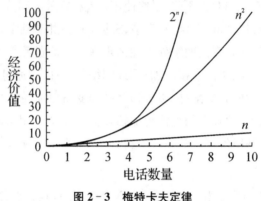

图 2-3　梅特卡夫定律

梅特卡夫定律是揭示网络技术发展奥秘的法则,其适用范围远不止于电话、传真等传统通信领域,更深刻地影响着具备双向传输特性的虚拟网络世界。随着网络用户的不断增多,信息资源得以在更广阔的群体中自由流通与共享,不仅极大地提升了信息自身的价值,还显著增强了每位网络用户的体验与效用。数字经济时代,信息技术与系统间的不完全兼容性及其引发的操作知识更新、培训成本等转移障碍,往往促使用户被"锁定"于特定的用户网络内,从而稳固了网络的规模基础。正是基于信息产品的相互兼容性,网络内的用户能够轻松实现文件交换与信息共享,而用户数量的持续增长更是加速了信息传递的便捷性,促使网络总效用以用户数量平方的速度激增,完美诠释了梅特卡夫定律的精髓。简而言之,梅特卡夫定律概括了网络效应的核心原理:个人从网络中获得的价值,直接取决于已连接至该网络的其他用户数量,在经济学中亦被称为"网络外部性"。该定律不仅揭示了网络成本随规模扩大而递减的规律,还指明了网络价值呈指数级增长的趋势。尽管其起源聚焦于电话网络的研究,但后续学者已广泛认同其普适性,成功将其扩展至各类网络环境中,极大地拓宽了定律的应用范畴。

在数字产品消费语境下,用户获得的价值可细分为自有价值与协同价值两大板块。自有价值,即产品独立于其他用户存在时所展现的固有价值;协同价值,则是指新用户加入网络后,为老用户带来的额外增益,这部分价值在外部性内部化之前,往往无须用户额外支付,构成了数字经济时代独有的价值创造与分配机制。

二、正反馈

反馈,作为现代科学技术领域中不可或缺的核心概念,本质上描述了受控系统对控制主体施加的一种反作用力。该过程涉及将系统当前状态的关键信息,经过适当处理与转换,再反馈至系统的输入端,以动态调整并增强或抑制输入信号的效果。依据其对系统行为产生的不同影响,反馈可明确区分为正反馈与负反馈两大类。正反馈,亦称再生反馈,其精髓在于"强者恒强,弱者益弱"。在此机制下,反馈信号与原始输入信号同向作用,形成了一种自我强化的循环。当系统某一方面的性能或趋势得到增强时,正反馈会进一步放大此效应,促使系统向更极端的方向发展。负反馈则体现了"物极必反,盛极则衰"的哲学思想。反馈信号与输入信号反向作用,有效遏制了系统可能出现的极端状态。通过及时引入与系统当前趋势相反的调节力量,负反馈确保了系统的稳定性与平衡,防止过度偏离或失控现象的发生。

(一) 数字经济中的正反馈

在网络外部性主导的市场中,供给方规模经济与需求方规模经济的和谐共生,不仅塑造了市场的动态格局,更极大地增强了正反馈机制的效能,如图 2-4 所示。该共生现象从两个维度相互作用,共同加速市场的繁荣与发展。一方面,需求端的持续增长为供应方创造了规模经济的条件,通过规模化生产和服务,有效降低了单位成本,提升了供应方的竞争力。成本效益的良性循环,使得供应方能够更高效地满足市场需求,进一步巩固了其在市场中的地位。另一方面,需求端的扩张借助网络外部性的强大力量,使得产品与服务对潜在消费者而言愈发具有吸引力。随着用户基数的增加,产品价值的网络效应愈发显著,形成了一种自我增强的市场吸引力,进而激发了更广泛的需求增长。需求与供给之间的正向激励,构筑了一个强大的正反馈循环,推动网络外部性产业以前所未有的速度蓬勃发展,远远超越了传统经济产业的增长速度。深入分析正反馈机制背后的原因,转移成本、锁定效应以及路径依赖构成了其关键驱动力。转移成本的存在,使得用户在选择转换至其他产品或服务时面临经济或心理上的障碍,从而倾向于维持现状,巩固了现有用户基础。锁定效应则进一步加深了趋势,通过构建紧密的用户依赖关系,使得用户更加难以脱离现有的网络生态系统。路径依赖,则是指一旦市场沿着某一特定路径发展,由于惯性作用,未来选择将受到过去决策的影响,进一步强化了正反馈机制的持续作用。

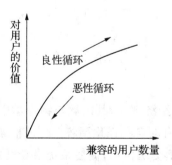

图 2-4　正反馈的"赢者通吃"

1. 转移成本

转移成本,亦称切换成本,是用户在从一种产品转向另一种产品过程中所面临的一系列综合费用负担。对于致力于推出创新产品的企业而言,其面临的挑战之一便是如何有效吸引并培育新用户群体,往往意味着需要从竞争对手处争夺市场份额。成败的关键在于克服高昂的转移成本壁垒。成本不仅源于用户已对在位企业的产品形成使用习惯与依赖,还因为在位企业会采取多种策略来增强用户的黏性,如设置障碍、提供专属优惠等,以此实现顾客的深度锁定。从消费者的视角出发,转移成本的构成复杂多样,涵盖多个维度。首先,直接的价格成本是显而易见的,即新产品与现有产品在替代过程中的费用差异。此外,产品间的兼容性,尤其是后续产品与主干产品之间的无缝对接能力,也是影响转移决策的重要因素。产品的互补性同样不可忽视,关乎用户在新旧产品生态系统中的整体体验与价值感知。再者,学习新产品所需的时间与精力投入,即学习成本,也是消费者衡量转移成本时的重要考量。除此之外,用户基数的大小、消费者对替代品质量的认知成本,以及企业实施的忠诚客户计划和累积折扣策略等,均在不同程度上增加了用户转向新产品的心理与经济负担。这些因素共同交织,构成了影响用户转移决策的复杂网络,使得企业在争夺用户时不得不深入考虑如何有效减轻或消除障碍,以更好地吸引和留住消费者。

2. 锁定效应

在网络环境下,数字产品的使用往往伴随着显著的学习成本投入,促使用户在掌握并习惯产品后形成强烈的依赖。一旦用户决定更换产品,他们将面临高昂的转移成本,不仅包括直接的经济支出,还可能涉及时间、精力乃至心理层面的调整与适应。由于高转移成本而导致的用户难以轻易脱离原有网络的现象,被称为锁定效应。网络效应的进一步加剧,使得用户在某一网络中的投资越大,其退出并转向另一网络的难度也就越高。网络拥有者正是利用锁定效应,通过构建稳定的用户基础与强大的生态系统,实现了可观的利润增长。对于企业而言,能否成功锁定用户,以及用户是否具备从锁定状态中挣脱的能力,关键在于转移成本与转移收益之间的权衡。一方面,企业需不断优化产品与服务,提升用户体验与满意度,从而增强用户的忠诚度与黏性,降低潜在的转移意愿。另一方面,用户也需理性评估自身需求与利益,权衡转移成本(如学习新系统的时间与精力、可能的数据迁移费用等)与预期收益(如新产品带来的性能提升、成本节约等),以做出最符合自身利益的决策。因此,在数字经济时代,企业与用户之间的动态博弈,不仅体现在产品与服务的竞争上,更在于对锁定效应与转移成本的理解与应对。

3. 路径依赖

路径依赖,作为一种社会经济现象,其内涵与物理学中的惯性原理相呼应,揭示了技术演进与制度变迁过程中固有的自我强化趋势。在该框架下,规模经济、学习效应、协调效应及适应性预期等多重因素交织作用,促使系统沿着既定的轨迹持续深化发展。一旦踏入某一特定路径——无论其本质被评价为"优"或"劣"——系统便易陷入对该路径的依赖之中,如同物理惯性一般,难以轻易偏离既定方向。路径依赖的根源,在于经济体系中广泛存在的报酬递增与自我强化机制。正如物理世界中的运动物体因惯性而保持状态,经济生活中的决策与选择一旦确立,亦会在后续的发展过程中不断累积优势,自我巩固。数字经济的本质特征之一便是报酬递增的显著性。这意味着,随着技术的普及与应用的深化,数字经济体系内的价值创造与积累将呈现加速态势。以 Windows 操作系统为例,其成功并非单纯基于技术上的绝对优势,而是多方面因素共同作用的结果。在激烈的市场竞争中,微软凭借出色的市场策略、强大的技术支持以及用户基数的不断增长,逐渐构筑起难以撼动的市场地位。消费者形成的路径依赖,进一步巩固了 Windows 系统的市场领导地位,即便面对 Unix 及类 Unix 等其他同样具备竞争力的操作系统,Windows 依然能够保持其主流地位,成为数字经济时代的重要标志之一。

(二) 正反馈的影响

1. 市场均衡的不确定性

在传统经济范式下,若假定条件得以满足,市场供求均衡被视为一个相对确定的状态,商品价格由供需双方的力量对比直接决定,呈现出一种静态或可预测的平衡。然而,在数字经济中,情况大为不同,多态均衡成为常态。其原因在于数字经济系统所特有的复杂反馈机制,如同一张错综复杂的网络,不断地影响着市场的稳定性。在数字经济领域内,由于技术迭代迅速、产品创新层出不穷,市场中的领先产品或技术往往只享有短暂的领先地位,这种暂时性不仅加剧了市场竞争的激烈程度,也导致了市场均衡状态的持续波动与不稳定。在此情境下,预期成为左右市场走向的关键因素,其重要性甚至超越了实际销售数据。消费者基于对未来趋势的预判来选择产品,预期导向的消费行为促使市场需求呈现出高度的灵活性与不确定性。同时,企业也需紧密关注市场动态,依据预期来制定和调整企业战略,以确保在快速变化的市场环境中保持竞争力。然而,由于预期本身具有高度的主观性和不稳定性,如同一股难以捉摸的力量,不断地冲击着市场的既有平衡,使得市场均衡状态难以持续稳定。数字经济中的市场均衡不再是一个静态的、可预测的概念,而是一个动态的、多变的过程。多态均衡成为常态,而预期则成为推动市场变化的重要驱动力。因此,对于数字经济中的参与者而言,准确把握市场预期、灵活应对市场变化,将是决定其在激烈竞争中脱颖而出的关键所在。

2. 次优技术可能获胜

在数字经济领域,网络外部性的影响使得正反馈机制成为塑造市场格局的关键力量,进而催生出众多潜在的均衡点。此特性从根本上挑战了传统经济中对于最优结果的追求,因为在正反馈经济中缺乏一种绝对机制来确保最终结果的最优化。市场往往被一系列随机经济事件所牵引,一旦某一路径因偶然因素被选中,便可能因正反馈的强化作用而被锁定,即便存在更为先进或适宜的替代方案,也难以轻易撼动其地位。锁定现象揭示了数字经济中一个不容忽视的真相:即便是次要的、暂时的优势,或是看似与竞争结果无直接关联的事件,都可能通过正反馈的放大效应,对最终的市场竞争格局产生决定性的影响。这意味着,在数字经济的竞技场上,领先者一旦抓住机遇,便有可能借助网络外部性的力量,不断扩大其优势,直至形成难以逾越的壁垒。因此,在数字经济时代,竞争的结果往往充满了不确定性。一种产品或一个国家,可能仅仅因为一次偶然的机遇或优势,便能在市场上脱颖而出,进而主导整个行业的走向。在此情况下,市场的可预测性和公平竞争的基础将受到严重挑战,因为领先者将利用其已建立的优势,进一步巩固其市场地位,限制后来者的进入与发展。最终,数字经济中的竞争结果很可能呈现出一种"次优技术获胜"的现象,即并非最优的技术或产品赢得市场,而是那些能够迅速抓住机遇、有效利用网络外部性优势的技术或产品脱颖而出。这不仅要求市场参与者具备敏锐的市场洞察力和快速的应变能力,也呼吁政策制定者关注数字经济中的竞争生态,确保市场的公平性与活力。

3. 企业战略的改变

在数字经济领域,正反馈机制的独特作用彻底重塑了市场需求曲线的形态,使其与传统市场迥然不同,直接引领了企业竞争策略的全面转型。在传统经济模式下,企业往往依赖于标准化产品的大规模生产,通过精细的生产计划与控制,不断追求生产效率的最优化。这要求管理结构清晰分明,等级制度严格执行,以确保生产流程的持续优化与改进。然而,在数字经济时代,一切变得截然不同,没有一成不变的重复劳动,也没有稳定可期的最优解,市场需求与生产产量的均衡点始终处于动态变化之中,充满了未知与不确定性。面对这样的市场环境,企业不得不放弃对传统稳定状态的依赖,转而将企业战略视为一个持续再定位、再设计的过程;必须在不稳定中寻找机遇,以创新为驱动,不断适应市场的快速变化。为了应对挑战,企业的组织机构设计也需与时俱进,不断更新。扁平化的管理结构成为数字经济时代的宠儿,能够打破层级壁垒,促进信息的自由流通与有效沟通。开放、灵活的管理模式为企业的快速决策与响应提供了有力支持。此外,数字经济还催生了一系列独特的竞争策略。企业竞相采用抢先超越临界点的策略,力图在市场竞争中占据先机;客户锁定策略则旨在通过构建强大的用户黏性,稳固市场地位;企业产业化策略则强调产业链的整合与延伸,以形成更强大的市场影响力;标准竞争策略则是通过参与或主导行业标准的制定,来塑造市场规则,引导行业发展方向。这些策略共同构成了数字经济企业竞争的新图景,展现了数字经济时代企业竞争策略的多样性和复杂性。

4. 政府规制政策的改变

传统经济理论普遍认为,完全垄断市场结构会导致消费者剩余的减少以及整体经济效率的低下,因此,政府通常会采取一系列规制措施,包括价格规制与非价格规制,以维护市场的公平竞争与消费者福祉。然而,在数字经济领域,正反馈机制的显著作用颠覆了传统认知。在数字经济中,由于正反馈的存在,企业唯有在网络规模达到一定阈值后,才能实现盈利。该特性促使数字经济产业倾向于形成寡头垄断乃至完全垄断的市场结构,而且完全垄断往往被视为市场发展的最终归宿。垄断格局下的市场表现却与传统理论下的市场表现大相径庭,在高度集中的市场中,随着销售规模的扩大,商品价格非但不升反降,从而增加了消费者的剩余。该现象打破了传统完全垄断市场中高价格、低产量的固有印象,展现了数字经济独特的经济规律。此外,针对数字经济中的垄断现象,政府还需采取特别措施以鼓励创新与市场进步。知识产权保护成为关键一环,确保在位垄断者能够在一定时期内享有高收益,从而有效回收前期的研发投入。该举措不仅是对创新者努力的认可与回报,更是对市场创新生态的积极培育。若缺乏有效的知识产权保护,大量复制与模仿行为将严重挫伤企业的创新积极性,进而阻碍市场的整体进步与发展。因此,数字经济中的垄断现象虽有其特殊性,但政府仍需通过合理的规制与引导,确保市场既保持活力与效率,又能有效促进技术创新与消费者福祉的同步提升。

第二节　数字产品需求

一、数字产品

(一) 数字产品界定

随着数字经济的蓬勃兴起与持续深化,数字产品已然跃升为新经济形态中的基石性元素。美国知名经济学家夏皮罗与瓦里安,在其力作《信息规则:网络经济的策略指导》中,从技术维度剖析了数字产品的本质,将其精准定义为由字节序列精心编织而成的实体,强调凡是以数字化格式存在、可编码为二进制数据流进行交换的媒介,均可纳入数字产品的范畴。此后,随着全球化进程的加速推进,数字产品的定义边界也在不断拓展。1999 年,世界贸易组织(WTO)从国际贸易的视角出发,对数字产品给出了官方界定,即指那些依托网络渠道进行传输与交付的内容型产品,进一步明确了数字产品在全球贸易体系中的地位与作用。进入 21 世纪,Soon-Yong Choi 等学者在前人研究的基础上,进一步拓宽了数字产品的视野。他们指出,在数字化浪潮的推动下,生产与使用的物理界限已日益模糊,任何能够跨越界限、在网络上自由流通与交易的产品或服务,均可视为数字产品的延伸。该观点不仅深化了对数字产品本质的理解,也预示着数字经济时代下,产品形态与服务模式正经历着前所未有的变革。在探讨数字产品时,还需清晰区分与之相关的概念,如信息产品与数字化产品。信息产品侧重于内容层面的信息承载与传播,数字化产品则更多强调产品形态向数字化转变的过程与结果。细致辨析概念,能更准确地把握数字产品的内涵与外延,为数字经济的健康发展提供坚实的理论支撑。

1. 信息产品

从广义视角审视,信息产品泛指任何具备信息传递功能的产品,由信息内容及其物质载体共同构成。广义下的信息产品与传统的物质产品之间并无绝对的界限划分,因为即便是物质产品,也往往蕴含着丰富的信息元素。狭义上,信息产品则特指那些以信息交换为核心目的的产品,核心价值在于信息本身——事前概率与事后概率之间的差异,差异构成了信息传递中的知识增量,是信息产品区别于物质产品的本质所在。信息产品的存在并非网络时代的专属,其历史可追溯至网络兴起之前。在那个时代,书籍、报刊等以实物形态存在的媒介,是信息产品的重要代表,它们承载着知识、新闻、文化等各类信息,满足了人们对信息的渴求。然而,随着计算机与网络信息技术的飞速发展,信息的捕获、编码、存储、处理、传递乃至表达方式均发生了翻天覆地的变化,此变革不仅影响了信息产品的形态与内涵,更催生了数字产品的新兴概念。

2. 数字化产品

在数字经济蓬勃发展的今天,众多传统产品正经历着转型与升级。通过融合数字技术或嵌入数字化网络组件,实现了数字功能的嫁接,焕然一新的产品被赋予了"数字化产品"的新标签。根基深植于传统经济之中的产品,早已在人们的日常生活中占据了一席之地。而今,它们更是顺应数字经济的浪潮,将数字功能无缝融入原有服务体系,不仅保留了传统功能的精髓,更在此基础上增添了数字化的新维度,极大地丰富了产品的功能性与用户体验。

数字化产品的范畴广泛,涵盖有形与无形两大类别。有形数字产品,作为数字技术与传统制造业的结晶,以电子产品为主要载体,如智能手机、智能手表、智能眼镜等,以物质形态展现于世,但核心在于其内置的数字化技术与功能。产品虽以物质为基,但其真正的价值远远超越了物质本身,通过数字化技术实现了信息的处理、传输与交互,为用户提供了前所未有的便捷与智能体验。相比之下,传递信息并非其首要使命,而是作为数字功能实现过程中的自然延伸。数字化产品不仅是数字经济时代的产物,更是传统产品与现代科技深度融合的典范,以创新的姿态,不断拓展着产品的边界与可能,为人们的生活带来了前所未有的变革与惊喜。

3. 数字产品

数字产品,作为信息时代的产物,是指那些经过数字化处理的信息内容,以数字格式为载体,实现了信息的无缝交换。该过程涉及将信息转化为字节序列,进而采用二进制形式编码,即所谓的"数字化",此转变赋予了信息以纯数字产品的形态。任何能够经历数字化处理,由计算机进行高效处理、存储,并通过诸如互联网等数字网络实现传输的产品,均可归入数字产品的范畴。数字产品的出现,标志着信息产品进入了一个全新的发展阶段。以数字形式存在,依托于计算机、移动设备与网络等现代信息技术手段,实现了信息的即时、高效、广泛传播。相较于传统信息产品,数字产品具有更高的灵活性、可复制性和互动性,能够更好地满足人们日益增长的信息需求。因此,在数字经济时代,数字产品已成为信息产品的重要组成部分,对于推动社会进步与经济发展具有不可估量的价值。当前市场上,数字产品的身影无处不在,以多样的形式丰富着我们的生活与工作。其中,包括但不限于以数字格式广泛传播与应用的数据库、各类软件应用、高品质的音频产品、即时通信的电子邮件、便捷的网络服务，以及电子化的书籍、期刊与杂志等，数字产品正改变着信息的获取、传播与利用方式。

通过对上述三种产品的深入剖析，数字产品作为众多产品类别中的一股重要力量，其品类的持续丰富与更新，从根本上讲，得益于数字科技的飞速进步和发展。数字产品的定义，根据视角的不同，可划分为狭义与广义两大范畴。狭义上，数字产品特指那些纯粹以数字形式存在、以二进制编码为核心的信息交换物，即前文所述的纯数字产品；广义上，数字产品的范畴则更为广泛，不仅涵盖狭义下的纯数字产品，还进一步将那些融合了数字技术、实现了数字功能扩展的数字化产品纳入其中。鉴于此，本书将围绕广义的数字产品展开讨论，旨在全面揭示数字产品在不同领域的应用价值、发展趋势及其对经济社会的深远影响。通过深入探讨广义数字产品的内涵与外延，我们期望能够为读者提供一个更为全面、深入的理解框架，以应对数字经济时代带来的新机遇与挑战。

（二）数字产品种类

数字产品展现一个多元化的分类体系，每种类型的数字产品都独具特色，不仅丰富了数字世界的多样性，也为新产品的开发与创新提供了丰富的土壤。基于使用用途的本质属性，可以将数字产品大致划分为三大类别：内容性产品、交换工具以及数字化过程与服务性产品。内容性产品，作为数字世界的核心组成部分，涵盖了丰富的信息内容，如电子书、音乐、视频等，以数字形式呈现，为用户提供了便捷的信息获取与消费体验。交换工具，则是指那些促进信息、价值或资源在数字环境中高效流通的媒介，如数字货币、电子支付系统等，极大地简化了交易流程，加速了经济活动的数字化进程。数字化过程与服务性产品，则侧重于通过数字技术实现特定功能或提供服务，如云计算服务、在线教育平台等，不仅推动了传统行业的数字化转型，还催生了全新的商业模式与服务形态。因此，在开发新的数字产品时，深入理解并准确把握各类数字产品的差异化特征，是制定有效策略、满足市场需求的关键所在。通过不断创新与融合，可以进一步拓展数字产品的应用领域，提升用户体验，推动数字经济蓬勃发展。

1. 内容性产品

内容性产品，是指那些旨在传达特定内容或信息的数字化产物。其丰富多样的形式涵盖了网络新闻、在线视频、电影、音乐等多个领域，以其独特的魅力吸引了广大消费者的目光。在网络环境的广阔舞台上，新闻信息以惊人的速度被数字化，并迅速传播到世界的每一个角落。众多新闻网站积极拥抱互联网，免费向公众开放，以快速、准确的信息传递赢得了消费者的青睐。即时性和高效性，使得网络新闻成为人们获取信息、了解时事的首选渠道。与此同时，网络空间也成为知识与娱乐的宝库。消费者可以轻松地在众多站点上下载免费书籍，观看短视频畅游知识的海洋。部分专业网站则通过提供高质量的收费服务，如多种类型的会员权益，满足消费者对深度内容与个性化体验的需求。在娱乐领域,数字技术的力量更是展现得淋漓尽致。无数经典与新兴的电影、歌曲被精心制作成数字格式,通过网络平台广泛传播,为全球的观众与听众带来了前所未有的视听盛宴。娱乐性内容性产品,不仅丰富了人们的文化生活,也推动了文化产业的数字化转型。

内容性数字产品在网络上的广泛传播往往伴随着复杂的版权问题。由于其内容的独特性与价值性,如何保护创作者的权益、维护市场的公平竞争,成为社会各界关注的焦点。研究表明,正是内容性数字产品之间的内容差异,构成了其价值差异的基础。因此,在推动数字产品创新与发展的同时,加强版权保护与管理,对于促进数字经济的健康可持续发展具有重要意义。

2. 交换工具

交换工具,作为数字世界中的桥梁与纽带,是指那些承载着特定契约或交易信息的数字产品,如数字门票、数字化预订系统等。在信息技术的浪潮下,货币与传统金融工具也迎来了数字化的转型,是数字技术深度融入货币金融领域的直接体现。如今,绝大多数的金融信息都已实现了数字化,被安全地存储在计算机硬盘中,或以数字格式在互联网上自由流通,极大地提升了金融信息的处理效率与透明度。随着互联网技术的普及与个人计算机、网络银行终端等设备的广泛应用,数字化交换工具在现代商业社会中的地位日益凸显。不仅涵盖金融领域的数字化银行卡、移动支付工具等,还扩展至交通领域的数字化、高速公路缴费卡、智能停车系统等,甚至渗透到政府公共管理、社区活动等社会生活的方方面面。

多样化的数字化交换工具,以其便捷性、高效性与安全性,极大地促进了资源的优化配置与交易的快速完成。打破了时间与空间的限制,使得交易活动更加灵活、高效;同时,通过加密技术与区块链等先进手段,确保了交易过程的安全性与可追溯性,为商业社会的健康发展提供了有力保障。因此,可以说数字化交换工具是现代商业社会不可或缺的重要组成部分,正引领着社会向更加智能化、便捷化的方向迈进。更重要的是,数字化交换工具的应用,有效提升了社会运行的效率,降低了社会交易成本。

3. 数字化过程和服务性产品

数字化过程与服务性产品,作为数字产品领域的深度拓展与延伸,其核心价值在于通过软件技术的驱动,实现更为丰富与动态的交互体验。产品不仅关注于内容的传递,更侧重于服务本身的实现流程与交互机制的优化。在此框架下,任何依托软件技术实现的数字化交互行为,均可视为数字化过程或服务的一部分。与内容性数字产品相比,数字化过程与服务性产品的显著差异在于其重心偏向于服务流程的构建与执行,特别是软件扮演的关键角色。内容性产品侧重于内容的呈现与消费,数字化过程与服务性产品则强调通过软件来引导、促进甚至改变用户的交互行为,实现服务的定制化与高效化。

具体而言,网络用户利用微信、QQ 等即时通信工具传递信息与文件,或是通过Word、PDF 阅读器阅读文献,乃至在线协作编辑文档,均生动展现了数字化过程与服务性产品的实际应用。以超星阅读器为例,用户在访问数字图书馆资源时,需先启动该软件,即数字化过程的直接体现。数字化过程不仅是软件自动运行的过程，更是人机交互的结晶，要求用户积极参与其中，与软件协同工作，共同推动数字化流程的顺利进行。

此外，数字化过程与服务性产品的另一大特色在于其高度的交互性。无论是发送电子邮件、填写在线表格，还是参与在线拍卖、接受远程教育，活动均离不开用户的主动参与和软件的有效支持。软件在此扮演的是启动器与促进者的角色，真正的数字化过程则依赖于用户与软件之间的紧密配合与互动。用户的参与程度与水平直接影响着数字化过程的效率与质量，体现了数字化过程与人性化服务的完美结合。

（三）数字产品的特征

如果重点考察数字产品在数字网络上传播和使用行为的商业因素，则数字产品主要具有以下 5 种特征。

1. 不可破坏性

数字产品，凭借其独特的网络传播与发行方式，彻底摆脱了物理实体的束缚，从而赋予了其一种近乎永恒的存在形态。一旦数字产品被创造出来，便能以恒定不变的形式持续存在，免除了传统耐用品如汽车、住房等因物理磨损而逐渐损耗的宿命。在数字世界里，无论是历经岁月的洗礼还是频繁的使用，数字产品都能保持其原有的品质与功能，无惧磨损，品质恒久如一。

这一特性从根本上消除了数字产品之间的耐用与不耐用之分，也模糊了新产品与旧产品的界限。在数字领域，新产品与二手产品在本质上并无差异，因为它们都承载着相同的信息与功能，不受使用历史的影响。因此，消费者从正规渠道购买的产品与二手市场上的产品，在价值与使用体验上并无二致。同时，这也意味着对于大多数数字产品而言，消费者的支付往往是一次性的，因为一旦拥有，便能长久享用。

对于消费者而言，数字产品的不可破坏性无疑是质量稳定性的有力保障，确保了长期使用的顺畅与无忧。对于生产者来说，这一特性则带来了全新的挑战与机遇。一方面，数字产品的不易损坏性使得消费者无须重复购买同一产品，从而限制了通过重复销售同一产品来增加销售量的可能性；另一方面，这也促使生产者不断探索新的市场领域，通过不断创新与拓展来满足消费者的多元化需求，进而实现销售量的持续增长。

2. 可复制性

数字产品的核心魅力与巨大价值之一，在于其无与伦比的可复制性，且成本极低。数字产品能够轻松地被下载、存储与复制，近乎零成本的复制能力，不仅极大地丰富了信息的传播方式，也深刻地影响了经济领域的诸多层面。

对于生产商而言，数字产品的可复制性犹如一把"双刃剑"。一方面，赋予了生产商以极低的边际成本进行大规模生产与销售的能力，使得每增加一份拷贝几乎不增加额外成本，从而有可能实现利润的最大化。另一方面，可复制性也为盗版行为提供了温床，盗版产品的泛滥严重侵蚀了正版市场的份额，给生产商带来了巨大的经济损失。

从消费者的角度来看,数字产品的可复制性促进了资源的共享与"搭便车"现象的出现,使得部分消费者期望能够免费享受数字产品的服务。为了应对盗版问题,生产商不得不采取一系列策略,如设计复杂的防盗版机制以提高盗版门槛、不断升级产品以保持技术领先、投资加密技术以保障产品安全、采取产品与服务的捆绑销售策略以及运用法律手段寻求法律保护等。

此外,数字产品的可复制性与不可破坏性进一步强化了其作为公共产品的特性。公共性既可能表现为排他性的,如受到严格知识产权法保护、需要付费使用的数字产品;也可能表现为非排他性的,如那些对消费者免费开放、无须支付费用的数字资源。双重属性使得数字产品在经济、社会乃至文化等多个领域都展现了独特的影响力与价值。

3. 可变性

数字产品的修改通常发生在以下几个关键阶段:首先,在生产阶段,生产商能够根据客户的特定需求及市场趋势灵活定制差异化的数字产品,实现个性化的服务体验;其次,在网络传输的过程中,数字产品的内容或真实性可能会被扭曲或篡改;再者,数字产品被用户获得,其内容的完整性便难以再由生产商在终端层面直接掌控,用户可能根据个人喜好或需求进行各种修改;最后,生产商为了提升产品性能、修复漏洞或引入新功能,会主动对数字产品进行升级,也是一种形式的修改。

因此,数字产品的可变性既是其魅力所在,也是挑战之源,要求生产商在享受灵活定制带来的市场优势的同时,也必须警惕并应对可能由内容修改引发的各种问题,确保数字产品的安全、可靠与稳定。

4. 强外部性

网络外部性,揭示了当某一产品的用户基数增长时,其整体价值亦随之水涨船高的规律。以微信为例,随着用户群的持续扩张,每一位新成员的加入,不仅为自身开启了无限沟通的可能,更为已存用户拓宽了联系的边界,实现了价值的共同提升。

众多数字产品,如同双刃剑一般具有两面性,既承载着增进社会福祉的正向力量,也可能潜藏着负面影响的阴影。正面而言,优质数字产品满足了个体消费者的需求,成为社会知识传播、技能提升的催化剂。与之相对的是,那些充斥着虚假或负面内容的数字产品,同样借助其广泛的传播力,对社会造成不容忽视的负面影响。更为复杂的是,同一数字产品在不同消费者之间可能产生截然相反的外部效应,取决于信息接收者的个人背景、价值观及需求差异,进一步凸显了网络外部性在数字产品领域的复杂性与多样性。

5. 偏好依赖性

从传统消费观念出发,数字产品并非直接作为实体被消耗,而是其蕴含的思想、知识及信息的实际应用与价值被用户所汲取与利用,实质上是对信息背后深层含义的探索与实现,其效用与影响因个体而异,展现高度的个性化与多样性。消费者偏好的多样性与动态性,是市场需求变化的重要驱动力。在数字产品的领域,该规律体现得尤为明显。数字产品所承载的信息内容广泛且丰富,每个人的兴趣点、知识需求及价值观存在差异,这都可能导致对同一数字产品的需求截然不同。因此,相较于其他类型的产品,数字产品的市场需求似乎更加敏感于消费者个人偏好的微妙变化,呈现出一种更为灵活多变的市场动态。

二、需求分析

(一)需求与收益

传统产品的需求曲线,作为经济学中的经典描绘,直观展现了价格变动如何牵引需求数量的波动。曲线向下倾斜的态势,正是边际效用递减规律的直观体现:随着产品消费量的递增,每增加一单位产品所带来的额外满足感(即边际效用)逐渐减弱,从而促使消费者在面对价格上涨时减少购买,价格下降时增加购买。然而,数字产品需求曲线的逻辑被赋予了新的维度——网络外部性预期的显著影响。该特性不仅保留了边际效用递减规律的基本框架,即在需求量增长时价格有自然下行的趋势,更在此基础上叠加了网络价值的正向反馈效应。具体而言,随着更多消费者加入数字产品的网络生态,网络的整体价值因用户规模的扩大而飙升,进而激发了消费者更强的支付意愿。正向循环不仅塑造了数字产品的市场需求格局,也为理解具有网络外部性特征的市场提供了全新的视角。以操作系统市场为例。Windows产品凭借其广泛的用户基础和庞大的网络规模,成功构建了强大的网络外部性优势,使得消费者愿意为其支付更高的价格,以享受由庞大用户群体带来的丰富应用生态、高效兼容性和便捷的交流体验。相比之下,尽管 Unix 系统可能在技术层面拥有独到之处,但由于其用户基础相对较小,网络外部性效应较弱,消费者的支付意愿也相对较低。该现象充分说明了网络外部性预期在数字产品乃至更广泛具有网络效应产品市场中的重要作用。

实际上,尽管数字产品的需求曲线展现了与传统向右下方倾斜形态截然不同的向上倾斜特征,并与预期边际收益曲线紧密重合,但依然根植于经济学的基本原理之中——需求与边际收益的内在联系。在数字产品的语境下,向上倾斜的需求曲线反映了随着用户数量的增长,网络外部性带来的价值增量超越了传统边际效用递减的效应,从而促使消费者对数字产品的支付意愿上升。然而,数字产品供求曲线的异常表现,无疑给传统经济学理论带来了挑战,使其难以直接套用既有框架进行完美解释。面对新兴现象,经济学界正不断探索与调整理论模型,以更好地捕捉数字产品市场的独特运行机制。在现实经济实践中,数字产品的供给商已敏锐地洞察到了市场特性,并积极采取多样化的定价策略以寻求市场均衡。他们通过灵活调整价格、推出捆绑销售、实施订阅制或免费试用后付费等创新模式,不仅有效激发了消费者的购买欲望,还促进了数字产品的普及与市场的繁荣。定价方案的实施,不仅是对传统经济学理论的实践验证与补充,更是数字时代背景下企业智慧与创新精神的生动展现。

1. 需求曲线向右上方倾斜

在传统经济学的经典框架内,需求曲线通常呈现出向右下方倾斜的态势,清晰地描绘了商品价格与消费者需求量之间的反比关系:价格下调时,消费者对该商品的需求量相应增加。然而,网络外部性颠覆了传统观念,引入了价格与数量之间正相关的新视角。网络外部性强调,随着某一数字产品或服务使用人数的增长,其整体价值不减反增,形成了一个正反馈效应。价值的提升,不仅源于产品本身的完善与丰富,更在于用户网络的扩展所带来的互动、协作与信息共享的无限可能。因此,后来进入市场的潜在购买者,在充分认识到网络效应后,往往愿意支付更高的价格以享受更为优质、便捷和丰富的使用体验。图2-5直观地展示了网络外部性对需求曲线的影响。在该图中,P代表价格,Q代表产量(或可理解为使用量、用户数等),D则是融入了网络外部性考量后的特殊需求曲线。与传统需求曲线不同,这条曲线呈现出向右上方倾斜的趋势,完美诠释了数字产品价格与数量之间的正相关关系。

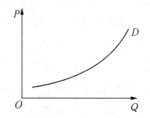

图2-5 网络外部性导致需求曲线向右上方倾斜

2. 边际收益递增

边际收益递增,在数字经济时代焕发出了前所未有的生命力,指的是在生产或服务提供过程中,每增加一个单位的产出,所带来的额外收益不减反增,如图2-6所示。在该图中,P代表价格,Q代表产量,MR则是融入了网络外部性因素的边际收益曲线,其显著向右上方倾斜,凸显了数字经济中边际收益递增的独特现象。此现象与传统经济环境中的边际收益递减规律形成了鲜明对比。在传统经济中,资源的稀缺性导致了市场参与者间的激烈竞争,对有限资源的争夺不断推高再生产成本,从而使得每增加一单位产品所带来的边际收益逐渐减少。

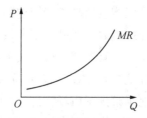

图2-6 数字经济边际收益曲线向右上方倾斜

在数字经济领域,边际收益递增的原因可归结为多方面因素的共同作用:

首先,数字经济遵循着三大核心定律——梅特卡夫定律、摩尔定律和达维多定律,共同为边际收益递增提供了理论支撑。梅特卡夫定律揭示了网络价值的指数级增长潜力,随着用户数量的增加,网络的整体价值呈几何级数上升;摩尔定律则揭示了信息技术快速发展的规律,使得单位计算能力的成本不断降低;达维多定律则强调了创新的重要性,鼓励企业不断推出新产品以保持市场领先地位。

其次,数字产品的高固定成本、低边际成本甚至零边际成本特性,为边际收益递增提供了实践基础。随着网络的普及和技术的进步,数字产品的生产、复制和分发成本大幅下降,产品本身的创新性和独特性却能够持续吸引新用户并提升用户体验,从而推动边际收益不断上升。

再者,用户锁定效应也是推动边际收益递增的重要因素之一。当用户投入时间和精力学习并掌握某种数字产品后,由于转换成本较高,他们往往不愿意轻易转向其他产品。用户黏性不仅有助于企业保持市场份额,还能够激发用户的持续购买和升级意愿,从而进一步推动边际收益的增长。

最后,数字产品行业的高进入成本也为企业形成垄断势力提供了有利条件。领先企业凭借其强大的技术实力、品牌影响力和市场份额优势,能够更有效地整合资源、降低成本并推动创新,从而在市场中占据主导地位并享受更高的边际收益。

3. 规模收益递增

在数字经济领域,与边际效用递增相呼应,存在着一项同样挑战传统经济观念的规律——规模收益递增,如图2-7所示。规模收益递增揭示了一个核心现象:当所有生产要素的投入均按比例增加时,所实现的收益增长比例会超越要素投入的增长比例。该现象颠覆了传统经济学中关于规模收益的经典认知。传统经济学通常认为规模收益会经历一个先增后稳、最终递减的过程,这主要是由于传统经济体系下的供应方规模经济受到自然资源和生产能力的客观限制,一旦企业产量达到某一阈值,规模收益递减便成为必然。然而,在数字经济中,规模收益递增展现了截然不同的特征,根源在于网络外部性的强大作用,侧重于从消费者需求的角度出发,探讨需求规模扩大对整体收益的正向影响。随着用户数量的不断增长,数字产品或服务所承载的网络价值迅速累积,形成了一个良性循环:用户越多,体验越佳,吸引力越强,进而吸引更多用户加入,最终推动收益持续攀升。因此,在数字经济环境下,规模收益递增不仅成为可能,而且成为一种常态,打破了传统经济中规模收益递减的自然法则,为企业提供了无限的增长空间和可能性。该现象不仅改变了市场竞争的格局,也为企业制定发展战略、优化资源配置提供了全新的思路和视角。

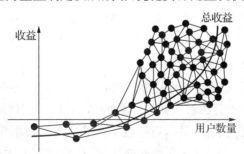

图 2-7　数字经济规模收益曲线向右上方倾斜

（二）边际消费者需求

在探讨数字产品需求特性时,假设每位消费者仅进行单次购买,且市场中存在一种自然排序:对产品保留价格较高的消费者率先进入市场。因此,随着市场渗透率的提升,边际消费者的支付意愿呈现出一种独特的动态变化——随着市场进入次数的增加而逐渐递减。然而,数字产品的独特魅力在于其强大的网络外部性,使得产品网络规模成为市场需求曲线中一个至关重要的内生变量。

进一步假设消费者偏好趋同,每位用户都能获得相同的体验,并准确掌握所购产品当前的用户基数。在此情境下,随着购买量的累积,边际消费者的支付意愿非但没有下降,反而呈现出一种向上倾斜的趋势。这是因为,随着产品用户群的扩大,其协同价值与日俱增,新加入的边际消费者往往愿意为已实现的网络效应支付超出前人的价格。趋势随着网络规模的持续扩张而加剧,新进入市场的消费者目睹了更高的网络效应价值,从而提升了他们对产品的保留价格。

在解析数字产品需求的过程中,需要正视两股相互博弈的力量。一方面,在既定网络规模下,随着边际消费者的不断涌入,他们对产品的偏好强度逐渐减弱,表现为支付意愿的递减;另一方面,网络规模的持续扩张激发了新的支付动力,即消费者愿意为更加成熟、价值更高的网络效应支付更多。两股力量交织在一起,共同塑造了数字产品需求曲线的复杂形态。

为了构建适用于均衡分析的数字产品市场需求模型,需审慎考虑上述假设条件及其相互作用。在探讨第一股力量时,假定网络规模保持不变,以聚焦边际消费者偏好强度的变化;在分析第二股力量时,则着眼于网络规模的动态扩张,以及变化如何影响消费者的支付决策。综合考量两方面的因素,才能更准确地描绘出数字产品需求曲线的真实面貌,为市场参与者提供更加精准的决策支持。

（三）效用分析

效用,作为衡量商品满足个人欲望程度的核心指标,反映了消费者在消费过程中所体验到的满足与愉悦感。在经济学领域,效用分析成为洞察消费者决策行为的关键工具。当此概念延伸至信息与数字产品领域时,特指个体在消费、使用或拥有数字商品时所获得的快乐与满足感的量化表达。在传统商品消费中,总效用往往随着消费数量的增加而递增,直至达到某一饱和点,此后,消费数量的进一步增加反而可能导致总效用的下降,该现象被经济学界称为"边际效用递减规律"。

数字产品的效用变化呈现出更为复杂多样的面貌。首先,存在一类数字产品,其边际效用非但不减反增,随着消费数量或使用次数的增加,用户获得的满足与快乐感愈发强烈,如网络游戏便是典型代表。其次,有些数字产品的边际效用与消费数量无直接关联,而更多地取决于使用频率,如 WPS 文档处理软件,其效用更多体现在频繁使用所带来的效率提升上。再者,部分数字产品,如电子邮件、微信朋友圈及交友网站,其市场平均效用随着用户参与度的提升而持续增长,展现了强大的网络外部性效应。相反,也有数字产品(如电影)在经历初期的高热度后,随着观看次数的增加,市场平均效用可能逐渐下降,反映出内容新鲜感的逐渐消退。最后,还有一类数字产品,如考试成绩查询系统,其市场平均效用相对固定,用户主要基于特定需求进行一次性使用。数字产品的效用变化突破了传统边际效用递减规律的框架,展现更加灵活多变的特性。这个发现不仅丰富了经济学理论,也为数字产品市场的策略制定与消费者行为分析提供了全新的视角。

(四)影响需求的因素

1. 供求关系

从供求关系的双重视角深入剖析数字产品市场的独特需求特性,不难发现其内在逻辑的复杂性。在供给层面,数字产品凭借其独特的成本结构——高固定成本与近乎零的边际生产成本,赋予了单个企业实现巨大规模经济的潜力。然而,规模经济优势在现实经济环境中,并不足以单独构成企业垄断市场的充分条件。在数字经济这片蓝海中,规模经济的真正实现高度依赖于消费者的选择与预期。消费者的偏好、行为模式乃至对未来产品的期待,均成为影响市场格局的重要因素。

理论上,由于边际生产成本的微乎其微,企业似乎可以无限制地增加产品产量以满足市场需求。然而,在高度互联的网络市场中,企业不得不面对消费者预期的强大影响力,以及来自现实与潜在竞争者的双重压力。一旦消费者转而青睐竞争对手的产品,企业的潜在生产能力便难以转化为实际的市场占有率。因此,为了巩固市场地位并吸引更多消费者,生产者必须采取多元化的竞争策略,以精准捕捉并引导消费者的需求变化。

与此同时,同类产品之间激烈竞争与技术替代性日益增强,进一步加剧了数字经济中产品定价的复杂性。企业不仅需考虑自身成本结构与市场定位,还需密切关注竞争对手的动态,以及技术发展趋势对消费者偏好的潜在影响。多维度的考量要求企业在定价策略上更加灵活与敏锐,以在激烈的市场竞争中保持竞争力。

数字产品市场需求的分析需综合考虑供求双方的多种因素,包括企业的规模经济潜力、消费者的选择与预期、市场竞争格局以及技术替代性等。因素的交织作用,共同塑造了数字经济时代产品市场的独特风貌与动态变化。

2. 外部性

数字产品的外部性效应展现了双重维度,即消费者外部性与企业外部性,两者各自在市场中扮演着关键角色。消费者外部性聚焦于个体消费者的购买决策过程,揭示了消费者在选择数字产品时面临的双重考量。一方面,消费者受到产品本身直接效用的影响,这是任何购买行为的基础。另一方面,消费者的决策还受到一种前瞻性的约束,即对未来可能实现的信息共享环境的预期。预期源于对产品用户群体增长潜力的认识,即随着使用同一数字产品的消费者数量增加,信息共享的广度和深度将得到提升,从而可能进一步增强产品的整体价值。相比之下,企业外部性则侧重于生产层面的相互关联与影响。企业在生产数字产品时,不仅要基于自身产品的市场预期进行决策,还需考虑到更为广阔的产业生态。其他生产相关或互补产品的企业数量及其产品产量预期,均会对本企业的生产决策产生重要影响。企业间的相互依赖与制约,构成了数字经济时代特有的竞争与合作格局,要求企业在制定发展战略时必须具备全局视野和前瞻性思维。

数字产品的外部性既体现在消费者层面,也体现在企业层面,两者共同塑造了数字产品市场的复杂性与动态性。消费者通过预期信息共享的潜在价值来影响购买决策,企业则在综合考虑自身及行业生态的基础上制定生产策略,两者相互作用,共同推动了数字经济的蓬勃发展。

3. 时间价值

若将时间视为一种蕴含效用的宝贵资源,那么闲暇时光无疑成为消费者追求愉悦与放松的重要途径之一。消费者在闲暇与工作之间的时间分配决策,深刻地影响着数字产品市场的需求动态。

当消费者处于经济较为宽裕的状态时,他们往往拥有更多的财务自由度和选择空间。此时,追求更高质量的生活体验成为首要考量,因此,他们可能倾向于增加闲暇时间的比例,减少工作时间的投入。时间分配的调整,直接促进了数字产品需求的增长。在闲暇时光中,消费者更倾向于利用数字产品来丰富娱乐生活、提升学习效率或进行社交互动,从而进一步推动了数字产品市场的繁荣。

当消费者面临经济压力,资金相对紧张时,他们的时间分配决策则会发生显著变化。为了维持生计或改善经济状况,他们可能不得不牺牲部分闲暇时间,转而投入更多的工作时间。时间分配的转变,不可避免地抑制了对数字产品的需求。在紧张的工作与生活节奏下,消费者可能无暇顾及数字产品带来的娱乐与便利,从而导致市场需求出现下滑。

4. 搜寻成本

数字技术的精进极大地降低了消费者搜寻数字产品的成本。具体而言,用户对检索结果的一次次点击,指引着搜索引擎不断优化其算法,以更精准地捕捉用户的查询意图。为了实现目标,一种融合了用户兴趣分析、丰富语义库信息以及多样化反馈技术的搜索引擎系统模型应运而生。该模型通过深度理解用户的个性化需求,结合广泛的语义关联数据,并运用各类反馈机制,有效提升了搜索结果的查全率与准确率。

随着信息搜索技术日新月异的进步,数字产品的可获取性得到了质的飞跃。消费者不再受限于传统的信息壁垒,能够轻松触达并体验到更加丰富多彩的数字产品。因此,可以清晰地观察到,信息搜索技术水平的提升与数字产品需求水平的增长之间存在着鲜明的正向关联,两者相互促进。

(五) 消费者剩余

消费者作为理性经济人,在购物时普遍倾向于以尽可能低的价格获取心仪的商品,促使价格的下调成为提升消费者福利的有效途径。尤为显著的是,当商品以零价格(即免费)提供给消费者时,无疑实现了购买者福利的极致提升。为了精确量化由价格变动引发的福利增长,我们引入了"消费者剩余",揭示了消费者愿意支付的最高价格与实际支付价格之间的差额所带来的经济满足感。

图 2-8 以直观的方式呈现了一条典型的消费者需求曲线,呈现为平滑且向右下方倾斜的形态,不仅体现了随着商品价格的下降,消费者购买意愿增强的经济规律,还为计算消费者剩余提供了简便工具。

消费者剩余,使用需求曲线与市场价格线所围成的区域面积直观地展示了消费者因实际支付价格低于其心理预期价格而获得的额外满足。这不仅深化了对市场价格机制下消费者行为的理解,还为企业制定价格策略、评估市场反应提供了有力的分析工具。在图 2-8 的展示中,我们可以清晰地看到,随着商品价格的调整,消费者剩余的大小也随之变化,从而直观反映了消费者福利的增减情况。

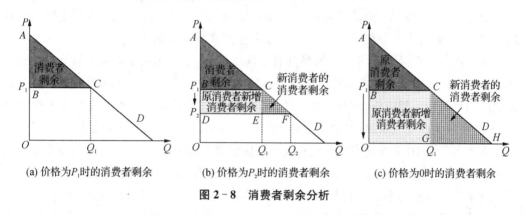

图 2-8　消费者剩余分析

在图 2-8(a)中,当商品以价格 P_1 销售时,消费者剩余直观地体现为三角形 ABC 所围成的面积,代表消费者因购买商品而获得的额外满足感。随后,在图 2-8(b)中,随着商品价格从 P_1 下调至 P_2,消费者剩余显著扩大,新的消费者剩余量由三角形 ADF 的面积来表征。增长可以细分为两部分增量:首先是那些原本在价格 P_1 时未购买(或购买量为零)但现因价格降低而受益的消费者,他们的消费者剩余增量直接对应于减少的支付额,即矩形 $BCED$ 的面积,体现了价格弹性对消费者行为的积极影响;其次是价格下调后新涌入市场的消费者群体,他们愿意以更低的价格购买商品,从而推动了市场需求的增长,这部分新增的消费者剩余以三角形 CEF 的面积来量化,展示了市场扩张的潜力。

进一步地,将视角转向免费商品的情形,如图 2-8(c)所示,商品价格从 P_1 骤降至零,此时消费者剩余跃升至三角形 AOQ 所表示的最大值。巨大变化同样由两部分构成:一是既有消费者因无须再支付任何费用而获得的巨大利益,这部分增量以矩形 $BCGO$ 的面积体现,彰显了免费策略对消费者吸引力的巨大提升;二是因商品免费而吸引的全新消费群体,他们因能够以零成本获取商品而加入市场,其带来的消费者剩余增量由三角形 CHG 的面积来衡量,进一步证明了免费策略在扩大市场规模方面的非凡效力。

第三节 数字产品供给

一、供给分析

(一) 供给曲线

相较于传统的物质产品,数字产品展现了独特的经济特性,其中最为显著的是其边际生产成本近乎零的特质。这意味着,在消费者需求足够庞大的情况下,企业的生产能力几乎不受物理或资源限制,能够灵活响应市场变化。相反,物质产品的生产受限于资源的稀缺性,生产要素的投入存在显著约束,限制了其生产规模的扩张速度。

数字产品行业通常要求更高的最低有效规模,即企业为达到平均成本最低点所需达到的最小生产规模。该门槛相较于传统行业更高,反映了数字产品市场的竞争强度与规模效应的显著性。相应地,相较于物质产品,数字产品的平均总成本曲线更为平缓且宽广,表明在较大产量范围内,单位成本的变动较小,有利于企业实现规模经济。

在数字经济中,市场规模的形成不仅仅是供求双方简单互动的结果,而是更多地受到需求方规模经济的影响。该现象导致数字产品企业往往面临产能过剩的情况,因为需求的快速增长往往超前于生产能力的调整,从而为企业带来了独特的挑战与机遇。

供给规律在数字经济中也呈现出新的面貌。随着产量的增加,数字产品的售价不升反降,供给曲线向右下方倾斜,此特征直接源于数字产品的成本结构。由于边际成本极低,增加产量几乎不会增加额外的成本负担,反而能够通过规模效应进一步降低单位成本,从而使得企业在市场竞争中更具优势。图 2-9 直观地展示了供给规律,揭示了数字经济下数字产品市场的独特运行机制。

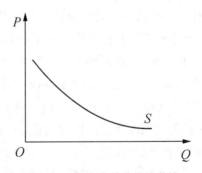

图 2-9 数字产品的供给曲线

（二）供给的影响因素

鉴于数字经济的独特性质,直接将各供应商的供给曲线简单叠加来构建整个市场的供给曲线,在多数情境下显得并不恰当且缺乏实际意义。这是因为数字经济中的产品往往具有高度的可替代性和差异化特征,使得市场结构更为复杂多变。然而,对于那些替代性较强且差异化显著的数字产品种类,可以有针对性地绘制其供给曲线,以更准确地反映该类别产品的市场动态。如图 2-10 所示,绘制了一条针对特定数字产品种类的供给曲线。在这条曲线中,P 代表价格,反映了市场上消费者购买该类产品所需支付的费用;V 代表数字产品的种类,强调了产品间的差异性和特定性;S 代表数字产品种类供给曲线,直观地展示了在不同价格水平下,市场上能够提供的该产品的种类变化。通过这样的供给曲线,我们可以更加深入地理解数字产品市场的运作机制:随着价格的波动,市场上该产品的供应种类将如何调整,以及调整时将受到产品特性、消费者需求和市场竞争态势等多重因素的怎样影响。同时,该曲线也为相关企业提供了重要的市场参考,帮助他们制定更加精准的产品定价和供应策略,以更好地满足市场需求并获取竞争优势。

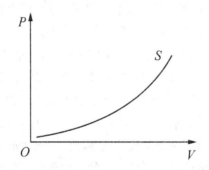

图 2-10 数字产品供给种类与价格呈现正相关关系

在追求利润最大化的驱动下,生产者遵循"边际收益等于边际成本"的原则,同样适用于数字产品市场。随着数字产品收益的攀升,生产者倾向于增加产品种类的供给,直至达到边际收益与边际成本相等的均衡点。因此,数字产品的种类供给曲线呈现出向右上方倾斜的趋势,揭示了价格与产品种类供给之间的正向关系:价格上升时,企业倾向于提供更多种类的数字产品以捕捉市场机遇;反之,价格下滑则可能促使企业缩减产品种类,以优化资源配置。

数字经济中,企业供给曲线的独特形态还深受网络外部性和正反馈效应的影响。两种力量共同作用下,每一单位产品销量的增加都会提升原有消费者的价值体验,进而吸引更多新用户加入,形成良性循环。用户规模的扩大直接提升了产品的整体价值,使得新用户更倾向于选择用户基数大的产品。"赢者通吃"的现象,要求企业在市场初期即便面临成本压力,也需采取低价策略以迅速扩大用户基础,构成了数字经济特有的"反经济学"特性。数字产品经营者深知,唯有通过不断提升产品性能并维持低价策略,方能在规模竞赛中脱颖而出。

此外,数字产品供给的丰富性还受到多重外部因素的影响。科学教育与专利制度作为知识创新的摇篮,为数字产品的持续迭代提供了不竭动力。教育水平的提升促进了高素质人才的涌现,为数字产品的创新与发展奠定了坚实的人才基础。专利制度则通过保护创新成果、降低创新风险,进一步激发了企业的创新活力。市场规模的扩张直接拉动了数字产品的需求,为供给的增加提供了广阔空间。同时,政府的经济政策,如减税、优惠贷款等,也为数字产品的供给提供了有力的政策支持和资金保障。

(三) 长尾效应

在当今技术飞速发展、信息爆炸的时代,消费者对于个性化与定制化消费的追求达到了前所未有的高度。这使得数字产品的差异化定制变得尤为重要。尽管传统非数字产品也能在一定程度上实现差异化,但数字产品凭借其高度的可变性和对消费者偏好的深度依赖,在定制化和差异化方面远远超越了其他实物产品。在产品差异化和定价个性化的动态交互中,单纯依赖价格因素来解读消费者需求的变化显得片面且不足。

经济学中的"二八定律",作为财富分配的经典法则,同样适用于企业经营领域,揭示了企业利润和销售额的集中趋势,即少数核心产品和核心客户贡献了大部分利润和销售额,也是 VIP 客户管理策略的重要基础。然而,"长尾效应"为我们提供了另一种视角,挑战了二八定律的局限性,揭示了小众市场蕴含的巨大潜力。

"长尾效应"描述的是那些销量虽小但种类繁多的产品,通过累积效应,其总收益能够超越主流产品的现象,预示着商业、文化和社会未来的发展方向将不再局限于热门产品和传统需求曲线的头部,而是向那条看似不起眼却潜力无限的需求曲线尾部延伸。在图2-11中,需求曲线直观地展示了此效应,其中"头"部代表流行的、大众化的产品,"尾"部则汇聚了个性化、小众化的需求,共同构成了一条长长的尾巴,预示着市场的多样性和无限可能。

长尾定律的提出,是对传统二八定律认知的一次颠覆,当消费者能够轻松找到并负担得起符合个人品位的产品时,他们往往会放弃大众化产品,转而追求更加个性化的选择。因此,理性的企业应当在巩固核心产品竞争力的同时,积极开发新产品,从长尾市场中挖掘新的盈利增长点。即使当前长尾产品尚未带来显著利润,但随着时间的推移和市场的成熟,完全有可能成为企业未来的主要盈利来源。

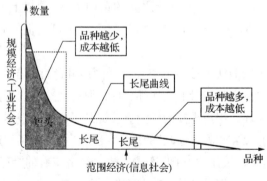

图 2-11　数字经济产品供给的二八定律与长尾效应

在技术不断进步、信息日益丰富的今天,企业拥有更多手段来实现个性化生产和定制化服务。通过降低生产规模、引入消费者参与生产以及运用先进的数据处理技术,企业能够更精准地把握消费者需求,生产出更符合其偏好的产品。对于经营非主流、低需求商品的企业而言,借助互联网技术的力量快速找到具有相同需求的消费者群体,并形成一定的市场需求规模后,其业绩完全有可能与主流商品相媲美。

(四) 三个经典供给定律

1. 摩尔定律

戈登·摩尔(Gordon Moore)提出了一个奠定现代信息技术基石的假说:在价格保持相对稳定的前提下,集成电路上所能集成的晶体管数量每隔18个月到24个月翻一番,伴随而来的是其性能的显著提升。这被业界尊称为"摩尔定律"。随后的岁月中,该预言不仅被证实为惊人的准确,更从假说升华为科学界的共识,广泛应用于计算机处理器、半导体存储器等众多领域,成为衡量技术进步的黄金法则。

摩尔定律揭示了信息技术领域那令人瞩目的指数级增长态势,预言并见证了同等成本下微处理器处理能力的飞速提升与价格的不断下降,同时,也反映了网络技术日新月异的发展轨迹。该规律不仅是对技术进步的精准概括,更是对信息时代变革力量的诠释。

在过去的四十余年里,摩尔定律如同一股不竭的动力,驱动着半导体芯片集成化趋势的浪潮,将信息技术的边界不断推向新的高度,见证了计算机从昂贵稀有的科研工具,逐步演变为普罗大众日常生活中不可或缺的一部分;引领着信息技术从象牙塔走向千家万户,让互联网的触角遍布全球,将世界紧密连接;催生了多媒体视听技术的蓬勃发展,极大地丰富了人们的文化生活。正如所有自然法则一般,摩尔定律也面临其固有的局限性。随着晶体管电路逐渐逼近物理性能的极限,曾经引领风骚的定律或将迎来其历史性的转折点。

2. 达维多定律

威廉·达维多(William Davidow)敏锐地洞察到加速产品迭代对于市场竞争的关键作用,并据此提出了影响深远的达维多定律。此定律指出,首个推向市场的产品往往能自动占据高达50%的市场份额,确立了市场先驱的显著优势。企业若欲在市场中占据领导地位,必须勇于成为新一代产品的开创者,即便初期产品尚存瑕疵,其先行者身份所带来的利益亦远非后续跟随者所能企及。

达维多定律进一步强调,企业需具备自我革新的勇气,主动淘汰既有产品,以快速迭代保持技术领先,避免被市场竞争的洪流所淘汰。其核心理念在于,市场开发与利益分配的先机至关重要,唯有抢占市场先机,方能赢得更大的市场份额与丰厚利润。此乃"先入为主"战略的精髓所在。

该定律不仅揭示了成功的真谛——通过不断创新与淘汰,快速地将新品推向市场,并以其为标准引领行业风向,进而实现规模化生产与高利润回报;更指出了实现目标的前提:技术上的持续领先。在数字经济浪潮中,企业唯有依托创新带来的短暂而强大的优势,方能攫取高额的创新利润,进而制定行业规则,成为市场的领航者。

英特尔公司的实践便是该理论的生动例证。尽管其微处理器并非总是性能最优或速度最快,但英特尔始终扮演着新一代技术引领者的角色。面对 IBM Power PC RISC 系列的竞争威胁,英特尔果断采取了壮士断腕的策略,提前终结了当时极为成功的 486 处理器的生命周期,转而全力支持奔腾(Pentium)586 处理器的推出。

3. 吉尔德定律

乔治·吉尔德(George Gilder)提出,主干网的带宽将以每 6 个月翻一番的速度激增,当前看似稀缺珍贵的网络带宽资源,在不远的将来也将变得充裕无比,从而极大降低网络接入的门槛与成本。随着带宽洪流的持续膨胀,一个万物互联的新时代正悄然降临。越来越多的设备,无论其内在智能如何有限,都将以有线或无线的方式融入庞大的网络之中。看似简单的"智能边缘"设备,在海量连接的催化下,将汇聚成一股不可忽视的力量,展现惊人的协同效应。正如廉价的晶体管能够构建起价值连城的高性能计算机一样,充分利用低成本的网络带宽资源,同样能为社会带来难以估量的经济与社会价值。

此外,马太效应作为数字经济中另一个不可忽视的力量,进一步强调了资源配置的极化趋势,即在数字经济中,资源向已经占据优势地位的强者汇聚,形成了一种自我强化的正反馈机制。

二、成本分析

数字产品的生产伴随着高昂的固定成本,其中绝大多数为沉没成本,需在生产启动之前预先支付,且一旦生产流程中断,便无法挽回,形成了显著的财务锁定效应。然而,与之形成鲜明对比的是,数字产品复制的可变成本微乎其微,几乎可以忽略不计,同时,复制的份数在技术层面几乎不受任何自然限制,极大地拓宽了生产的潜力。独特的成本结构揭示了数字产品生产的无限潜能,催生了前所未有的规模经济效益。具体而言,随着生产量的增加,每多生产一份,数字产品的边际成本能够保持不变,甚至在某些情况下呈现递减趋势,这是因为复制过程不涉及额外资源的显著消耗。该经济特性打破了传统经济学中成本随产量递增的基本规律,对于数字产品的定价策略构成了根本性的挑战。因此,在数字产品的定价实践中,传统的经济学原理与模型显得力不从心,无法直接套用。数字产品在定价时需要综合考虑其边际成本趋近于零的特性、市场需求的灵活性,以及消费者对于产品价值的主观认知等多重因素,从而制定出既反映产品价值又符合市场规律的定价策略。

(一) 数字产品成本

在经济学与管理学的入门课程中,一个核心概念便是产品总成本的构成,明确区分为总固定成本与总变动成本两大板块。固定成本,作为启动生产活动的基础,代表着为生产第一件产品而必须进行的初步投资,涵盖诸如厂房购置与建设、机器设备采购,以及研发设计等长期性、非重复性的支出。因此,固定成本亦被形象地称为"投资成本",凸显了其在企业初期资源配置中的关键作用。相比之下,变动成本则紧密关联于生产过程中的每一个环节,是随着产品数量的增减而相应变动的费用,主要包括直接用于产品制造的原材料费用以及为生产产品所必需的劳动力成本。变动成本的特性,使得企业在制定生产计划、评估经济效益时,能够更为灵活地根据市场需求调整生产规模,进而有效控制成本结构。产品总成本的两大组成部分——总固定成本与总变动成本,对于理解企业运营、制定经营策略以及进行财务规划具有至关重要的意义。

1. 传统产品 U 型平均成本曲线

总固定成本,作为一个恒定的经济指标,其特点在于其不随生产量的增减而波动,原因在于其代表了生产启动初期所必需的投资,如厂房建设、设备购置及研发支出等,费用一旦投入便固定下来,不会因后续产量的扩张而额外增加。相反,总变动成本呈现出与生产量之间的直接比例关系,即随着生产量的提升而同比例增长。然而,当生产量超过某一最优的临界点时,单位产品的变动成本将开始攀升,反映出生产效率的逐渐降低。这是由于资源利用效率的下降或管理复杂性的增加所致。在考察生产的总成本时,即总固定成本与总变动成本之和,其随产量的增长而持续上升的趋势是显而易见的。单件产品的成本,即平均成本,却呈现出一种独特的 U 型变化模式。在达到最优临界产量之前,平均成本是逐步下降的,得益于更多的产品共同分担了固定的初期投资成本,实现了成本的摊薄效应。然而,一旦越过临界点,平均成本便开始逆转上升。这主要是单位产品变动成本增加和生产效率降低共同作用的结果。

图 2-12 直观地展示了著名的 U 型平均成本曲线,其中 C 代表成本,Q 代表产量,AC 展示平均成本的变化轨迹。图中 D 点,即最优临界产量的位置,是平均成本由降转升的转折点。通过图 2-12,我们可以清晰地看到成本与生产量之间的复杂关系,以及如何通过优化生产规模来实现成本的最小化。

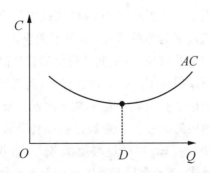

图 2-12　传统产品 U 型平均成本曲线

2. 数字产品平均成本曲线

在数字产品的大批量生产情境下,其成本结构显著不同于传统制造业。其成本主要集中在高昂的固定成本上,主要源于数字产品的研发阶段,由于该阶段涉及复杂的技术探索、设计与测试,因而成本极高。一旦首件数字产品成功问世,后续的复制成本则极低,甚至趋近于零,因为数字内容的复制几乎不消耗额外的物理资源或劳动力。这意味着成本与产量的具体数值无直接关联。独特的成本结构导致了数字产品生产的平均成本呈现出持续递减的趋势。如图 2-13 所示,随着产量(Q)的增加,尽管总成本(C)因固定成本的存在而保持一定水平,但平均成本(AC)持续下降。因为越来越多的产品共同分担了最初的固定投资,而复制成本对平均成本的影响微乎其微。该趋势体现了数字产品生产的规模经济性,即随着生产规模的扩大,单位产品的成本不断降低,为企业带来了显著的竞争优势。

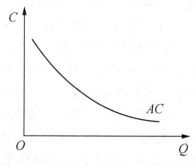

图 2-13　数字产品平均成本曲线

3. 数字产品边际成本曲线

数字产品的独特供给规律,深植于其鲜明的成本特征与网络外部性规律之中。从成本特征的角度审视,数字经济时代下的边际成本递减规律,为数字产品的成本结构赋予了全新的面貌。随着产量的递增,数字产品的边际成本不仅不会上升,反而呈现出显著的下降趋势,在某些情况下甚至为零。该特性直接反映在产品价格上,即随着产量的增加,价格也随之走低,如图 2-14 所示,图中 MC 代表边际成本,AC 为平均成本,Q 则表示产量。边际成本递减或近乎为零的现象,赋予了数字产品市场前所未有的灵活性与竞争力。企业能够随着销量的增长,以更低的价格销售产品,而无须担心因成本上升而压缩利润空间。该策略不仅促进了产品的快速普及,还激发了市场的巨大潜力,因为消费者能够以更加亲民的价格享受到高质量的数字产品。此外,该成本特征也是数字经济中众多免费商品涌现的根源之一。企业通过提供免费商品吸引用户,进而利用网络外部性效应构建庞大的用户基础,再通过增值服务、广告收入等多元化渠道实现盈利。"免费+增值"的商业模式,正是数字经济时代的创新产物,彻底颠覆了传统经济的定价逻辑与盈利方式。

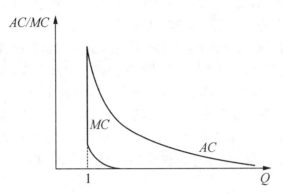

图 2 - 14　数字产品的边际成本曲线

在数字产品领域,为了抢占市场份额并吸引广大消费者的青睐,众多厂商纷纷采取了免费策略,如提供免费邮箱服务、免费下载资源以及免费试用体验等,无疑为消费者提供了丰富的"免费午餐"。而此现象的背后,除了数字产品本身独特的成本结构外,还深受"赢者通吃"市场规律的影响。"赢者通吃"现象在数字产品市场中尤为显著,表现为在激烈的竞争中,胜利者往往能够独揽大部分乃至全部市场份额,失败者则面临被淘汰的残酷现实。由于数字产品的初期投入多为一次性成本,且回报周期相对较长,一旦在市场竞争中失利,先前的巨额投资便可能化为乌有,高风险性迫使厂商们必须全力以赴,争取成为市场的"领头羊"。另一方面,数字产品的特性加剧了"赢者通吃"的局面。消费者在使用某一数字产品后,往往会因习惯、数据迁移难度大或平台依赖性强等,面临高昂的"转移成本",这使得他们更倾向于被锁定在某一产品上,难以轻易地转向其他替代品。消费者锁定效应不仅增强了现有产品的市场地位,也进一步推动了"赢者通吃"现象的形成。因此,数字产品市场中的免费策略与"赢者通吃"现象相互交织,共同塑造了数字经济领域的竞争格局。厂商们通过提供免费服务吸引用户,"赢者通吃"的规律则促使他们不断追求卓越,以巩固并扩大自己的市场份额。同时,消费者的高转移成本也为市场的稳定性提供了有力支撑,使得市场格局更加清晰明确。

4. 数字产品的其他成本

(1) 沉没成本

数字产品的固定成本构成中,沉没成本占据了显著比例,一旦投入便如石沉大海,难以挽回。对于对沉没成本,企业在进行后续决策时,无须再考虑,因此其机会成本可视为零。然而,这并不意味着企业可以轻率行事,因为数字产品的研发与生产过程充满了不确定性。一旦项目被中止,先前倾注的人力、物力、财力将全部付诸东流。一旦研发成功,虽然再生产的边际成本极低,但随之而来的销售与推广成本可能高企,这对企业的财务规划与市场策略提出了严峻挑战。

在传统经济模式下,企业即便面临亏损,也可能因多种情况(如维护市场份额、履行合同义务等)而不得不继续生产。当市场价格跌至平均可变成本以下时,传统企业会选择停产以避免进一步亏损。然而,在数字经济中,当价格位于平均可变成本与平均成本之间时,企业面临的抉择更为复杂:停产意味着沉没成本的完全损失,继续生产则可能导致持续亏损的困境。这种两难境地要求企业必须具备高度的市场敏感度和灵活的应变能力。

在激烈的市场竞争中,数字产品企业能否站稳脚跟,关键在于其能否迅速吸引并稳固足够的客户群体。由于数字产品的复制成本极低,企业往往存在一种内在冲动,即通过无限扩大生产、降价销售等手段来迅速占领市场。这些策略可能带来短期内的市场份额增长,但也对企业的盈利能力、品牌形象及长期发展潜力构成了潜在威胁。因此,数字产品企业在追求市场份额的同时,必须兼顾成本控制、产品质量与用户体验,以实现可持续的竞争优势。

(2)注意成本

为了吸引客户的目光聚焦于自身提供的产品与服务,并激发他们的购买欲望,企业所投入的成本被称为"注意成本"。注意成本范畴广泛,涵盖广告宣传的费用、旨在提升产品吸引力的工业设计投入,以及精心策划与开发以构建稳固客户关系的各项开支。鉴于数字经济背景下,消费者的注意力已成为一种极度稀缺且宝贵的资源,注意成本的重要性愈发凸显。在信息过载的时代,如何有效捕获并维持消费者的关注,成为企业营销战略中的核心议题。企业不仅需要投入巨资于创意广告与精准投放上,以在瞬息万变的市场中抓住消费者的眼球;还需在产品设计上精益求精,通过卓越的工业设计语言传达品牌价值与独特魅力;同时,建立并维护良好的客户关系网络,以深化品牌忠诚度,确保在激烈的市场竞争中持续吸引并留住客户。因此,注意成本在数字经济中不仅是企业营销策略的重要组成部分,更是其实现可持续发展与竞争优势的关键所在。

(3)交易成本

在经济学范畴内,交易成本普遍被定义为那些促进市场交易活动顺畅进行,涵盖搜索、协调与监督等多个环节的必要成本。交易成本既涵盖传统的外部交易成本,即直接关联于市场交易所产生的费用,也包括企业内部在组织架构、运营管理及监督控制方面所耗费的资源,后者可具体称为企业内部交易成本。随着数字经济的蓬勃发展,其独特的实时性、虚拟性以及高度交互性特质,为交易成本的显著降低开辟了新路径。在数字经济中,信息流动的高效性极大地缩短了交易双方的距离,降低了信息获取与核实的难度,从而有效降低了交易成本。

进一步分析,交易成本与市场规模之间存在明确的反向关联。市场规模的扩张往往伴随着交易效率的提升和规模效应的显现,使得单位产品所分摊的交易成本相应减少。相反,交易成本的增加与交易环节的繁复程度成正比,每一环节的增加都可能引入新的成本因素,导致总体交易成本的上升。尤为值得一提的是,交易成本与信息流通的速度及信息的对称性之间存在着密切的负向关系。当信息传递速度加快,且信息在交易双方之间呈现出更高的对称性时,信息不对称所带来的额外交易成本将大幅降低,从而进一步减少整体交易成本。该趋势在数字经济时代尤为显著,因为数字技术为信息的快速传递与高度透明提供了强有力的支持。

案例 02

技术驱动服务:畅连与微信不可避免之战

导语: 即时通信软件无疑是移动互联时代最受欢迎的应用之一,不仅让人与人之间的联系更加紧密,也成为人们生活中不可或缺的工具。毫无疑问,微信是即时通信领域当之无愧的王者,用户规模和影响力都是其他竞争对手望尘莫及的。曾几何时,一些知名企业尝试挑战微信,如移动的飞信、阿里的来往、小米的米聊等,最终都以失败告终。有利益的市场从来不缺乏新的进入者,华为畅连从办公角度切入,风头正劲。

畅连,作为华为基于分布式技术打造的全场景音视频通话产品,凭借其深厚的技术积累,成功打破了手机、大屏、音箱等多种智能设备间的音视频互联壁垒。其核心亮点——分布式技术,如同一座多终端融合通信的桥梁,使音视频连接跨越了设备的界限,实现了真正的无缝互联。畅连赋予了用户前所未有的音视频沟通自由,无论是电话还是视频通话,用户都能根据个人喜好和场景需求,自由选择接听设备,如智能音箱、电视、车机,甚至可以切换无人机实时画面,让沟通跨越时空,亲朋好友仿佛近在眼前,共同捕捉并分享生活中的每一个温馨瞬间。

在与微信的竞争中,畅连展现了其鲜明的特色与精准的定位。微信凭借其全面的社交功能,稳坐社交领域的头把交椅;畅连则深耕企业通信市场,提供视频会议、在线协作等高效工具,助力企业提升沟通效率与团队协作能力。在适用场景上,微信覆盖全民,畅连则专注于满足企业用户的特定需求,形成了差异化竞争。在用户体验方面,微信凭借庞大的用户基数和广泛的连接能力成为社交领域的领航者;畅连则以专业的企业服务、卓越的安全性能以及创新的长语音控制、北斗卫星消息等独特功能,赢得了用户的广泛好评。视频通话中的美颜、背景更换及远程操作等互动方式,让沟通更加生动有趣;消息发送方面,畅连的"已读"提示、"信封消息"等功能,既提升了沟通的透明度,又有效保护了用户的隐私安全。

生态系统的构建对于通信软件的重要性不言而喻。微信凭借其精心构建的庞大且多元化的生态系统,在众多竞争对手中独树一帜,稳坐市场龙头宝座。任何试图挑战微信地位的对手,若仅依赖通信功能的提升,显然难以撼动其地位,必须着手构建自己的生态系统,创造独特的应用场景和服务,以吸引并留住用户。畅连作为华为家族的一员,与华为手机之间存在天然的紧密联系。这种紧密联系使得畅连能够更加顺畅地融入华为的生态系统,为用户提供无缝衔接的极致体验。华为作为全球科技巨头,资金雄厚,技术领先,人才济济,这些为畅连构建强大生态系统提供了坚实的后盾。

面对华为畅连的强劲挑战,微信正面临前所未有的压力。用户在选择通信软件时,除了基本的通信功能外,更加注重软件的便捷性、隐私保护和附加功能。畅连以其丰富的实用功能,为用户提供了更多元化的选择,满足了用户多样化的需求。未来,通信软件的竞争将更加激烈,用户的选择也将更加多样化。华为畅连的崛起,无疑为通信软件市场注入了新的活力,也促使微信等竞争对手不断寻求创新与突破,以保持其市场领先地位。

尽管畅连在前进的道路上遭遇了微信这一强大的竞争对手,但其所展现的巨大潜力和创新能力同样不容忽视。若畅连能充分利用华为的资源优势,精心打造一个强大的生态系统,为用户提供别具一格的应用场景和服务,那么在这场激烈的市场竞争中,它完全有可能分得一杯羹,逐步逼近甚至超越微信的市场地位。在这场较量中,畅连能否凭借其独特的优势和不断创新的精神,成功挑战微信的市场霸主地位,让我们拭目以待。这场竞争不仅将推动通信软件市场的创新与发展,还将为用户带来更多元化、更便捷、更安全的通信选择,引领通信行业迈向新的高度。

资料来源:根据网络公开资料整理。

评语:畅连是一款根植于分布式技术的产品,旨在跨越多平台终端,实现无缝且流畅的通信体验。相比之下,微信则是一款由社交需求驱动的产品,凭借其庞大的用户基数所构建的丰富场景生态,稳坐市场龙头之位。在技术与社交的双轨竞争中,技术驱动展现更为持久且深远的推动力。尤为值得一提的是,畅连依托于华为这一庞大用户群体的坚实后盾,拥有了向微信这一社交巨头发起挑战并撼动其霸主地位的强大潜力。

思考:对比分析畅连技术驱动与微信社交驱动两种发展模式,畅连要挑战微信的地位,该如何打造其生态? 做一下预测:未来即时通信市场,是微信与畅连并存,还是二者存一?

 课后习题

1. 简述网络外部性及其使经济出现了哪些代表性的新特征。
2. 阐释正反馈效应及其影响。
3. 简述数字产品的主要类型与主要特征。
4. 论述数字产品需求的特征及其影响因素。
5. 简述梅特卡夫定律、摩尔定律、达维多定律、吉尔德定律及影响。
6. 应用消费者剩余理论作图解释数字产品免费的原因。
7. 绘图分析数字产品供给的长尾效应。
8. 绘图分析数字产品的平均成本和边际成本原理。

第三章　数字经济生产变革

本章概要

为了顺应经济领域的数字化转型浪潮,企业在组织结构与生产组织体系上均实施了深刻的变革。以往那种单纯依赖要素数量投入,通过产量与价格二维视角来刻画生产活动的传统函数模型,已难以适应数字经济时代个性化需求日益凸显的新常态。在此背景下,引入产品种类的考量变得尤为重要,基于 D-S(Dixit-Stiglitz)框架的产量—品种—价格三维模型展现了强大的解释力,为理解当前生产模式提供了新视角。同时,数据要素作为数字经济生产的核心驱动力,其重要性不言而喻。围绕数据要素,我们需要从内涵界定、权利确认(确权)、价值评估(定价)以及算法应用等多个维度进行深入探讨。

目标要求

1. 了解企业组织和生产体系变革。
2. 理解数字经济中的产量—品种—价格三维视角的生产函数理论逻辑。
3. 熟悉数据要素确权、定价、算法等基础理论。
4. 掌握数据要素的内涵界定及其在数字经济中的关键作用。

本章内容

第一节　企业变革

一、企业组织结构

在传统经济模式下,实物资本、货币资本以及技术创新构成了经济增长与企业竞争优势的核心驱动力。据此,传统的企业内部和企业间的组织结构的精心构建,旨在优化关键要素的配置效率。然而,步入数字经济时代,人力资本的价值显著提升,其伴随的知识积累与创新力已成为经济增长与企业竞争优势的全新源泉。这呼唤着全新的企业组织形态,以确保人力资本及其衍生的知识资源能够得到高效整合与利用。与此同时,世界经济全球化的加速推进、科技的日新月异以及信息的爆炸式增长,共同构成了前所未有的快速变化。这不仅挑战了传统组织形式的适应能力,还对其内部沟通与协作的效率提出了更高要求。企业亟须探索并实施新型组织模式,使之既能灵活应对外部环境的变化,又能促进内部资源的深度整合与高效流转。因此,数字经济时代下的企业组织结构应具备以下鲜明特征:一是高度灵活性与适应性,能够迅速捕捉市场机遇,灵活调整战略方向;二是强化知识共享与协同创新,促进人力资本潜力的充分发挥;三是优化内部沟通机制,确保信息流畅通无阻与决策的高效执行;四是构建开放合作的生态系统,加强与外部伙伴的互联互通,共同推动行业的持续进步与发展。

(一)扁平化

在数字经济浪潮的推动下,企业组织结构的变革最为瞩目的趋势便是扁平化。这与工业革命时期盛行的金字塔式层级结构形成了鲜明对比。金字塔结构以其清晰的职责划分、严格的等级制度及高效的控制机制,曾极大地满足了大规模生产的需求。然而,随着数字经济的蓬勃发展,其局限性日益凸显:多层级的管理结构导致了组织机构的冗余与臃肿,不仅推高了管理成本,还滋生了责任推诿现象,严重制约了管理效率的提升;同时,层级间的壁垒阻碍了信息的自由流通,影响了决策的时效性与准确性。

为了彻底摆脱传统组织结构的桎梏,数字经济下的企业纷纷向扁平化转型。扁平化组织结构的引入,是对传统命令链复杂多层的革新,通过削减中间管理层级,简化组织结构,实现了信息的无缝对接与快速响应。这不仅确保了信息传递的及时性与准确性,避免了信息在传递过程中的衰减与失真,还极大地激发了组织成员的自主性与创造力,促进了跨部门之间的协作与创新,从而全面提升了组织的整体效能与竞争力。

(二)网络化

企业组织结构的网络化转型,体现在以下四大维度。

1. 集团化与战略联盟的构建

在全球经济一体化的浪潮下,企业集团、战略合作伙伴及企业联盟如雨后春笋般涌现。实体间的紧密联系,不仅拓宽了企业边界,更促进了资源、信息与市场的共享,共同编织出一张紧密的企业网络,体现了企业组织形式向网络化演进的显著特征。

2. 经营模式的连锁化与网络化拓展

众多企业纷纷采用连锁经营、商务代理等创新模式,构建起覆盖广泛、高效协同的销售网络体系。这不仅增强了企业的市场渗透力,还通过网络的规模效应,实现了营销活动的网络化布局,极大地提升了市场响应速度与品牌影响力。

3. 内部组织结构的扁平化与网络化重构

企业内部组织正经历着从垂直层级向扁平化、网络化的变革。管理层次的削减与管理跨度的拓宽,促进了组织内部的横向沟通与协作,增强了组织的灵活性与适应性。同时,内部组织机构的网络化布局,使得信息流动更加畅通无阻,决策过程更加高效透明,为企业的持续创新与发展奠定了坚实基础。

4. 信息传递的数字化与网络化革命

随着数字技术的飞速发展与普及应用,企业信息传递与人际沟通的方式发生了根本性变化。先进的通信技术构建了一个无界限的信息交流平台,使得不同部门、员工之间能够实现即时、高效的沟通与协作。信息传递的网络化,不仅加深了员工间的相互了解与信任,还促进了知识的共享与学习的深化,显著提升了企业的整体协同能力与竞争优势。

(三) 虚拟化

在传统组织结构的构建逻辑中,往往追求职能部门的全面覆盖,企业倾向于构建"大而全"或"小而全"的综合性模式。无论是职能制、事业部制还是矩阵制,共同点是都将研发、设计、生产、销售等核心执行功能以实体性部门的形式固化于组织体系之中。然而,独立运作的部门模式,往往因为各自为政而难以迅速适应市场环境的瞬息万变。

步入数字经济时代,企业竞争力的核心已转变为高效研发、灵活生产、广泛销售、雄厚资金、卓越质管及高效管理等多维度的综合能力。在资源有限的前提下,多数企业仅能在上述某几项功能上展现显著优势,而难以全面兼顾。因此,为了在激烈的市场竞争中脱颖而出,企业开始探索并实施"功能虚拟化"战略,即集中资源于自身最关键、最具竞争力的功能领域,而将其他非核心功能通过外部合作或技术手段进行虚拟化处理。这一策略的实施不仅降低了运营成本,还极大地提升了企业对市场变化的敏捷反应能力,实现了资源的快速重组与优化配置。

虚拟组织,作为新兴产物,以其独特的组织形态和强大的信息技术支撑,正逐步改变着传统的企业管理与运营模式,不受地理空间与时间限制的束缚,依托现代通信技术、信息存储技术及智能产品,实现了组织结构的灵活重构与职能的高效整合。在虚拟组织中,成员之间通过高度自律与共同的价值追求紧密协作,共同推动团队目标的实现。正如未来学家阿尔文·托夫勒所预言的那样,随着知识经济的深入发展,信息力和知识力将成为主导力量,虚拟组织将如雨后春笋般涌现,成为未来企业组织形态的重要趋势之一。这不仅预示着工作方式的变革,更预示着企业间合作与竞争的新格局正在逐步形成。

(四) 决策分散化

在工业经济时代,企业组织的决策权高度集中于高层管理者手中,单一的决策机制虽有其稳定性,但也滋生了官僚作风、效率低下、结构僵化以及沟通障碍等一系列问题。随着数字经济的蓬勃兴起,企业组织形态正在经历变革,由过去那种高度集权的决策模式,逐步向分散化、多中心化的决策体系转型。在此体系中,决策的制定不再仅仅是高层的专属任务,而是依托于跨部门、跨职能的工作团队,他们基于流程优化与团队协作,共同参与到决策过程中来。

决策的分散化趋势,不仅激发了组织成员的参与热情与责任感,还极大地提升了决策的科学性与可执行性。因为其确保了决策过程中能够汇聚更多元化的视角、更广泛的信息以及更贴近市场需求的见解。由此,企业组织能够更加灵活地应对市场变化,做出更加精准高效的决策。

数字经济对企业组织的影响远不止于此。数字技术以其前所未有的高成长性、便捷性以及在提升生产效率、优化资源配置等方面的卓越智能性,正逐步重塑企业组织的面貌。在此背景下,依托网络技术构建集成管理体系的新型企业组织模式应运而生。新型组织不仅打破了传统的组织边界,实现了资源的全球配置与高效整合,还催生了全新的社会分工形态,为经济发展注入了新的活力与动力。

二、虚拟企业

在罗纳德·科斯(Ronald Coase)的经典理论中,企业被界定为具备法人资格的经济实体。然而,在数字经济浪潮的推动下,一种新颖的组织形态——虚拟企业应运而生,游走于传统企业与市场之间,开辟了一片独特的领地。虚拟企业,顾名思义,是通过先进的计算机网络技术,将分散在全球各地的企业资源灵活集结,围绕特定机遇构建起的一种网络化、动态合作的经济联合体。在此模式下,每个参与企业均聚焦于其核心竞争力,而将非核心职能虚拟化,交由合作伙伴高效执行,从而实现了资源的最优配置与高效利用。

虚拟企业的主要表现形式包括业务外包与战略联盟。业务外包策略使企业能够轻装上阵,专注于核心业务,而将非核心流程交由更为专业的外部企业承担,以此降低成本、提升效率。战略联盟则是不同企业基于共同目标或特定任务,形成利益共享、风险共担的紧密合作关系,通过资源整合与优势互补,共同应对市场挑战,实现双赢乃至多赢的局面。

虚拟企业打破了传统企业组织的界限,展现一种无边界的组织模式,能够跨越地理与行业的限制,灵活整合全球范围内的优质资源,实现资源的快速配置与高效利用。组织模式的出现,不仅改变了企业的运营方式,也对传统企业理论构成了有力挑战,促使我们重新审视企业与市场的关系及边界。

虚拟企业的兴起并未削弱交易费用理论的价值与意义。相反,进一步验证了该理论在解释现代经济现象方面的强大生命力。虚拟企业之所以能够在数字经济时代蓬勃发展,正是因为其通过创新的制度安排,有效降低了交易费用,实现了企业与市场之间的无缝衔接与高效融合。这都离不开网络技术的强大支撑与推动,不仅是虚拟企业实现交易费用节约的技术基础,也是其未来持续发展的重要驱动力。

(一)虚拟生产

虚拟生产,作为虚拟经营理念的先驱形态,其核心特征在于通过外包策略实现生产环节的灵活转移与优化。在此模式下,企业主动削弱自身对于产品直接生产的依赖,转而以合同外包的形式委托给更为专业、成本效益更高的外部企业执行。与此同时,企业聚焦于其最具竞争优势与高附加值的领域——产品开发与市场营销,并不断加强关键部门的组织效能与战略管理。

苹果公司,作为全球电子消费品领域的领航者,其产品矩阵涵盖了 iPhone 智能手机、iPad 平板电脑以及 Mac 系列电脑等,深受全球消费者的喜爱。为了更有效地控制成本并提升生产效率,苹果公司巧妙地采用了虚拟生产的经营模式。在这一策略下,苹果公司将旗下众多电子产品的制造重任交给了遍布全球的供应商,其中富士康、和硕等企业尤为突出。这些供应商不仅承担着产品的组装任务,还负责进行详尽的产品测试,确保每一件产品都符合苹果严格的质量标准。因此,苹果公司可以将更多的精力投入产品设计、技术创新、市场营销以及优质的售后服务等核心业务之中。虚拟生产的实施,为苹果公司带来了显著的竞争优势。一方面,它使得苹果公司能够充分利用全球各地的优质资源,从而有效地降低了生产成本,提高了生产效率;另一方面,苹果公司能够更加专注于自身的核心业务,不断推陈出新,引领行业潮流,从而在激烈的市场竞争中始终保持领先地位。

(二) 虚拟开发

虚拟开发是一种战略合作模式,集结了多家企业,通过协同研发高新技术产品,旨在共同塑造市场领先地位,并推动各自企业的长远发展。具体而言,该模式鼓励那些各自掌握关键技术并在市场中占据不同优势的企业,基于共同利益建立策略联盟,携手探索并实现技术的新飞跃。

以 IBM 与 AMD 公司为例,面对英特尔在微处理器领域的强劲势头,两者选择携手并进,联合开发先进的微处理器技术。此举不仅旨在提升芯片的运行效率,还力求通过规模经济效应降低生产成本,从而在竞争激烈的市场中占据更加有利的地位。对于 AMD 而言,与 IBM 合作尤为重要,因为其能够有效弥补自身在研发资金方面的不足,加速新产品的推出速度,减少因资金瓶颈带来的市场滞后风险。而 IBM,在微处理器领域已有一定积累,通过与 AMD 紧密合作,能够进一步拓展其技术边界,增强与英特尔等强大对手竞争时的底气与实力。双方强强联合,不仅促进了各自在芯片制造领域的技术革新与突破,更为双方赢得了在市场中构建竞争优势的宝贵机遇,共同绘制出一幅双赢乃至多赢的发展蓝图。

(三) 虚拟销售

虚拟销售是一种创新的商业模式,其核心在于企业总部与其下属销售网络之间实现"产权"关系的清晰分离,将销售环节高度虚拟化。销售网络被重塑为具有独立法人地位的销售公司,既保持了运营的灵活性,又强化了市场响应速度。

采用虚拟销售方式,企业能够显著削减总部的管理负担与市场推广的直接成本,转而依托独立销售公司强大的分销网络和专业化运营能力,实现产品市场的广泛覆盖与深度渗透。此举不仅促进了企业资源的高效配置,还激励企业本身专注于产品与技术的持续创新,不断巩固并提升品牌产品的市场竞争力与差异化优势。同时,虚拟销售模式也为销售公司本身带来了前所未有的发展机遇,能够迅速吸引并汇聚众多优秀的营销人才,构建更加完善与强大的营销网络,实现自身的快速成长与壮大。双赢的合作关系,不仅加速了企业产品的市场流通与品牌影响力扩张,还促进了整个销售生态系统的繁荣与健康发展。

(四)虚拟管理

虚拟管理是一种前沿的企业运营模式,在虚拟企业架构中,将特定管理部门的功能虚拟化处理。管理部门虽保留了其核心职能,但其物理形态的行政组织并不直接融入企业内部,而是通过战略性的外包方式委托给具备高度专业化和效率优势的外部公司来承担其运营责任。

具体而言,企业可以灵活选择不设立传统的人力资源部门,而是将员工培训与发展等关键任务,交由业界领先的培训机构来定制化执行。众多外资企业已率先实践,将人力资源管理的复杂性与专业性,转交给专业的人才管理中心全权负责,以此确保人力资源策略的高效实施与持续优化。虚拟管理的优势在于,能够为新成立或正处于快速发展阶段、面临管理经验不足与专业人才短缺挑战的企业,提供强有力的支持。通过整合外部优质资源,企业能够迅速构建起高效、专业的管理体系,专注于核心业务的发展与创新,从而在激烈的市场竞争中占据先机,实现可持续的增长与成功。

三、生产体系变革

随着数字技术的迅猛发展与广泛渗透,生产领域也经历了一场前所未有的变革,传统生产体系的框架被逐步解构,在此基础上孕育并崛起了众多创新型的生产体系。这标志着数字经济时代的到来,其典型生产体系展现了前所未有的活力与潜力。在数字经济的浪潮中,生产体系不再局限于物理空间的局限,而是跨越了地域与时间的界限,实现了高度的灵活性与定制化。新型生产体系充分利用云计算、大数据、人工智能等先进技术,实现了生产流程的智能化、自动化与精细化管理,极大地提升了生产效率与产品质量。

具体而言,数字经济的典型生产体系包括但不限于:智能制造体系,融合了物联网、机器人技术与先进制造工艺,实现了生产过程的精准控制与快速响应;平台化生产体系,通过搭建数字化平台,整合产业链上下游资源,促进供需双方的精准对接与高效协同;按需生产体系,依托大数据分析与预测能力,精准把握市场需求变化,实现定制化生产与快速交付。新型生产体系的兴起,不仅推动了生产方式的根本性变革,也为全球经济的高质量发展注入了强大动力。这不仅提升了企业的市场竞争力与创新能力,还促进了就业结构的优化与升级。

(一)柔性生产体系

柔性生产体系展现了其无与伦比的适应性,无论是针对单一产品的大规模标准化生产,还是应对多品种、小批量的个性化定制需求,乃至复杂多变的多品种、大批量混合生产场景,都能游刃有余地应对。其核心本质在于,能够敏锐捕捉并灵活适应不同顾客群体的多样化与差异化需求,从而实现生产模式的快速切换与高效调整,确保产品输出的多样性与灵活性。

柔性生产的实现,离不开与之相辅相成的柔性管理策略。柔性管理作为现代管理方法的精髓,其核心理念在于以人为本,强调管理机制的灵活性与应变能力的强化,要求企业在组织架构、生产流程、战略决策以及市场营销等多个维度上均展现高度的柔性与敏捷性,以便能够迅速捕捉市场动态,精准把握顾客需求,并据此做出快速而有效的调整与响应。因此,柔性生产体系与柔性管理方法的结合,不仅代表了一种先进的生产方式,更预示着一个全新的管理时代的到来。

(二) 准时生产体系

准时生产体系的核心哲学在于精准把握时间节点,确保在最为适宜的时机生产出精确匹配需求的零部件与产成品,将传统生产中常见的库存积压、设备闲置、等待时间延长以及次品产生等视为亟须消除的浪费现象。其基本原则源于“准时”二字,即倡导一种“按需生产,即时送达”的生产模式,确保零部件在精确到秒的时刻被制造出来,并直接送达其所需的下一个生产环节,以此追求“零库存”的理想境界。

实施准时生产方式的企业,其生产现场往往呈现出一种高度精简与高效的景象。生产车间内,中间仓库被大幅削减乃至完全取消,取而代之的是紧凑的中间存储区,仅用于存放极少量的必要备件,以应对突发情况。同样,成品仓库与货物堆积站也鲜见踪影,取而代之的是流畅无阻的生产流程与即时响应的物流体系。此变革极大地缩短了生产周期,降低了运营成本,加速了资金流转,并赋予了企业强大的市场竞争力,使其能够灵活应对市场变化,实现多品种、高速度、高效率的均衡生产。

(三) 精益生产体系

精益生产体系的核心精髓在于全面践行“精益思维”,引领企业以最小化的资源消耗——涵盖人力、资金、原材料、时间乃至空间等各个维度,旨在最大化地创造价值,不仅为顾客带来创新产品,更确保服务的即时与高效。精益生产的独特魅力与优势,可归纳为以下几点:

1. 人本为核心,效率与质量并重

精益生产认识到人的力量是驱动持续改进的源泉,强调以人为中心的管理理念。通过激发员工的积极性与创造力,显著提升劳动生产率,同时,还内置了严格的质量控制机制,确保产品质量的稳步提升与持续超越。

2. 需求导向,简化生产流程

其倡导的是一种需求拉动的生产模式,即仅在生产确有必要且市场真正需求时才进行生产。该原则贯穿于产品开发的全过程,通过剔除一切不增值的活动与环节,实现生产流程的深度简化,不仅缩短了产品上市时间,还显著提升了整体效率。

3. 极致追求，消灭浪费

精益生产视浪费为敌人，致力于将浪费现象降至最低水平。这里的浪费不仅指物质资源的无谓消耗，更包括时间、人力、能源等多方面的低效利用。通过不断的流程优化与持续改进，企业能够识别并消除各种形式的浪费，实现资源的最优化配置与价值创造的最大化。

（四）并行工程

并行工程是一种前沿的方法论与技术集成，倡导在产品开发流程的初期阶段，就全面融入并综合考虑产品整个生命周期内的各种关键因素。该创新模式旨在实现产品开发过程的深度融合与无缝集成，其核心目标在于显著缩短产品从概念到市场的周期，同时确保产品质量的卓越性与生产成本的最优化，进而为企业构筑起强大的市场竞争壁垒。

第二节　生产函数

一、新古典生产函数

在新古典经济学的深邃视野中，企业的生产过程被描绘为一场从生产要素的汇聚到产品诞生的华丽蜕变。生产要素，作为社会生产经营活动的基石，涵盖了支撑国民经济脉动及市场主体运营不可或缺的各类社会资源，构成了经济活动最为本质与基础的要素集合。生产函数，作为经济学工具箱中的一件利器，专长于剖析生产要素投入量变动如何映射到产品产量的波动之上，揭示了产量变化背后的基本特性与内在规律。

随着人类文明的车轮滚滚向前，生产要素的疆域亦随之不断拓宽与深化。回溯至农业时代，威廉·配第以其深邃的洞察力，将"土地"喻为财富的温床，而"劳动"是财富创造的能动之源，两者并称为农业时代的关键生产要素。步入工业时代，让·巴蒂斯特·萨伊以"生产三要素论"为笔，勾勒出了劳动、资本与土地三位一体的生产要素新框架，并创造性地指出，工资、利息与地租分别作为三者的价值表现形式，共同构筑了工业时代财富创造与价值分配的基石。阿尔弗雷德·马歇尔则更进一步，独具慧眼地将"企业家才能"从劳动的广袤范畴中剥离出来，赋予其独立生产要素的地位，把利润作为对其贡献的直接回报，彰显了企业家精神在推动经济发展中的不可或缺。

及至当代，党的十九届四中全会站在时代的新高度，以前瞻性的视野，将"知识""技术""管理"乃至"数据"等新兴要素纳入生产要素的宏大体系之中，并明确提出建立由市场评价贡献、按贡献决定报酬的灵活机制。这不仅是对生产要素理论的一次重大拓展，更是对国家治理体系和治理能力现代化的推行，标志着数据作为新时代关键生产要素的地位得到了国家层面的正式确认与强化。

在数字经济的浪潮中,企业为追求利润的最优化,会精心策划并有效组织各类生产要素的配置,通过生产函数量化表达。借鉴新古典经济学中生产函数的经典框架,我们可以构建出一个专属于数字经济时代的生产函数模型。该模型不仅涵盖传统生产要素(如劳动、土地、资本)的投入,还创新性地纳入了企业家才能与数据两大新兴要素,揭示了生产要素投入数量与最终产量之间的动态关联与内在逻辑。

具体而言,数字经济生产函数以其独特的视角展现了企业在数字经济环境下如何通过精准配置各类资源(包括人力资源的高效利用、土地与资本的有效整合、企业家创新精神的充分发挥,以及数据作为新型生产要素的深入挖掘与利用)来实现产出的最大化与价值的最大化。该模型的提出,不仅丰富了生产函数的理论内涵,更为数字经济企业优化资源配置、提升生产效率、增强市场竞争力提供了有力的理论支撑与实践指导。具体可表示为:

$$Q = f(L, N, K, E, D)$$

式中,Q 表示产量;L 表示劳动;N 表示土地;K 表示资本;E 表示企业家才能;D 表示数据。

上述所提及的生产函数,实则是一个精炼而复杂的模型,不仅仅局限于简单描绘多种生产要素投入与产量之间的线性相关性,而是揭示了要素在生产过程中相互交织、相互作用的复杂关系。这种关系远非简单的比例所能概括,更非孤立的数据生产要素所能独立诠释。

在数字技术的迅猛发展与广泛应用背景下,数据要素已远远超越了单一生产要素的范畴,如同一条无形的纽带,影响着其他生产要素的效能发挥,进而对整体产量产生深远影响。数据不仅在生产环节直接作用于生产流程的优化与效率的提升,更已全面渗透到决策制定、生产组织、专业分工、市场营销、物流配送以及售后服务等生产经营的每一个环节,成为驱动数字经济高质量发展的核心引擎。

因此,尽管新古典生产函数作为分析传统经济模式的经典工具,在探讨数字经济生产时仍被频繁引用,但其固有的框架与假设在解释数字经济时已显得力不从心。数字经济的复杂性与动态性,要求采用更加灵活、更加全面的视角与方法来审视与解析其生产函数,以更准确地把握数字经济时代的生产规律与价值创造机制。

二、数字经济的产出"数量—品种"

数字经济与工业经济在产出层面的显著差异体现在产品所展现的异质性特征上。工业经济时代,产品往往侧重于标准化与规模化生产,数字经济则以其独有的方式赋予了产品前所未有的个性化与差异化特性。这反映了经济形态的根本性变革。姜奇平(2020)在对数字经济学基本问题的深入探讨中,敏锐地指出了传统经济与数字经济在均衡状态上的本质区别。他指出,传统经济遵循的是"Q-P"二维均衡框架,即主要关注产量(Q)与价格(P)之间的动态平衡。然而,在数字经济时代,该均衡模式被彻底打破,取而代之的是一个更为复杂的"Q-N-P"三维均衡体系。这里的"N",代表着网络效应、非线性增长以及由数据驱动的创新与个性化等数字经济独有特性的品种,与产量和价格一道,共同构成了数字经济产出均衡的关键维度。这不仅要求我们重新审视和理解数字经济的运作机制,更呼唤我们探索出适应数字经济时代的新理论、新工具和新方法。通过深入研究"Q-N-P"三维均衡问题,我们可以更加准确地把握数字经济的脉搏,推动其持续健康发展,为全球经济注入新的活力与动力。

经济学作为一门具备普遍指导意义的学科,其核心在于能够洞察并区分三种截然不同的生产范式:定制化农业生产,其特点在于小规模多样化生产(小批量、多品种);大规模工业化生产,显著标志为单一品种的规模化制造(单一品种、大批量);大规模定制化信息生产,融合了大规模与多样化的双重优势(大批量、多品种)。这三种生产模式各自鲜明,还映射了不同历史时期与经济环境下的特定经济规律。在高级别的经济数学分析框架内,三种生产模式的内在逻辑与转换机制被抽象为随机网络、规则网络与复杂网络之间图值转换关系。这不仅揭示了生产模式背后的复杂数学结构,还极大地丰富了经济学的分析工具箱。在众多经济指标中,经过严格数学验证并被认为是衡量生产模式转换与效率提升的关键指标,莫过于批量(Q)与品种(N)两个维度,如同经纬线般交织,共同绘制出经济生产活动的多维图景。

在计量经济学中,为了实证性地识别和区分不同的生产方式,必须依赖于"数量(Q)-品种(N)"双维度分析框架。遗憾的是,过往的多数经济学分析体系往往仅聚焦于数量(Q)的维度,而忽视了品种(N)的重要性(尽管新凯恩斯学派在此方面有所突破),直接导致了其仅能有效解析"单一品种、大批量"的生产模式,对于"小批量、多品种"及"大批量、多品种"的生产模式则显得力不从心。因此,分析框架在解释农业经济和数字经济时的效力大打折扣。

特别那些以工业经济为解释核心的经济学理论(如新古典理论),往往隐含着一个默认前提——"同质性假定",即默认品种数为1(即"单一品种")。该设定实际上是将工业经济中"单一品种"的特殊情况,不恰当地泛化为了人类经济历史的一般规律。然而,数字经济的蓬勃发展以生动的实践告诉我们,人类经济并非仅仅局限于传统的大规模、单一品种的生产模式。在数字经济时代,基于质量、创新与用户体验的多样化经济,即"多品种"经济模式,正日益成为更加普遍和主导的经济形态。这种转变不仅丰富了经济的内涵,也对经济学理论和分析框架提出了新的挑战与要求。

资源配置导向的微观经济学基本问题主要聚焦于数量(Q)与价格(P)之间的均衡状态与最优配置的探索。随着数字经济的崛起,该框架引入品种(N)探讨三者间的均衡与最优化议题。在数字经济独特的生产逻辑中,小批量与多品种的生产模式占据了核心地位,其中"品种"成为理解数字经济不可或缺的关键维度。此处所言的"品种",并非狭义上的分类,而是广义上一切因品质差异而产生的量的表现形式,涵盖质量、创新与用户体验等数字经济产出的核心价值要素,实现了要素的系统化整合。简而言之,工业经济与数字经济之间的根本分野在于各自对市场竞争结构的预设不同。数字经济建立在假定数量(Q)相对稳定的基础上,品种(N)与价格(P)之间的动态关系主导了市场,形成了以异质完全竞争(或称垄断竞争)为主导的经济形态。工业经济则往往假定品种(N)相对固定,市场主要由数量(Q)与价格(P)的关系驱动,呈现出同质完全竞争为主要特征的经济格局。这不仅反映了经济形态的内在演变,也为经济学理论与分析方法带来了新的挑战与机遇。

在数字经济的新纪元里,经济学的基础命题演变为"数量(Q)—品种(N)—价格(P)"三者间的均衡与最优化探索。迪克西特与斯蒂格利茨于 1977 年在其里程碑式的论文《垄断竞争与最优产品多样化》中,提出了一个革命性的观点:"经济学面临的核心挑战在于,市场如何能够实现社会最优的产品数量与种类的双重优化。"这促使经济学的核心议题从工业经济时代的"数量—价格"均衡问题,跨越至数字经济时代的"数量(Q)—品种(N)—价格(P)"三维均衡分析。D-S 模型的诞生,标志着经济学首次构建了内生化品种的"品种数量(N)—价格(P)"均衡模型,将品种作为核心变量纳入经济学分析框架,从而赋予了经济学区分工业经济(单一品种主导)与数字经济(多品种并存)的能力。这不仅突破了长期以来的同质性假定(即 N=1),使经济学能够正视并解析 N>1 的现实世界,更为经济学的理论硬核注入了新的活力与方向。在数字经济中,品种的概念超越了简单的分类范畴,成为衡量差异化、多样化与异质性的关键量度。在数字经济语境中,品种可被视作质量(供求差异化)、创新(供给差异化)及体验(需求差异化)的综合体现。工业经济与数字经济的本质差异在市场竞争结构上体现为同质完全竞争与异质完全竞争的对立统一。前者以标准化、同质化为特征,后者则拥抱差异化、多元化。

面对数字经济的挑战,传统经济数学分析工具显得力有不逮,亟须调整与升级。D-S 模型作为调整框架的成功案例,引领从同质竞争分析迈向异质竞争分析的新阶段,实现了从物到人的研究视角转变。在数学表达上,要求在同质数量(Q)的基础上,引入异质品种(N),构建三维均衡数理框架,实现从二维到三维的计量提升。品种(N)在此扮演着特殊角色,代表了市场上独立供求曲线的数量,每一种质的不同都对应着一条独特的供求曲线。以网红经济为例,其通过增加品种(N),如多样化的内容"故事"来提升附加值,并非简单推动需求曲线上移,而是创造出多条高度差异化的需求曲线。这启示我们,通过品种计量单位,可以构建一个由价格、数量和品种共同构成的三维分析体系,进一步高维化D-S 模型提出的内生品种数量—价格均衡理论,为数字经济时代的经济学数理系统提供更为精准有力的分析工具。

由此,经济学的数理结构可清晰地划分为两大阵营:第一类,即"数量(Q)—价格(P)"均衡结构,植根于一种简约性数理框架之中。简约性源自一个核心前提——同质性假定,预设了品种(N)恒等于1,从而将数量(Q)界定为同质之量的集合。在此框架下,数列1,2,3,…,q 中的每一项,无论是首个元素还是其后继者,均被视为无质的差异,仅存在量的递增。该理念与毕达哥拉斯学派所倡导的低维数学观念不谋而合,强调了在一定抽象层次上,数学对象之间质的同一性和量的可度量性。

第二类则是"数量(Q)—品种(N)—价格(P)"均衡结构,构成了复杂性数理结构的范例。在此结构中,品种(N)作为差异化、多样性与异质性的统一量度(三者在计算效应上可视为等价),不仅是复杂性的量化指标,更是解锁深层经济理论奥秘的关键。随着该均衡框架的调整与完善,一系列深层次的理论议题与新颖见解如雨后春笋般涌现,其中最为瞩目的莫过于规模经济与范围经济之间复杂而微妙的互动关系。在现有关于规模经济与范围经济的学术探索中,鲜有研究触及"品种多样化导致平均成本下降"的数字经济独特现象。以网红小说为例,每一篇独特的"品种"不仅丰富了市场的多样性,更在某种程度上实现了成本效益的优化,在传统工业经济中虽也有范围经济的痕迹,但难以成为主流经济模式。新提出的多产品范围经济理论,正是在此背景下应运而生,运用了数学工具,为分析此类现象提供了坚实的方法论基础,实质上是对"智慧"在经济活动中的具体体现的精准数学刻画。该理论框架的转换,不仅意味着从二维到三维地数学升级,更预示着实证研究领域的变革与新知识的涌现。在新的分析框架下,有望揭示更多被传统框架所遮蔽的经济规律与现象,为经济学理论的发展注入新的活力。

第三节　数据要素

一、数据内涵

(一) 数据的定义

当前,数据在学术界与产业界呈现出多元化的定义视角。国际标准化组织(ISO)在信息技术领域的术语集中,将数据解释为"一种以正式化形式呈现的信息,旨在便于交流、解读或处理"。经济合作与发展组织侧重于数据的量化特性,将其定义为"作为量化符号,用于存储和传输事实的表达方式"。全国信息安全标准化技术委员会则更直接地指出,数据是"任何电子形式的信息记录"。中国信息通信研究院对数据的理解则强调了其数字化与原始性,定义为"对客观事物的数字化记录或描述,表现为无序且未经深度加工的原始材料"。而欧盟在《数字市场法(提案)》中,对数据的界定更为广泛,涵盖"行为、事实或信息的数字表现形式,以及任何以声音、视觉还是视听记录形式存在的元素汇编"。综合上述多方视角,本书对数据进行了如下定义:数据是运用数字技术记录或描述的关于行为、事实或信息的原始素材,以适合交流、解释或处理的形式存在,是信息时代的基石与核心资源。

数据,是一个复杂而多维的概念,依据不同的视角可细分为多种类型。从数据主体的维度出发,可以将数据鲜明地区分为个人数据与非个人数据两大类别。个人数据,作为核心分支,广泛涵盖财务记录、健康状况、文化背景、生物特征以及任何能够直接或间接识别特定自然人的信息集合。相对地,非个人数据则涵盖更为广泛的领域,如商业运营中的交易数据、政府机构的公共管理数据等,数据不直接指向具体个人的身份或特征。在当前全球及各国的法律与政策框架内,提及数据往往侧重于个人数据的保护与管理,体现在国际协议与国内制定的法律法规之中。然而,随着数字经济的蓬勃兴起,数据的内涵与外延不断扩展,其边界日益模糊。商业数据的深度挖掘与分析成为驱动企业创新与竞争力提升的关键,而政府数据作为宝贵公共资源,在提升治理效能、促进公共服务优化方面发挥着不可替代的作用。因此,数据的范畴已不再局限于个人层面,而是全面渗透到社会经济活动的各个领域,成为推动数字经济时代发展的重要引擎。

(二) 数据的功能

在数字经济的浩瀚征途中,数据已成为核心驱动力,其功能的认知演进经历了一场从浅显到深入、由单一至多元的革命性转变。大致可划分为三大阶段:首先,数据作为资源阶段,仅仅是现实世界的一种镜像记录与反映;随后,迈入数据资产阶段,数据不仅成为资源,更转化为企业和个人价值创造不可或缺的核心资产,奠定财富积累的基石;最终,在数据资本阶段,数据的资源性与资产性特质被深度挖掘,与价值深度融合,通过广泛的交易与流通机制,实现了向资本的华丽蜕变。

1. 数据资源化

在数字经济的浪潮中,数据已蜕变为信息技术与网络空间生存发展的基石,其重要性不亚于传统生产要素(如资本、劳动力、土地及能源)。数据的独特之处在于其可再生性、环保性及无限扩展性——不同于自然资源的有限开采,数据由人类活动产生,通过加工处理能持续衍生新资源;其获取与使用过程对环境无害;在使用过程中不减反增,呈现出与传统资源截然不同的增长态势。数据作为新型战略性社会资源,任何非法干预都可能触及国家核心利益的敏感神经。

2. 数据资产化

随着数字经济的深化,数据不仅被视为资源,更被赋予了资产的属性。资产作为企业过往交易或活动形成的、可控制并预期带来经济利益的资源,具有现实性、可控性与经济性三大特征。相应地,数据资产即企业在经营管理活动中积累的、可控制其全生命周期、可量化且预期带来经济效益的数据集合。数据资产化的过程,就是实现数据可控制、可量化与可变现,从而充分释放其内在价值的过程。但需明确,并非所有数据均能自动转化为资产,需同时满足可计量、可控制、可变现的条件。在当今社会,数据已成为企业核心竞争力的关键所在,其规模、时效性及处理能力直接关乎企业的未来发展。

3. 数据资本化

当数据资产持续为企业创造巨大经济价值时,其资本属性逐渐显现,与金融资本相提并论,催生新产品与服务。然而,数据资本具有不可替代性,每一份数据都承载着独特的信息与价值,无法简单替代。数据资本化的过程,即将数据资产的价值与使用价值转化为股权或投资份额,通过市场交易与流通实现资本化。这体现了数据在交易与流动中的真实价值,同时也凸显了数据产权界定的紧迫性。只有明确数据产权归属,才能为数据交易的顺畅进行奠定坚实的基础,解决当前业界面临的重大挑战。

(三) 数据的基本特征

在跨学科的广阔背景下,"数据"的界定与特性展现了丰富多样的面貌,特性因观察角度与研究目标的差异而各有侧重。在数字经济学的语境下,特别关注数据的七大核心特性:虚拟性、非竞争性、非排他性、不可分离性、价值不确定性、双重外部性、规模报酬递增性。

1. 虚拟性

数据本质上是一种无形存在,必须依赖数字技术设备与系统的支持才能被识别与利用。此外,数据往往需要与其他生产要素(如资本、劳动力等)相结合,才能充分发挥其提升生产效率的潜力。该特性使得数据对于不同主体而言,其价值与意义呈现出高度的差异化。

2. 非竞争性

数据本质上具有无限分享与复制的能力,其价值并不因使用者的增加而衰减,赋予了数据在使用层面上的非竞争性。然而,该特性也对数据资产的交易构成了显著挑战。即便设立了权限规范,由于数据分享的无成本性、对其他相关者利益的无碍性以及对分享者的潜在收益性,数据转售行为往往难以全面遏制,进而可能侵蚀原创者的权益。

3. 非排他性

数据的复制与分享成本极低,几乎可以忽略不计。这虽然极大地促进了数据的流通与应用,但同时也给数据的确权与保护带来了挑战。由于数据的非排他性,难以通过传统的物权保护手段来限制数据的非授权使用,这要求在法律、技术等多个层面寻求更加有效的解决方案。

4. 不可分离性

数据的使用效果与其主体之间存在难以割裂的联系。数据的生成依赖于数据主体的活动被观测,同时,数据的使用也可能对数据主体产生深刻影响,如隐私侵犯或安全疏漏,正是隐私保护与数据安全问题的核心所在。

5. 价值不确定性

作为资产或资本的数据,其价值波动源于多重复杂因素。首先,先验信息不对称导致买方在交易前难以准确评估数据价值,从而可能引发"逆向选择"。其次,数据的协同性、自殖性和网络外部性使得数据集的不同组合与扩展能创造出多样化的价值。再者,数据的价值还与其数量、质量、时效性紧密相关,但关系并非固定不变,而是因应用场景和用户需求的差异而异。最后,用户的异质性进一步加剧了数据价值的差异化,使得数据价值的评估难以标准化,无法实现统一的买方定价。

6. 双重外部性

数据在转化为生产力的过程中,既可能带来积极的影响,也可能伴随潜在的风险。正外部性体现在数据的使用过程中能够不断衍生出新的数据资源,促进信息的交流与共享,增强社会整体的信息透明度与决策效率。然而,负外部性同样不容忽视,如隐私泄露、数据安全等问题,可能对数据主体及相关方造成损害,影响社会的信任与稳定。

7. 规模报酬递增性

与传统生产要素不同,数据的价值并非随着规模的扩大而递减,反而呈现出显著的规模报酬递增趋势。随着数据规模的扩张和种类的多样化,数据要素能够挖掘出更深层次的信息与洞察,从而进一步提升其经济价值与社会效益。

二、数据确权

政府、企业及组织拥有大数据资源,但共享与协同利用受阻,核心在于数据产权界定难题,即数据确权。数据确权指的是数据活动相关者享有的经济利益增减权利体系,是数据市场健康发展的基石和流通、交易与价值实现的先决条件。然而,数据确权复杂多样,难以一概而论,构建普遍适用且精确的标准极具挑战性,制约了数据市场的有效运作和发展。数据确权已成为制约数字经济深化发展的瓶颈,影响资源配置、利用及数字经济生态效能与创新。因此,破解数据确权难题,建立数据产权保护机制,对促进数据市场繁荣和数字经济健康发展至关重要。

数据产权核心议题包括所有权、使用权和收益权界定,目前争议广泛。个人、企业和政府对数据所有权各有主张,特别是在纯数据交易中。政府与企业作为数据使用主体,分别用于优化服务和商业活动。数据使用权合法、合规、高效成为治理关键。数据作为新时代生产要素,经济价值凸显,但收益分配问题亟待解决。争议焦点在于,经济收益是直接回馈给数据原始生产者,还是按收集、加工、分析等贡献分配给数据处理者。同时,确保数据生产者合法享有收益权也是治理难题。数据产权三个核心议题是数据治理的基石,数据产权确定与保护是推动数字经济可持续发展的先决条件。因此,亟须从理论和实践层面加强研究与创新,为数据产权界定与保护提供坚实支撑。解决这些问题不仅关乎数据治理的有效性,更是推动数字经济健康、持续发展的关键所在,需要各方共同努力,寻求共识与解决方案。

数据确权是学术探讨的复杂议题,主流理论包括所有权保护论、知识产权保护论、债权保护论和新型数据产权保护论。新型数据产权保护论主张将数据权分为个人数据权与数据产权,分别强调个人控制与传统物权式的直接控制与支配。该理论遵循所有权的四大权能,包括排他、优先于债权、追及和救济功能,构建数据产权的完整效力体系。然而,该理论常简化劳动赋权逻辑,忽视数据权利背后的复杂生产机制,导致主体与客体界定模糊,难以应对现实挑战。传统权利理论在面对数据时亦显局限,难以全面捕捉其独特属性和动态变化。因此,数据确权研究与实践需引入多元化和跨学科视角,构建科学、合理、适应时代需求的数据权利保护体系。这一体系的构建不仅需深入剖析数据权利的生产机制,还需全面捕捉数据权利的独特性与动态性,以有效回应数据治理的复杂挑战,保障数据权利人的合法权益。

数据权属界定模糊是当前数据要素市场不合理现象产生的根源,尤其在互联网平台的数据收集与使用中表现突出。不明确的数据权属导致数据难以顺畅流向价值最大化领域,影响资源配置效率,削弱用户社会福利。尽管数据确权重要性显著,但学术界尚未达成共识。一种主流思路是清晰划分用户与数字平台间数据权属,但鉴于平台应用场景多样性和数据权利复杂性,制定普遍适用的确权标准极为困难。数字平台关注数据合法高效地融入数字经济生产活动以促进价值增长,而非与直接生产活动无直接关联的数据权利。因此,用户在探讨数据确权时,不必深陷具体权利细节,而应聚焦合理界定数据进入数字平台生产活动的范围与条件,作为双方合作与共赢的基石。这一思路有助于推动数据权属界定更加清晰,促进数据要素市场健康发展。

互联网平台收集的数据主体为个人数据,个人数据与个人信息虽相关但非同一概念,混淆使用导致个人数据兼具人格权与财产权双重属性,增加了数据确权的复杂性。这种双重属性影响了数据要素市场交易成本:一是定价需综合考虑人格权许可使用成本和财产权转让经济价值;二是人格权属性易引发禀赋效应,用户对个人数据价值评价高且因人而异,增加了交易难度;三是数据规模报酬递增与非竞争性等特性为数据垄断提供了条件,企业汇聚海量数据时价值指数级增长,导致价值不对称分布,企业有动机吸引用户数据却不愿共享,加剧了数据市场垄断趋势。因此,数据确权需明确区分个人数据与个人信息,综合考虑双重属性,建立合理定价机制,防止禀赋效应影响,同时加强监管,防止数据垄断,促进数据要素市场健康发展。

数据确权面临复杂挑战,学术界从两大维度探索数据衍生权利界定。部分学者强化财产权视角,构建二元权利结构框架,主张依据数据生成与使用市场重要性分配权利,用户与企业分别获得主导权与用益权,但实施复杂且成本高。另一方面,有学者打破人格权与财产权界限,提出全新确权体系,认为"数据所有权"不适用于非排他性、非竞争性数据资源,引入"数据接入权"更贴切。此观点基于平台多通过许可机制获取用户数据,但许可机制未能遏制过度收集。另有学者将数据市场视为共享经济的延伸,提出将数据视为拟公共物品,借鉴"接入权"概念,称为"接入经济",能降低交易成本,但前提假设——数据全社会共享——难完全契合用户利益诉求。两大维度探索均旨在明确数据权利归属,降低交易成本,但实施均需考虑实际操作复杂性和用户利益保护。

当前数据确权研究聚焦于用户与数字平台间权利划分,但难以形成统一标准,增加了市场交易成本。为此,学术界与业界探索构建数据分级授权体系,通过市场机制达成多层次、精细化的授权协议。该体系优势在于:使平台能依据协议高效、合规利用数据资源,促进数字经济发展;从源头厘清数据权属,畅通市场流通渠道,提升市场效率,降低交易成本,为数据广泛流通与深度交易奠定基础。数据分级授权体系有望成为破解数据确权难题、推动数据要素市场健康发展的关键。此体系通过明确授权,既保障了平台合法使用数据,又促进了数据的高效流通与交易,为数字经济繁荣提供了有力支持。

三、数据定价

数据定价难题,作为制约数据交易与应用深化的一道关键障碍,当前正吸引着学术界的广泛探索与讨论。数据资产迥异于传统实物资产,其交易并非以所有权或使用权的转移为必要条件,且具备可重复交易性,每次交易均不损耗其价值本源。因此,数据资产的价格形成机制异常复杂,不仅受到传统供求关系与使用价值的双重驱动,更深受其独特属性,如虚拟性、正外部效应以及规模报酬递增特性的影响。鉴于数据要素的非凡特质,既在本质上区别于其他生产要素,又极大地提升了其价值评估的难度,为应对挑战,学术界与业界正携手并进,积极探索多元化的数据定价模式,并陆续提出了一系列创新性的定价策略。尽管初步尝试尚存局限,但无疑为数据市场逐步构建起成熟、高效的定价模型奠定了坚实的基础。以下,本书将概述几类主流的数据资产定价方法,方法各具特色,旨在从不同维度解析并量化数据资产的价值,以期为未来数据市场的繁荣发展铺平道路。

(一) 会计学定价法

雷恩斯多夫与里巴斯基(Reinsdorf 和 Ribarsky,2019)在深入剖析会计学资产定价原理的基础上,提炼出三种针对数据资产价值的评估策略。首先,市场法(亦称公允价值法),该方法的核心在于参照市场上相似数据产品的交易价格来确定数据资产的价值。具体而言,市场法侧重于分析实际交易中的价格形成机制,价格往往受到重置成本、可变现净值等多重因素的影响。例如,企业可依据购买同类数据所支付的价格,来估算自身数据收集的成本,进而评估数据资产的价值。其次,成本法,聚焦于数据资产的生产过程,其价值由整个生产链条中涉及的各项成本共同决定,包括但不限于数据的获取、收集、整理、分析及应用等各个环节的成本投入。最后,收入法(或称贴现值法),该方法借鉴了金融领域对金融资产价值的评估方式,特别是贴现法的应用,着眼于数据资产未来可能产生的现金流,通过将预期收益进行折现并累加,来估算数据资产当前的价值。该方法充分考虑了数据资产在未来经济活动中的潜在贡献,为评估其长期价值提供了有力工具。三种数据定价方法均植根于传统的会计学定价理论,通过借鉴其他类型资产的会计定价实践,为数据资产的价值评估提供了可行的路径。

上述三种数据定价方法各具特色,其优劣与适用场景亦各有千秋。首先,市场法以其贴近数据真实价值的优势脱颖而出,但该方法实施起来相对耗时,成本较高,且对市场环境有严格要求,即市场上需存在足够数量的可比产品,并具备清晰的市场价格作为参考基准。其次,成本法以其操作简便、成本相对较低的特点,在多种场景下展现广泛的适用性,特别是对于生产成本透明、市场竞争激烈或个人隐私定价等情境尤为合适。然而,成本法的一个显著局限在于其可能低估数据的潜在价值,忽略了数据在后续利用中的增值空间。再者,收益法通过前瞻性地考量数据未来的市场潜力,为评估数据资产的长期价值提供了独特视角,尤其适用于原始数据的直接交易等场景。然而,收益法的实施难度亦不容忽视,关键在于如何科学合理地确定折现率,往往充满挑战。此外,鉴于数据要素的独特性,如非竞争性带来的规模收益递增效应,以及生产与消费的高度统一性所引发的供给侧与需求侧规模经济的协同效应,收益法在评估数据时还需深入剖析数据的特征及其多元化的收益实现机制,以确保评估结果的准确性和全面性。因此,在具体应用中,应根据不同场景下的收益实现机制灵活调整评估方法,以精准捕捉数据的未来价值。

(二)"信息熵"定价法

基于香农(Shannon,1948)开创性的信息论框架,"信息熵"揭示了信息在剔除冗余后所蕴含的平均信息量,紧密关联于特定事件发生的概率,是衡量信息不确定性的相对尺度。具体而言,信息熵的增高意味着该事件发生的不确定性显著降低,从而提高了准确预估其概率的能力。因此,在信息交易领域,信息熵的增大直接对应着信息内容有效性的增强,进而促使交易价格的上扬。沈等人(Shen et al.,2019)提出的动态定价策略,将数据元组(作为数据集基本构成单元)的隐私保护程度、被引用频率、市场供给价格以及权重等多重因素融入信息熵的计算之中,为数据资产的价值评估开辟了新的视角。这不仅体现了数据资产的稀缺性特征,还超越了单纯的内容与质量考量,更加聚焦于数据的有效数量及其在市场中的分布情况(Li et al.,2017)。通过这样的定价机制,数据交易能够更加精准地反映数据的实际价值,促进数据市场的健康发展。

(三)多维度定价法

在进行数据资产价值的多维度定价时,旨在全面平衡卖方利益、买方需求及数据资产本身的特性。核心在于综合考虑数据成本、数据质量、数据产品的层次结构与协同效应,以及买方市场的异质性等多个维度。首先,数据资产价值的评估需细致考量其全生命周期成本,包括数据采集、存证、传输、加工及营销等各个环节的支出。成本直接反映了数据资产生产与维护的经济投入。其次,数据质量作为评估的关键指标,涵盖完整性、独特性、时效性、有效性、准确性和一致性等多个方面。这些要素共同构成了数据资产价值评估的基石,直接关联到数据在实际应用中的效能与可靠性。再者,数据产品的层次结构反映了其技术含量与稀缺性,协同性则揭示了不同数据产品间通过合作所能创造的额外价值。以上维度共同提升了数据资产的内在价值,使其在市场上具有更强的竞争力。然而,买方市场的异质性为数据资产价值的评估带来了复杂性。不同买方在风险承受能力、数据偏好、信息使用成本及变现能力等方面存在显著差异,即便是相同的数据资产,在不同买方眼中的价值也可能大相径庭。因此,面对买方市场的多样性,企业通常会先对买方类型进行精准筛选,以便更准确地把握其需求与预期,进而实施差异化的价值评估与定价策略。灵活而精细的定价方式有助于企业更好地适应市场变化,实现数据资产价值的最大化。

(四)零价商品估值法

近年来,学术界已积极投身于数据要素对总产出贡献的量化探索之中(Begenau et al.,2018),研究指出,数据要素不仅催生了显著的生产者与消费者剩余,其经济价值应被正式纳入 GDP 核算体系,以全面反映其对经济增长的深远影响。针对数字经济中新兴商品涌现与零价商品激增的现象,布林约尔松等人(Brynjolfsson et al.,2019)在传统 GDP 框架外,创新性地提出了"GDP－B"度量标准,该标准创造性地将具有隐含价值的免费数字商品纳入考量,通过精准量化商品对社会福利的贡献,有效弥补了传统 GDP 核算体系在数据生产要素评估上的空白与偏差。鉴于数据应用场景的多样性与复杂性,数据定价策略亦需因地制宜,未来势必将涌现更多元化的定价方法来精准衡量不同情境下的数据价值。在此过程中,数据定价需恪守一系列基本原则与要求,包括但不限于:实施市场化定价机制,确保市场在资源配置中的主导地位,通过供求、竞争与监管等市场机制的自然运作来决定数据交易价格;坚守隐私保护与数据安全底线,作为不可动摇的基本原则;针对多样化的数据交易场景,无论是集中化的大宗交易还是分散式的场外交易,均应开发与之相匹配的定制化定价模式;充分尊重买方异质性,灵活应对不同数据需求方的差异化需求;全面考量数据的多个属性维度,以构建更为精细的价值评估体系。数据要素的价格形成是一个综合考量其价值本质、市场供需、生产成本及未来收益潜力的复杂过程。在此过程中,数据交易市场应充分发挥其资源配置的决定性作用,同时兼顾隐私安全、场景适应性、买方需求多样性及数据多维属性,以期实现卖方收益最大化与收入分配公平性的双重目标。

四、数据算法

数据要素在数字技术的赋能下,依托强大的算力支撑,经由精密的算法进行深度加工与处理,方能融入生产流程,充分释放其价值潜力。数据挖掘、机器学习与隐私计算作为三大核心算法技术,虽彼此间存在紧密的联系与部分功能重叠,却各自拥有独特的聚焦点,呈现出相互独立而又相辅相成的态势。数据挖掘技术,其核心在于揭示数据背后隐藏的规律与应用价值,侧重于探索数据在特定场景下的实用性与影响力,为数据驱动的决策提供坚实依据。机器学习,则是一种更为深入的数据探索手段,致力于从海量数据中自动发现并提炼新知识、新模式,通过不断优化算法模型,提升数据解析的精度与深度,为预测、分类、聚类等复杂任务提供强大的技术支持。而隐私计算,作为数据安全与隐私保护的关键环节,在数据加工与建模过程中扮演着至关重要的角色。隐私计算技术旨在确保数据流转与利用过程中的安全性,通过加密、脱敏、差分隐私等先进手段,有效保护用户隐私,防止数据泄露与滥用,为数据要素的安全流通与价值实现保驾护航。数据挖掘、机器学习与隐私计算三者虽各有侧重,但共同构成了数据要素价值实现的技术支撑体系,推动了数据经济的蓬勃发展。

(一)数据挖掘

数据挖掘,作为一项运用先进算法从浩瀚数据中提炼宝贵规律与知识的艺术,其历史可追溯至计算机诞生的曙光初现之时。即便在今天,当众多创新的数据挖掘技术如雨后春笋般涌现时,依然能清晰地看到,数据挖掘的根基早已深深扎根于过往的数据分析实践之中。

随着时间的推移,数据挖掘的内涵不断丰富与深化,其称谓亦随之多样化,诸如商业智能、知识发现、预测建模及预测分析等,均是其在不同应用领域与侧重方向上的具体体现。数据挖掘的精髓在于对原始数据的深度探索。数据,无论存储在关系数据库、面向对象数据库、数据仓库、文本数据库、多媒体数据库、空间数据库、时态数据库、异质数据库,还是广袤无垠的互联网中,都是数据挖掘不可或缺的宝贵资源。要确保从数据中提炼出高质量的知识,首要前提是确保原始数据本身的品质——完整性、真实性自不待言,数据的噪声控制、样本均衡性亦是不容忽视的关键要素。

此外,对原始数据背后深层背景的理解,即所谓的"专家知识",对于精准选择数据挖掘算法与模型同样至关重要,如同一把钥匙,能够开启通往数据深层价值的大门。数据挖掘的使命艰巨而多元,其核心任务涵盖关联分析、聚类分析、分类预测、时序模式识别及偏差分析等多个方面。每一项任务都旨在从不同维度揭示数据的内在逻辑与潜在价值,为企业决策、科学研究乃至社会生活的各个领域提供有力支持。

(二)机器学习

机器学习,作为探究算法艺术与科学的领域,致力于通过既有数据驱动算法选择,进而构建预测未来的模型框架。汤姆·米歇尔(Tom Mitchell,1997)精辟地将其定义为:针对特定任务(T),在合理的性能评估标准(P)下,计算机程序能够自动地从经验(E)中学习,并随着提供的高质量、充足经验的累积,其执行任务(T)的能力将持续提升。而深度学习,作为机器学习领域的一朵璀璨新花,源自对神经网络模型的深度探索与技术创新,其灵感来自人类大脑的复杂结构,依托大数据时代的海量信息与计算能力的飞跃,得以蓬勃发展。

在机器学习的广阔天地中,监督学习与无监督学习构成了两大基石。监督学习,顾名思义,依赖于带有标签的数据集,旨在构建输入与输出之间映射关系的模型。通过训练优化后,能够预测未知标签数据的结果。核心在于从特征(Feature)与标签(Label)的配对中提炼出规律,进而应用于新数据的标签预测。相比之下,无监督学习在不依赖标签信息的条件下,探索数据集内部特征间的潜在关系,通过聚类、异常检测或降维等手段揭示数据的内在结构。

谈及机器学习算法,多层感知机(MLP)、卷积神经网络(CNN)、循环神经网络

（RNN）及其变种长短期记忆网络（LSTM）等，无疑是其中的佼佼者。MLP作为前馈神经网络的基础，通过多层结构实现复杂的数据映射；CNN则凭借其独特的卷积操作，在图像处理领域展现卓越的性能，擅长捕捉图像中的平移不变特征；RNN与LSTM则专为处理序列数据而生，后者更是凭借其对长时依赖的有效捕捉，在时间序列分析中大放异彩。

先进的机器学习算法已在人脸识别、语音识别、机器翻译、图像分析等前沿领域取得了显著成就，并展现在无人驾驶、金融预测等未来领域应用的巨大潜力，预示着一个由智能技术驱动的全新时代的到来。

（三）隐私计算

隐私计算，亦称为隐私保护计算，是一项在严格保护个人隐私的前提下，深入挖掘数据价值的先进技术体系。该技术实现了数据持有权与使用权的分离，确保数据主体对其数据的绝对控制权，同时允许数据在"可用不可见"的安全状态下被有效利用。当前，隐私计算领域的主流算法涵盖联邦学习、安全多方计算、机密计算、差分隐私及同态加密等多个维度。

联邦学习，作为分布式机器学习领域的革新者，旨在通过跨设备或跨组织的数据协同建模，在严格遵守数据隐私与合规要求的前提下，共同提升人工智能模型的效能。该技术已广泛应用于手机输入预测等场景，展现了其巨大的应用潜力。

安全多方计算，作为密码学的重要分支，源自姚期智教授提出的经典"百万富翁"问题，允许多个数据拥有者在不暴露各自原始数据的前提下，联合计算以挖掘数据价值。随着云计算、AI、物联网等技术的蓬勃发展及数据隐私安全问题的日益严峻，安全多方计算在金融、医疗、电商等多个领域的需求激增，其重要性日益凸显。

机密计算则依托硬件级别的可信执行环境，为数据和代码提供严密的保护屏障。通过硬件访问控制机制，确保敏感信息在处理过程中免受未授权访问与篡改，从而保障数据隐私与安全。

同态加密，作为计算复杂性理论在密码学中的杰出应用，允许对加密数据进行直接计算，而解密后的结果等同于对原始数据执行相同操作的结果，极大地扩展了加密数据的应用范围。

在全球数据隐私保护意识日益增强的背景下，隐私计算技术成为激活数据经济价值、满足复杂隐私保护法规政策要求的关键工具。华为、腾讯、阿里巴巴等互联网巨头已纷纷布局该领域，探索其无限可能。

此外，在大数据交易领域，区块链技术的引入为解决数据交易的安全性与透明度问题提供了新方案。区块链以其去中心化、不可篡改、全程留痕等特性，构建起一个公开透明、可追溯的数据交易环境，有效降低了数据交易过程中的风险与负外部性，为数据经济的健康发展保驾护航。

案例 03

数据价值实现:江苏钟吾大数据确权探索

导语: 数据从单纯的信息载体进化为具备明确价值、可量化、可流通的资产,不仅驱动着企业创新模式的迭代与飞跃,也为产业深度融合与转型升级注入了澎湃动力,更在宏观层面深刻影响着资源配置效率,以及经济增长的质效。深入探索数据要素资产化的路径、机制及其所带来的广泛影响,已然成为我们精准把握时代脉搏、引领经济发展潮流的关键所在。

江苏钟吾大数据发展集团有限公司作为江苏省首家县区大数据集团,凭借自身独特的创新理念,自 2023 年开始探索数据要素资产化,历经持续不断的积累和创新迭代,业务已经涵盖资源化、产品化、资产化直至资本化的数据要素全产业链。

"三步走"策略明确数据资源权属界定流程。首先,依托钟吾大数据集团自建的数据资产管理平台,全面开展数据资源的梳理与盘点工作,构建标准化数据治理体系,实施包括数据清洗、去噪、整合在内的系列操作,以确保数据的一致性和规范性。其次,在充分考虑数据应用场景及潜在用户需求的基础上,开发具有创新性和差异化的数据产品和服务,如数据分析报告、数据驱动的决策支持工具及数据 API 等,以满足市场多样化需求。最后,通过江苏省数据知识产权登记平台完成数据产品的登记工作。公司于 2023 年 6 月 28 日成功获得首张数据知识产权确权证书,标志着数据权属确立路径的明确与实现。

"四措并举"为数据资产筑牢安全防线。其一,钟吾大数据集团与中国人保财产保险宿迁市分公司缔结数据知识产权侵权损失保险合同,旨在为企业的合法数据资产提供全方位的保险保障,包括但不限于侵权损失赔偿、应急响应费用、数据恢复费用及维权成本等,有效抵御潜在风险。其二,与中国质量认证中心南京分中心合作,通过多维度指标(包括数据准确性、完整性、一致性、时效性、可靠性、相关性等)的综合评估,获取数据资产质量评估报告及评价证书,确保数据资产的高品质与高效可用性。其三,依托专业律师团队,开展数据产品的合规性评估,以确立数据资产合法性地位、有效控制数据流通风险、维护企业合法权益、深化集团合规运营。其四,委托知名资产评估公司,采用综合成本法与收益现值法,科学评估数据资产价值,明确其在评估基准日的市场价值,为数据资产的挂牌交易提供坚实的价值参考基础。

"多渠道"推动数据要素资产化进程。钟吾大数据集团开创性地将数据资源以数据知识产权证书为质押物,获得南京银行宿迁分行和江苏银行宿迁分行共计 2 000 万元质押贷款,有效验证了企业数据资产化的实现路径。集团的首款数据产品于 2023 年 12 月 15 日在华东江苏大数据交易中心以 API 接口数据服务挂牌并拿到首张数据产品登记证书,首日即实现 8 万元的交易额。钟吾大数据集团作为全国首批实现数据资产入表的企业,自 2024 年 1 月起,所有已确权的数据资源均作为数据资产列示在资产负债表中,显化了数据资产的价值,完成的宿迁市首单数据资产入表被选为全国数据资产入表优秀案例。

资料来源:根据江苏钟吾大数据发展集团有限公司公开资料整理。

评语:数据要素对于数字经济稳健发展具有关键作用,但是数据资产入表还是充满挑战的领域。江苏钟吾大数据集团开创性地开展数据资产入表探索,并取得一系列成效和荣誉,成为行业尖兵。创新性开发数据要素,激活数据要素流通潜能,挖掘数据要素乘数效应,为高质量发展注入新动能,方兴未艾。

思考:从数据到数据资本存在哪些障碍?数据资产定价的困难有哪些?数据要素实现价值的途径有哪些?

课后习题

1. 简述数字经济中企业组织变革的类型和特征。
2. 阐述数字经济生产函数的"数量(Q)—品种(N)—价格(P)"模型的基本框架。
3. 简述数据要素的内涵、特征与功能。
4. 简述数据确权的基本原则。
5. 简述数据常见定价方法。
6. 简述数据基本算法。

第四章　数字经济企业竞争

本章概要

价格歧视策略在数字技术的加持下变得更加丰富多样。企业间的竞争态势呈现出跨界融合、快速迭代与合作竞争的鲜明特征。企业采用了多种典型策略,如锁定策略以稳固用户基础,主流化策略以迅速扩大市场份额,临界容量策略以实现规模效应,以及标准竞争策略以确立行业规范。与此同时,数字技术也成为推动企业商业模式创新的强大驱动力。从免费的商业模式吸引用户流量,到平台化运营促进资源高效配置,再到广告、流量变现的多元化盈利模式,以及共享经济与社交网络的兴起。

目标要求

1. 掌握数字经济企业的价格歧视理论以及常用的价格歧视策略。
2. 熟悉数字经济竞争、垄断以及二者之间的关系。
3. 应用相关理论分析数字经济的主流商业模式。

本章内容

第一节　价格歧视

在数字产品的定价实践中,除了遵循基本的定价方法和考量各类价格影响因素外,一个尤为突出的特点是广泛采用了价格歧视策略。价格歧视策略在传统商品市场中往往难以实现,数字产品的独特属性却为其提供了得天独厚的实施条件。数字产品的非排他性、易于复制与分发以及边际成本几乎为零的特点,使得价格歧视策略得以灵活应用。通过精准分析市场需求、用户行为及支付意愿,企业能够针对不同消费群体制定差异化的价格,从而最大化产品价值与收益。价格歧视策略在数字产品领域的应用,不仅有助于挖掘潜在市场,满足不同层次的消费者需求,还能有效促进市场细分,增强企业的市场竞争力。同时,通过动态调整价格策略,企业还能及时应对市场变化,保持价格体系的灵活性与适应性。因此,对于数字产品而言,价格歧视定价不仅是一种有效的市场策略,更是企业实现价值最大化、提升市场竞争力的重要手段。

一、价格歧视概述

价格歧视,作为一种定价策略,其核心在于针对同一产品或服务,依据不同消费者的支付意愿差异,制定个性化的价格标签。据此,企业能够捕获消费者剩余,进而实现收益的最大化。然而,成功实施价格歧视并非易事,要求企业满足以下三大关键条件。

(一)市场分割的明确性

价格歧视的有效实施依赖于相互独立且信息隔离的市场环境。只有当市场足够分离,消费者难以获取跨市场的价格信息时,企业才能避免价格泄露导致的"比价效应",确保高价策略的实施不受干扰。同时,为了防止消费者通过跨市场套利削弱价格歧视的效果,企业还需采取有效措施限制消费者的倒买倒卖行为。

(二)市场力量的彰显

企业需要具备一定的市场垄断力或至少是领导地位,这是实施价格歧视策略的重要前提。只有在这样的市场条件下,企业才能摆脱市场价格的束缚,自主决定产品定价,而非被动接受市场定价规则。市场力量确保了企业在价格制定上的主导权,为价格歧视策略的实施提供了必要的保障。

(三)消费者需求的理解

对消费者购买意愿或支付能力的精准洞察,是实施价格歧视策略不可或缺的一环。企业需通过市场调研、数据分析等手段,深入了解不同层次的消费者需求与支付能力,以便将消费者群体细分为不同的价格敏感区间,从而制定出既能满足不同消费者需求又能实现收益最大化的差异化价格策略。

基于上述条件,价格歧视策略通常展现为三种基本形式:一级价格歧视(完全价格歧视),即企业根据每个消费者的具体支付意愿单独定价;二级价格歧视,如数量折扣或批量定价,企业依据消费者购买量的不同设定不同的价格;三级价格歧视,企业根据消费者的不同特征(如年龄、职业、地区等)划分市场,并对各市场制定不同的价格。这些形式共同构成了价格歧视策略的丰富体系,为企业提供了灵活应对市场变化、优化收益结构的强大工具。

二、一级价格歧视——个性化定价

(一)在线市场定价

一级价格歧视也称完全价格歧视或个性化价格,是指具有垄断力的企业确切地了解买主的意愿,对每一个买主索取的价格都等于该买主愿意付出的最高价格。

在现实世界的商业环境中,一级价格歧视(即完全价格歧视)的实例鲜有出现,主要归因于两大难题:一是难以精确捕捉每位消费者的最高支付意愿;二是即便掌握了信息,也难以在保证高价消费者不被低价策略惠及的同时,向支付意愿较低者提供优惠价格而不引起市场混乱。

然而,在线市场的崛起为一级价格歧视的实施开辟了新路径。网络空间以其独特的数据分析能力,彻底颠覆了传统营销模式。电商平台(如京东),能够深度追踪用户的购买与浏览行为,洞悉其兴趣偏好,进而在恰当时机推送个性化产品推荐与差异化定价策略。即时、精准的市场响应,使得为每个消费者量身定制价格成为可能。

此外,在线销售极大地降低了交易成本,如目录调整与产品变动的费用,在传统营销中不容忽视的成本,在互联网上几乎可以忽略不计。这使得企业能够灵活调整价格策略,进行减价促销、限时抢购等多样化营销活动,且操作简便快捷。比如航空公司与轮船公司等服务业巨头,在航班或航次即将满员时推出最后时刻特惠,有效填充剩余舱位,提升运营效率。

然而,在线交易的便捷性也催生了套利行为的增加。为应对挑战,实施价格歧视的企业采取了创新策略,如将产品从销售模式转变为许可使用模式。通过技术手段限制软件的复制与跨设备使用,或限制未授权设备的升级服务,企业有效遏制了买家的套利行为,确保了价格歧视策略的有效执行。

(二) 大数据杀熟

个性化定价的基石在于数字产品或服务提供商能够高效利用用户数据,精准识别不同用户的支付意愿与支付能力。随着数字技术的飞速发展,追踪并收集用户网络行为信息的成本显著降低,这不仅加速了个性化服务的普及,还推动了一对一营销市场的兴起。具体而言,个人数据采集、深度分析以及先进算法的应用,使得用户的数字足迹得以详尽记录与存储,用户行为画像日益精细。

企业借此契机,能够依据用户的独特特征,为同一产品或服务量身定制个性化价格策略。具体而言,对于支付能力强、购买意愿高或品牌忠诚度深厚的用户,企业可设定较高价格以捕捉更多价值;对于价格敏感或购买意愿较低的用户,则采取更具吸引力的低价策略,以扩大市场份额。电商平台便是该策略的典型实践者,通过分析用户的历史浏览记录、购买行为乃至手机型号等多元信息,精准预测用户需求与价格敏感度,进而实施个性化推荐与差异化定价,即所谓的"价格歧视"。

该定价模式的核心在于对用户数据的深度挖掘与精准画像,旨在为每个用户提供量身定制的价格方案。对于数字产品或服务提供商而言,随着老用户数据的持续积累,其个性化特征分析愈发精准,进而能够更准确地预估用户的保留价格,并据此制定科学合理的定价策略。尽管"大数据杀熟"现象在公众视野中引发争议,但其本质仍是对数据驱动个性化定价策略的应用,关键在于如何确保策略的公平性、透明度与合法性,以维护消费者权益与市场健康秩序。

（三）版本定价

在竞争激烈的数字产品市场中，版本定价策略以其灵活性与精准性脱颖而出。该策略的核心在于，销售者依据产品性能、功能丰富度、品质标准及级别等维度，精心划分出多个版本，并为每个版本设定差异化的价格标签。策略的成功实施，离不开一个前提——产品本身在性能、功能、价格及品质等方面的多样化与丰富性，共同构成了支持版本定价策略的物质基础。

版本定价策略的魅力在于其能够激发消费者的自我选择机制。尽管生产商在初期可能难以精确掌握每一位消费者的具体效用偏好，但通过精心设计的版本体系，他们创造了一个让消费者根据自身需求和预算进行自我定位的舞台。消费者对不同版本的选择，无形中透露了其效用评价的线索，使得市场得以基于消费者的真实需求进行客观且自动的细分。

自我选择机制不仅满足了消费者的个性化需求，还极大地降低了销售者的信息搜索成本。传统的市场调研和消费者分析往往需要耗费大量的人力物力，版本定价策略则通过消费者的自然选择行为，实现了对市场需求的精准捕捉和快速响应。销售者能够更加高效地识别出不同用户群体的需求特征，进而为他们提供更加贴合心意的产品和服务，实现了价格与价值的完美匹配。

数字产品的版本划分可以分为基于功能的划分、基于性能的划分和基于时间的划分等多种类型。

1. 功能版本定价

功能导向的版本划分定价策略，是供应商针对消费者多样化的支付意愿与需求，通过提供功能各异的产品版本，并配以相应的价格标签，以实现产品质量与价值的差异化展现。

在某些情境下，企业为了更有效地实施价格歧视策略，会策略性地调整部分产品的性能与质量，推出所谓的"减配产品"。做法尤其常见于软件行业，软件供应商针对那些仅需基本功能且对全功能版本价格敏感的消费者，通过精简软件功能，以更具吸引力的低价推出，从而在支付意愿不同的消费群体间实现价格差异化。此模式不仅未削弱高端市场对全功能产品的需求与支付意愿，反而通过拓宽市场覆盖，以功能差异化吸引了更多价格敏感的消费者，进而提升了整体销售收益。

微软公司作为该策略的成功践行者，通过将其产品精心划分为学习版、家庭版、专业版、企业版等多个版本，不仅满足了从个人学习到企业级应用的广泛需求，还引导消费者根据自身需求与预算进行"自我选择"，实现了价值的最大化提取。这不仅增强了产品的市场竞争力，还为企业带来了更为丰富的收益来源与更高的市场渗透率。

2. 性能版本定价

在性能导向的版本划分定价模式下，供应商保留了信息产品的全部功能，但通过对不同版本性能进行差异化限制,实现了对消费者目标群体的精准定制。

在实施性能导向的版本划分时,保持各版本之间的兼容性与升级潜力至关重要。供应商通常会以低价或免费的形式推出基础性能版本,作为吸引用户的敲门砖,随着用户需求的增长与对产品价值的深入认知,逐步推出更高性能的升级版本,以满足那些对产品有着高度评价并愿意支付更高价格的消费者。

该策略的智慧之处在于,允许偶尔使用的消费者以较低的成本享受基础服务,同时也为那些对信息产品有着高度依赖与需求的用户提供了价值升级的路径。通过这样的灵活定价与版本迭代,供应商不仅稳固了市场份额,还实现了利润的最大化。

以网络存储服务平台为例,通过设定上传和下载速度的不同挡位,实现了差异化的收费策略,从而挖掘出更高的潜在利润。基于性能的划分方式,不仅满足了用户对于速度的不同需求,还促进了市场细分与价格优化。

3. 时间版本定价

在时间维度的版本划分定价模式中,时间成为实现差别定价的杠杆。供应商提供的核心产品的性能保持一致,差异则体现在服务传送时间的把控上。通过实时服务与延时服务的组合,供应商能够依据市场需求的变化,灵活调整价格策略,实现收益的最大化。

在实际操作中,供应商展现了高度的市场敏感性与创新能力,他们不仅仅限于时间因素,还广泛探索产品特征的多样化调整,以更精准地划分市场,为不同消费群体提供定制化的产品版本。产品多样化特征包括但不限于用户界面、使用权限、计算速度、服务协议、图片分辨率、操作流畅度、文件格式、存储容量、内容完整性以及技术支持等。通过综合运用产品多样化特征,供应商能够深入挖掘消费者对于产品价值的认知差异,进而实施更为精细化的差别定价策略,实现市场份额的稳固与盈利能力的提升。

以在线电影为例,影片首映期,供应商利用消费者追求新鲜感与迫切观影需求,设定高价策略;随着时间推移,通过降价促销、广告植入、会员专享等多种方式,持续吸引并满足不同消费群体的需求,确保影片价值的全面释放与收益的持续增长。

三、二级价格歧视——数量定价

(一)数量定价

二级价格歧视,以购买数量为基础的定价策略,又称数量定价法,其核心在于企业根据消费者的购买量将其划分为不同的层级,并为每个层级设定不同的价格水平。

二级价格歧视之所以广受欢迎,源于其背后蕴含着经济学逻辑。企业向大批量购买的消费者提供价格优惠,虽然表面上牺牲了部分单位商品的利润,但实际上能从增加的销量中弥补损失,并实现整体利润的提升。只要每多售出一单位商品所带来的额外利润能够覆盖因给予消费者折扣而减少的利润,那么销售量的增长将直接转化为企业利润的提升。

与一级价格歧视(即完全个性化定价,使企业独占消费者剩余)不同,二级价格歧视在企业和消费者之间以更为灵活的方式分配了消费者剩余。分配方式不仅有助于提升企业的市场竞争力与盈利能力,还能够在一定程度上保障消费者的利益,促进市场的健康发展。因此,二级价格歧视作为一种行之有效的定价策略,在各行各业中得到了广泛的应用与推崇。

在实体销售场景中,企业常通过"购买3件及以上享9折优惠,5件及以上更享8折"或"满3件免邮费"等促销手段,鼓励消费者增加购买量,正是二级价格歧视的生动实践。在线上服务领域,企业推出"消费10小时赠送1小时免费时间"或"累计消费满30小时后,后续消费均享9折优惠"等策略,以吸引并留住用户,同样体现了数量定价的精髓。

(二) 两部定价

两部定价,作为一种创新的定价模式,将价格划分为两个组成部分:固定费用与变动费用。固定费用,如电商平台的会员费,是消费者无论消费多少都必须支付的基本费用;变动费用,则依据消费者的实际购买量进行收取,如每次购买时再次支付具体商品的费用。

两部定价策略实质上是数量定价的一种高级形式,要求消费者在购买第一单位产品时支付一个较高的"入门费",该费用由固定费用与第一单位产品的价格共同构成。此后,对于额外购买的每一单位产品,消费者只需支付较低的变动费用。定价模式因其非线性特性而被称为非线性定价,意味着企业的总收入并非销售数量的简单线性函数,而是随着销售量的增加呈现出更为复杂的变动趋势。

在数字产品领域,两部定价策略尤为常见且效果显著。例如,某些PDF文件阅读器向个人用户提供基础的免费浏览功能,以吸引并留住用户群体;对于编辑等高级功能,则采用嵌套式会员权限设计,将功能划分为不同等级,并据此实施价格歧视。该策略不仅有效提升了产品的附加值与用户黏性,还通过精细化的价格划分实现了收益的最大化。因此,两部定价策略在数字产品销售中展现了强大的生命力与广阔的应用前景。

四、三级价格歧视——群体定价

三级价格歧视,基于消费者身份特征的定价策略,亦称群体定价,是企业市场细分与差异化定价的典范,通过识别并利用消费者群体间的交叉特征值,如年龄、职业、身份等,将产品或服务划分为两个或更多价格类别,以满足不同群体的特定需求与支付意愿。

三级价格歧视之所以能够有效实施,其核心在于对不同消费群体价格敏感度的理解与精准把握。当企业识别出某些群体对价格变动更为敏感时,便可通过提供更具吸引力的价格优惠来吸引群体,从而扩大市场份额与品牌影响力。学生群体与老年人群体的折扣政策,正是基于他们普遍较高的价格敏感度而制定的,有效促进了产品与服务的普及与消费。

在现实生活中,三级价格歧视的例子俯拾皆是。从公共交通领域的学生半价票、老年人免费乘车,到旅游景点的学生票、儿童票优惠,再到军车免收过路费等特殊政策,无不体现了该策略的应用智慧。在数字经济蓬勃发展的今天,会员制度成为群体定价的新宠。企业通过对会员与非会员实施差异化的价格策略与服务组合,不仅激发了消费者的购买欲望、提升了忠诚度,还实现了用户价值的深度挖掘与收益的最大化。非会员用户或许仅能免费访问部分基础内容,会员用户则能根据其会员级别享受更加个性化、全方位的服务体验。

五、捆绑定价——混合价格歧视

(一) 捆绑定价

捆绑定价策略,作为一种创新的营销策略,其核心在于将两种或多种商品组合,以单一价格呈现给消费者。在此策略下,企业往往将某一产品(A 产品)设定为基础产品,而将其他产品(B 产品及其他)作为捆绑产品,共同构成一个吸引消费者的整体价值包。该策略的关键在于,企业会设定条件,即消费者若想获得基础产品 A,则必须同时购买至少一种捆绑产品,从而实现了产品与服务的协同销售。

"整体销售两种及以上独立产品"是捆绑定价策略的本质特征。"独立产品"指的是在独立市场中已各自确立地位、具有明确市场价值的产品。通过将产品以固定的比例组合销售,企业不仅为消费者提供了更加便捷、经济的一站式购物体验,还通过产品间的互补性增强了整体吸引力,促进了销量的增长。

虽然捆绑定价与搭售在形式上存在一定相似性,即都涉及产品的组合销售,但两者在组合比例上有所区别。搭售更侧重于在销售一种主要产品时灵活搭配其他产品,且组合比例相对不固定,更加灵活多变。然而,在捆绑定价策略中,产品的组合比例是固定的,有助于企业更好地控制成本、优化库存,并为消费者提供更为明确、一致的价值主张。

鉴于捆绑定价与搭售在目的和作用上高度相似,均旨在通过产品组合提升销售效果与顾客满意度,本文在此不再对两者进行细致的区分,而是将焦点放在捆绑定价策略本身的优势与应用价值上。通过精心设计的捆绑定价策略,企业能够有效地提升市场竞争力,实现销售额与利润的双重增长。

(二) 捆绑销售的分类

捆绑销售策略在市场营销中展现丰富的多样性,主要可划分为纯捆绑、混合捆绑以及部件销售三大类型。纯捆绑,又称整体捆绑,其精髓在于将一系列产品或服务作为一个不可分割的整体进行销售,消费者无法单独选择或购买其中的任何一部分。该策略通过整合产品的综合价值,为消费者提供一站式解决方案,同时增强了企业的市场竞争力。相比之下,混合捆绑,或称非纯捆绑、部分捆绑,则更加灵活多变,允许企业在提供整体捆绑套餐的同时,也单独销售捆绑产品内的各个组成部分。该策略不仅满足了不同消费者的个性化需求,还拓宽了企业的销售渠道,增加了收入来源。部件销售,又称拆零销售,是另一种独特的捆绑销售策略变种。在此模式下,企业并不主动进行产品的组合销售,而是分别销售构成最终产品的各个部件或组件。消费者可以根据自己的需求和偏好,自由选择并购买部件,进而实现自我组装或配置。例如,企业分别销售显示器与主机,让消费者自行组装电脑;或者销售 Surface 平板时,消费者可按需单独购买键盘和手写笔等配件。尽管纯捆绑和部件销售在形式上看似与混合捆绑有所不同,但实际上都可以视为混合捆绑的特例。纯捆绑是混合捆绑在极端情况下的表现,即所有产品均只以捆绑形式销售;而部件销售则是另一种极端,即所有产品均只以单独形式销售,但最终仍可通过消费者自我组合实现类似捆绑的效果。

(三)数字产品的捆绑定价策略

在数字时代的浪潮中,数字技术为捆绑销售策略开辟了前所未有的广阔空间。得益于数字产品边际成本近乎忽略不计的特性,企业能够以极低的成本在线上进行大规模、高效率的捆绑销售活动。当消费者对数字产品的独立估价存在差异性时,将多种数字产品精心捆绑在一起,能够有效减少估价差异,使整体估价趋向于捆绑包的平均价值。销售商借此可预测性估价的优势,能够制定出更加精准的销售与定价策略,从而最大化地捕获消费者剩余。微软 Office 软件套件便是一个经典案例,将文字处理、电子表格、数据库管理及演示工具等多种功能无缝集成,满足了用户多元化的办公需求。

捆绑销售的魅力不仅在于其定价策略上的巧妙,更在于所带来的显著经济效益。数字产品组合套装往往以低于各单品价格总和的优惠价格出售,定价策略极大地提升了产品的性价比,对消费者而言具有难以抗拒的吸引力。同时,对于企业而言,虽然表面上看牺牲了部分单品利润,但实际上通过促进销量的激增,实现了整体价值的最大化。此外,捆绑销售还降低了用户的搜索成本、简化了使用流程、减少了交易摩擦,为用户带来了更加便捷、高效的消费体验。然而,市场并非一成不变,消费者需求的多元化与个性化要求企业在销售策略上保持灵活性。面对部分消费者对拆零产品的强烈需求,数字产品的销售商往往采取捆绑与拆零相结合的定价策略,赋予消费者更多选择权,以更好地满足市场细分需求。

值得一提的是,数字产品的捆绑销售策略还具备一种独特的"锁定效应"。通过提供综合性强、高度集成的产品组合,供应商能够在激烈的市场竞争中构建起强大的竞争优势,吸引并留住大量忠实用户。锁定效应不仅有助于巩固市场份额,更为企业的长期发展奠定了坚实的基础。

（四）捆绑定价策略的效果

在数字化时代，企业将数字产品实施捆绑销售策略，不仅能够更有效地攫取市场剩余，还能显著提升盈利能力。相较于单品独立销售，捆绑销售通过缩小消费者支付意愿的离散性，成功吸引了更广泛的消费群体，从而实现了利润增长的目标。

捆绑定价策略的多重优势首先体现在成本控制上，不仅降低了包装与广告等直接销售成本，还通过整合不同组件间的资源共享，有效削减了制造成本。此外，捆绑销售将多个产品以单一价格呈现，大幅减少了交易次数，从而节省了宝贵的交易成本。

更为深远的是，捆绑定价策略在塑造市场格局方面发挥着重要作用。对于垄断企业而言，捆绑销售成为巩固其基础产品市场垄断地位的有力武器。通过阻止潜在竞争者进入，垄断企业不仅确保了当前的高额利润，还为未来增长奠定了坚实基础。特别是在存在进入壁垒且捆绑产品具备网络外部性的情况下，捆绑销售能够持续强化垄断地位，推动基础产品市场份额的扩张。随着用户基数的增长，网络外部性正反馈机制加速启动，不仅提升了用户效用，还吸引了更多辅助产品的开发，形成良性循环，最终可能将该产品推向市场主导地位乃至成为行业标准，实现"赢者通吃"的市场格局。

进一步地，捆绑定价策略使垄断企业能够将其市场影响力延伸至捆绑产品市场，构建更为广泛的市场锁定效应。例如，微软公司通过在 Windows 操作系统中捆绑 Edge 浏览器，不仅巩固了操作系统市场的垄断地位，还成功地将影响力扩展至浏览器市场，限制了该领域的公平竞争。

最后，对于同时垄断多个产品市场的企业而言，捆绑销售成为一种强有力的防御工具，有效阻止了其他企业的市场进入。通过将多个垄断产品捆绑销售，企业能够利用任一市场上的垄断优势保护另一市场，即使竞争对手最终进入某一市场，也能通过该策略缓解竞争压力，确保企业获得更为丰厚的利润回报。

第二节　竞争策略

一、数字经济中的竞争

数字经济下企业竞争已转向构建联盟与双赢合作模式，垄断与竞争呈现共生共荣新态势。数字经济下的垄断通过资源整合和创新驱动激发多元市场竞争，共同推动市场生态繁荣。

（一）跨界竞争

数字技术极大地降低了企业跨界拓展的门槛，使得企业能够更加便捷地涉足新兴领域。该变化不仅打破了传统行业界限,让竞争跨越了单一行业的藩篱,呈现出跨行业、多维度的激烈态势,还显著增强了潜在市场进入者的竞争力,其威胁力度远超传统经济环境。与此同时,信息数字技术的迅猛进步与数字化的广泛普及,如同催化剂一般,极大地加速了经济全球化的进程。这消除了地理距离的障碍,构建了一个无缝连接的全球市场,使得企业能够在前所未有的广阔舞台上展开竞争与合作。因此,在数字经济条件下,竞争取胜的难度被推向了新的高度。企业需要不断探索新的增长点,加强自身的核心竞争力,同时积极拥抱合作与共赢的理念,以更加开放和灵活的策略应对日益复杂多变的市场环境。

(二)迭代竞争

数字经济产品的易模仿性如同一把双刃剑,既促进了市场活力,也加剧了竞争的激烈。竞争对手往往能够迅速捕捉并改进现有产品,从而打造出更加贴合市场需求、更具竞争力的新品,直接挑战了原企业的市场地位,甚至可能迫使其产品逐步淡出市场舞台。这意味着,企业需具备敏锐的市场洞察能力,快速响应客户需求变化,并以此为驱动,持续推出创新产品。快节奏的产品迭代策略,不仅极大地缩短了产品的生命周期,还促使市场上产品更新换代的频率显著加快,进而引发产品市场的高度不稳定性和动态变化。因此,技术创新在数字经济时代的重要性日益凸显,成为企业保持竞争力、实现可持续发展的关键所在。

(三)合作竞争

科技的日新月异与产品生命周期的急剧缩短,正重塑着企业的竞争生态,迫使企业在激烈的市场角逐中寻求合作之道。新产品研发成本高企且风险重重,合作机制成为分担风险、实现优势互补的明智之选。单一企业仅凭自身积累,往往难以跟上技术迭代的疾驰步伐,唯有携手共进,方能跨越技术鸿沟,获取发展所需的关键技术。数字企业合作式竞争相较于排他性竞争,能够带来更为丰厚的收益与长远的发展。因此,在数字经济语境下,合作竞争已成为企业的必然选择,超越了传统工业经济时代的零和博弈,展现"竞合"或"合作性竞争"的新面貌。合作式竞争,其核心在于双赢,倡导在竞争中寻求合作,在合作中保持竞争态势,是一种充满创新活力的竞争模式。正如"木桶原理"所揭示的,企业的整体竞争力往往受限于其最薄弱的环节。然而,在数字时代,企业没有足够的时间去逐一修补自身的"短板",而是选择将自身的"长板"与其他企业强强联合,共同构建更加稳固的市场基础,实现市场的共同繁荣。

二、锁定策略

数字产品的独特属性为企业提供了前所未有的机会,通过一系列精心设计的策略来实现对消费者的有效锁定。该策略可能包括利用数字平台的个性化推荐算法精准触达用户需求,构建闭环生态系统以增强用户黏性,或是通过会员制度、积分奖励等机制激励用户长期参与,提升忠诚度。

（一）锁定的意义

当消费者面临从一种品牌技术转向另一种品牌技术时,若此转换过程伴随着高昂的成本,他们便很可能陷入"锁定"状态。锁定的核心在于,当前的消费决策无形中限制了未来的选择空间,这种限制主要源自高昂的转换成本,如同一道壁垒,有效阻止了竞争者仅凭价格优势便能轻易吸引消费者转投他方。消费者锁定对于厂商而言,蕴含以下多重意义:稳定市场,保障即期收益,降低经营风险,削减营销成本,形成竞争优势;增强谈判筹码,优化交易条件,稳固客户基础,确保利润来源;深耕市场,实现长远利益,升级产品、拓展服务、推出配套产品,巩固和扩大市场份额,保持领先地位。

（二）消费者锁定的策略

数字经济下企业的消费者锁定策略集中在两个方面:企业如何"锁定"消费者和如何打破其他企业"锁定"来吸引消费者。

1. 免费锁定

免费锁定策略通过提供免费产品吸引用户至生态系统,用户正面评价后持续使用并形成依赖,实现市场锁定。在数字经济中,免费试用或低价促销常用于构建产品基础,为后续升级和互补品销售铺路。

2. 合同锁定

合同锁定指供应商通过合同限制消费者选择,如品牌计算机维修服务必须由其或其指定机构提供,否则丧失保修权益。此条款将维修选择权锁定在特定范围,且维修费用可能高昂,消费者往往被动接受。

3. 技术锁定

技术锁定是供应商利用技术壁垒构建用户黏性。竞争对手需提供高度兼容产品来打破锁定。技术锁定形态多样,如随着消费者对软件或系统的熟悉度增加,转换成本上升,软件公司通过向教育机构提供免费软件培养忠实用户。

① 信息与数据库管理锁定。信息与数据库管理锁定中,硬件与软件深度绑定,用户选定系统后难以更换。数据库规模扩大、历史数据积累增多时,转换成本急剧上升,风险与损失大。会计软件系统锁定是典型例证,正反馈效应巩固用户锁定状态。

② 技术不兼容锁定。技术标准不统一导致消费者倾向选择高市场占有率软件或网络。例如,微信限制外部链接加深用户依赖,形成技术不兼容锁定效应。

③ 技术应用产品锁定。在数字产品市场,基础产品成为衍生应用基石时,用户依附于它。微软 Windows 虽有问题,但庞大的应用生态使用户难以割舍,被锁定在该平台。

4. 耐用品配套产品销售中的锁定

供应商销售耐用品后,客户被锁定于供应商生态系统中,利于供应商在售后销售(如升级、改进、配件销售)中获取高利润。对高技术耐用设备制造商而言,售后市场政策是维护客户关系和竞争战略的关键。

苹果 iPod 成功在于其卓越性能、设计及构建的生态系统。用户购买 iPod 后,会选择配套配件并在苹果官方音乐商店消费,提升满意度与忠诚度,使苹果在售后市场获得丰厚回报,实现深度锁定。

5. 专门供应商锁定

消费者累积对特定品牌设备投资,形成专门供应商锁定。全面采用同一品牌产品带来优势,高度专门化设备转移成本高,为供应商构筑锁定壁垒。专门供应商锁定策略在于提供独一无二的产品,打破锁定需要推出兼容性强、无缝衔接的替代产品。

6. 搜索成本锁定

搜索成本是市场中买卖双方相互寻找并建立连接的经济负担。客户切换供应商面临心理不适、时间精力投入和不确定性风险等多维转移成本。供应商接触新客户也面临高昂促销费、额外费用、行政成本和信用风险等转移成本。

7. 忠诚顾客计划锁定

在竞争日益激烈的商业环境中,企业纷纷采用忠诚顾客计划作为增强客户黏性的有效手段,也被称为"人工锁定"。随着数字技术的飞速发展,企业能够更精准地捕捉顾客购买行为的数据,使得设计并实施忠诚顾客计划变得前所未有的简便,因此,该策略正被越来越多的企业所采用。以下是几种典型的忠诚顾客计划类型:

① 积分奖励制度:客户消费累积积分兑换奖励,如京东"京豆"、淘宝"淘金币",激励持续消费。

② 服务优惠与优先权:购买量大或频率高的客户获额外优惠,如当当网书店会员等级折扣,增强忠诚度和满意度。

③ 互补品合作优惠:企业联合互补产品供应商推出合作优惠,加深客户对生态系统的依赖,提高转移成本。竞争对手常接收对手积分或会员权益以吸引客户转移。

8. 会员制锁定

会员制锁定是忠诚顾客计划的高级形态,通过稳定会员群体实现长久绑定。对企业而言,带来稳定销售和利润增长,吸引新顾客;对消费者而言,享受个性化、高品质服务及长期优惠。

数字经济下,会员制广泛应用,从网站访问到商品折扣,再到影视观看和资料下载。通过划分顾客兴趣群体,加深会员归属感与忠诚度。京东"PLUS"、亚马逊"Prime"是典型代表。

三、主流化策略

(一) 产品主流化内涵

产品主流化,作为互联网企业的一项核心经营策略,旨在通过率先将拥有自主知识产权的创新产品推向市场,不仅抢占市场先机,更力求在广大用户群体中树立标杆,实现市场份额的绝对优势,进而构建稳固的盈利体系。

技术创新推动产品主流化,实现市场领导。主流化体现为市场份额增长,特别是超50%时地位确立。企业注重质量提升,深化用户关系,形成长期锁定效应。卓越体验和服务加深用户黏性,企业应先发制人,占领用户心智,激发网络效应,形成良性循环。初期建立关键产品用户基础,后向忠实用户推出互补产品,实现盈利增长。这种盈利模式确保企业可持续发展。

(二) 产品主流化策略的实施

产品主流化策略的执行可概括为两大核心阶段:首要阶段致力于推动产品广泛普及,将其塑造为市场中的主导力量与潮流风向标;紧接着,在稳固用户基础的前提下,通过精心策划销售与主流产品相辅相成、互为补充的后续产品线,实现盈利的持续增长。

1. 低价渗透

企业产品进军市场的路径精炼为两大策略分支:一是采用取脂定价法,即以高价入市,旨在迅速攫取高额利润;另一个则是渗透定价策略,设定较低价格门槛,旨在迅速扩大市场份额。低价乃至免费策略之所以拥有如此强大的市场穿透力,根源在于技术进步与快速扩散导致的产品同质化趋势加剧。以在线会议系统的市场格局为例,腾讯会议与钉钉会议正是凭借初期免费的战略部署,成功吸引了海量用户,构建起坚实的用户基础后,再逐步转向增值服务收费模式,实现了从市场占有到盈利增长的华丽转身。

2. 率先行动

在实施该策略的过程中,互联网企业需秉持"率先行动"的核心理念,具体体现在以下几个方面:一是勇于技术创新,不断突破技术壁垒,确保自身始终处于技术前沿,掌握行业最尖端科技;二是迅速将创新成果转化为市场可见的产品,率先投放市场,抢占市场先机;三是通过高效的市场推广与用户服务,快速构建庞大的用户安装基础,形成坚实的用户壁垒;四是积极主导或参与行业标准的制定,掌握市场话语权与规则制定权;最后,需敏锐洞察市场需求,率先推出与核心产品相辅相成的后续服务或产品,实现从单一产品销售向多元化盈利模式的跨越。

3. 预期管理

消费者预期在产品主流化的进程中扮演着举足轻重的角色,其影响力深远且不可忽视。正如预期在塑造行业标准中的决定性作用一样,那些被广泛预期将成为标准的技术,最终往往会确立为标准。同理,深受消费者期待的产品,也更容易在市场中脱颖而出,成为主流之选。产品预告是管理产品预期的常用高效策略。企业通过市场活动透露新品信息,利用"等待效应"吸引消费者,遏制竞争对手。微软等科技巨头常用此策略引导市场预期。

4. 选择性开放

顾客倾向于选择开放兼容产品,源于对自由选择的渴望和对锁定的抵触。企业在开放与控制之间面临抉择,开放能拓宽市场但可能削弱竞争力。在推进产品主流化时,企业常采取选择性开放策略,平衡竞争与网络效应,既吸引竞争对手又扩大用户基数,促进产品普及与主流化。产品引入期,企业应聚焦放大网络效应,因为竞争效应较弱,用户规模增长是关键。选择性开放需根据市场环境、产品特性和战略目标灵活调整,以实现最佳市场效果和竞争优势。

5. 树立消费领袖

产品主流化时,企业警惕过度惰性现象,即消费者观望延误升级。为突破僵局,企业寻求树立消费领袖,其选择和行为能产生示范效应和群体压力,引导消费者选择相同或似产品。实践中,明星和政府常作消费领袖推广产品,利用影响力提升产品知名度和接受度,打破市场引入初期困境,加速产品主流化进程。

6. 品牌经营

品牌,作为销售商向消费者许下的长期价值与服务承诺的集合体,其核心价值在于塑造并引导消费者对产品的正面预期与信赖。为了充分发挥品牌在产品主流化策略中的潜力,企业可从以下五个维度精心布局品牌经营战略:实施多层次品牌延伸,利用原有品牌认知度加速新产品主流化;采用品牌主导的多品牌策略,覆盖更广市场细分,满足多元需求;持续创新,遏制品牌衰退,维持竞争力;建立竞合式品牌联盟,拓宽市场,共同提升品牌影响力;开展品牌虚拟经营,快速扩大市场覆盖面,精准定位拓宽份额,实现从产品到品牌的主流化跨越。

四、临界容量策略

(一)临界容量

在数字产品市场的蓬勃发展中存在一个至关重要的转折点,即市场规模的"临界规模"。该界限如同分水岭,将企业的运营状态鲜明地划分为两个阶段:在达到临界规模之前,企业往往面临亏损的困境,运营成本高于市场回报;而一旦跨越临界点,企业便如同破茧成蝶,迎来盈利的曙光。更为引人注目的是,随着正反馈机制的启动,市场规模与盈利能力将呈现出爆炸式的增长态势,如图4-1所示,增长势头不仅迅猛且持久。

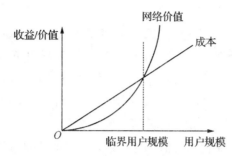

图 4 - 1 临界容量示意图

数字产品领域,初期研发与营销成本高,导致生产商入不敷出。市场竞争与用户基数增长决定此阶段长短。当产品触及"起飞"临界点,竞争者退出,营销成本锐减,生产成本趋近于复制成本。胜者凭借需求锁定与网络效应定价,获取丰厚利润。

产品网络规模在初期盈利空间窄,跨越阈值后利润爆炸性增长。数字产品市场正反馈机制由市场规模驱动,形成良性循环或恶性循环。跨越临界点是企业步入盈利轨道的关键,需制定有效战略来实现。这考验企业策略智慧,决定其在数字产品市场中的成败。

(二) 临界容量策略的选择

临界点决定企业盈亏,市场竞争中率先推升市场规模至临界数量者胜。企业可采取三大策略,即加速市场扩张、降低临界点、延缓竞争对手,包括创新营销、提升质量与服务、强化品牌、优化成本结构、提升运营效率、挖掘新需求、保护知识产权、构建壁垒、实施差异化竞争等。

1. 加快产品市场规模的扩张速度

提高市场规模的扩张速度是企业达到临界点销售量、实现主流化的主要战略。企业可以采取的策略有降低消费者的购买成本、降低用户学习成本、寻求风险投资资金的帮助、率先推出产品、建立联盟、开放技术等。

① 降低购买成本。数字产品市场竞争激烈,企业采用赠送策略,出于产品需要亲身体验、边际成本低及快速扩大市场规模的长远考虑。

② 降低学习成本。数字产品技术含量高,企业需通过标准化设计简化操作,降低用户学习门槛,同时关注降低转移成本,确保平滑过渡,加快市场推广速度。

③ 寻求风险投资。企业追求市场临界数量时面临资金短缺,需寻求外部融资,选择能承受高风险、有长远眼光的金融机构作为后盾。

④ 率先推出产品。数字产品市场推广中,速度比完美更重要,率先推出产品能激发用户期待,即使初期性能略有不足,也能赢得市场先机。

⑤ 建立联盟和技术开放。企业构建跨公司联盟,共同推广产品或标准,全面开放技术促进知识共享,与产业链上下游企业紧密合作,加速市场普及,开放新技术激发市场正反馈,提升技术价值。

2. 缩小临界点的市场规模

在激烈的市场竞争中,企业迫切需要探索降低市场临界点的有效途径,以更快实现规模效益。核心在于提升消费者对产品的效用评价,进而吸引更多用户跨越那道从观望到购买的门槛。针对数字产品而言,其效用评估深受技术含量与用户规模两大因素的影响。

同时,采用捆绑销售策略也是提升消费者效用评价的有效手段。鉴于数字产品的边际成本极低,企业在销售主产品时,可灵活搭配相关的信息产品作为赠品,无须过多增加成本即可显著提升整体产品包的价值。这一策略不仅能让原本处于购买边缘的消费者感受到更高的性价比,从而触发购买行为,还能通过附送产品的扩散效应,间接扩大附送产品自身的市场规模,形成双赢的局面。

3. 延后竞争者产品市场规模到达临界点的时间

在激烈的市场竞争中,若企业不幸落后于对手,面临对手产品率先问世的局面,那么,延缓对手产品市场规模触及临界点的策略便显得尤为重要。此时,企业可运用"产品预告"战术,以智取胜。深知数字产品市场正反馈效应的消费者,在追求效用最大化的驱动下,往往会倾向于选择那些被普遍预期将成为行业标准的产品。该心理现象,为企业通过预告即将推出的卓越产品来影响市场预期提供了可能。

这一策略的成功实施,往往依赖于企业在市场中的强大影响力和品牌号召力。唯有市场竞争中的佼佼者,方能凭借其深厚的市场基础与广泛的用户基础,有效引导消费者的预期,使预告中的产品成为众人瞩目的焦点,最终转化为实际的市场优势。

五、标准竞争策略

数字经济时代,标准化竞争成为企业制胜关键。掌握行业标准即掌握市场竞争主动权,普及性是竞争力核心,"标准"是最强竞争武器。以 5G 国际标准的全球竞争为例,不仅是一场技术标准的较量,更是关乎产业发展导向与国家战略布局的重大博弈。面对标准竞争,企业应抉择技术战略:封闭或开放。开放技术策略易促进行业标准形成,吸引合作伙伴,推动技术迭代与普及,提升市场影响力与品牌价值,构建竞争优势。

(一) 技术的开放与控制

新技术问世之际,其原创企业面临战略抉择的十字路口:是采取开放策略,慷慨地让渡技术使用权,还是坚守控制策略,通过专利保护构筑壁垒,甚至仅在有偿条件下许可他人使用。在传统经济模式下,企业普遍倾向于后者,旨在独占技术创新带来的全部红利,以此巩固市场地位与竞争优势。众多数字产品供应商倾向于采取开放战略,他们主动放宽技术使用的限制,旨在通过广泛的市场参与和快速的技术普及,来影响乃至塑造行业标准。通过开放战略,数字产品供应商能够吸引更多市场参与者的关注与投入,加速技术的迭代升级与生态构建,进而在行业标准制定中占据先机,为企业的长期发展奠定坚实基础。

1. 开放战略的优势

数字产品供应商通过技术开放可以获得以下好处：

① 扩大网络外部性提升产品价值。数字产品领域,市场规模扩张是关键。企业公开技术能加速技术普及,提升产品价值,构建繁荣技术生态,吸引更多消费者。特斯拉开放充电枪专利即为例证,促进了电动汽车产业繁荣。

② 提高产品兼容性。公开技术促进配套产品生态发展,形成良性循环,推动产品创新与市场需求增长。英特尔开放关键技术,提升配件兼容性,促进配件生产商创新,增强市场对英特尔芯片的依赖。

③ 扩大后续产品安装基础。数字经济中,网络产品迭代升级依赖现有市场规模与用户基础。企业开放前期产品,迅速占领市场,拓展用户群体,为后续产品成功奠定基础。开放策略促进产品普及与市场扩张,实现产品线持续创新与市场持续增长。

2. 控制战略的优势

采取控制战略,企业能够紧握技术发展的舵盘,确保技术演进路径符合自身愿景,从而独享技术创新带来的丰厚回报。历史上,不乏企业通过强大的技术控制力成为行业领袖的典范,如微软公司在操作系统领域的绝对统治,以及英特尔公司对CPU技术的长期垄断。然而,技术控制战略并非毫无风险。在竞争激烈的商业环境中,任何一家企业都无法保证自己的技术将永远保持领先。一旦其他企业凭借更先进、更受欢迎的技术赢得了市场的广泛认可,并成功将其确立为行业标准,那么坚持控制战略的企业可能会面临被边缘化甚至淘汰出局的风险。

3. 开放和控制的选择

数字产品提供商选择开放或控制战略,核心在于企业实力及触发市场正反馈能力。实力雄厚者可采用独家控制策略以最大化价值潜力,但需明确技术价值最大化是最终目标。开放战略则提升产业总体价值,促进技术普及与应用,即便市场份额不高也能获利。控制战略则侧重在既定产业价值中占高额份额,适合市场领导型企业。企业应灵活调整战略,在市场规模与份额间找平衡点,实现回报最大化。折中策略如微软公司,既保证兼容性又保留发展空间,实现利益最大化。

(二) 标准竞争的关键要素

在卡尔·夏皮罗与哈尔·瓦里安合著的《信息规则:网络经济的策略指导》一书中,作者深入剖析了标准竞争中脱颖而出的七大核心资产,构成了竞争各方争夺市场份额与确立行业标准的关键筹码。

① 用户安装基础。庞大基础奠定标准基础,后向兼容巩固影响力。

② 知识产权。专利权、版权是标准竞争主动权的关键,如百度开放自动驾驶知识产权。

③ 创新能力。持续创新是竞争力源泉,可引领标准方向。

④ 先发优势。利用学习曲线优势,拉开与对手差距,关键于标准制定。

⑤ 生产能力。成本领先企业通过规模经济降低成本,扩大份额,推动产品成标准。

⑥ 互补产品。新技术推广直接影响互补产品销售,如英特尔推广 PC 标准带动产业链。

⑦ 品牌和名誉。品牌影响力吸引消费者,有利于标准竞争,转化为市场份额,巩固领导地位。

(三) 标准竞争的战略类型

开放与控制战略的选择在很大程度上依赖于标准竞争的情况,依赖于企业在标准竞争中的地位。

1. 标准主导战略

企业作为竞争性垄断市场领导者,可采取标准主导战略实现价值深度垄断,确保可持续发展并引领产业。标准主导战略包括:① 构建并巩固早期市场领导地位,通过扩大互补产品供应和激励供应商加入,打造以企业标准为核心的产业链;② 实施新产品预告策略,运用市场营销手段提前释放新产品信息,激发消费者期待,削弱竞争对手,巩固市场领导地位,加速新标准普及。

2. 标准挑战战略

挑战战略是新兴产品先驱破局的关键,战略为推出与现有标准产品兼容且创新的新品。挑战可采取:① 低价格承诺与渗透定价,吸引潜在消费者和关键客户,加速市场渗透,拓宽市场份额;② 依托标准与创新优势,多元化营销,构建用户基础,增强市场影响力,灵活调整策略应对市场变化。

3. 标准兼容战略

企业在遭遇标准竞争挫败或难以撼动在位者时,可采取标准兼容战略对接主流市场。可通过谈判协商或技术手段融入标准体系。若标准制定者拒绝开放,政府可能介入促进公平竞争,迫使在位企业开放标准。

以金山公司 WPS Office 办公软件的发展历程为例,该产品在 20 世纪 90 年代曾风光无限,但随着微软 Office 系列软件全面进入中国市场,WPS 面临前所未有的挑战,其市场份额急剧缩水。直至 2005 年,金山公司决定采取标准兼容战略,在文档格式上全面兼容微软 Office 系列,有效打破了技术壁垒。

4. 标准推广战略

标准推广战略的核心聚焦于加速用户基数的增长,通过广泛传播企业产品,力求迅速跨越临界容量门槛,率先享受正反馈机制带来的市场红利。鉴于此时标准竞争的双方对各自标准的优劣及未来市场走势尚存不确定性,合作成为双方最优的博弈策略。通过合并标准或采用一方标准,不仅能扩大市场整体容量,还能确保双方共享利润增长。若选择直接竞争,则必然伴随着优胜劣汰,而失败者亦有可能凭借既有的用户忠诚度保留一定市场份额。为有效实施标准推广战略,企业可采取多元化营销、与竞争对手合作、构建战略联盟、争取政府支持和参与全球竞争等策略实施标准推广。

第三节　商业模式

一、数字技术驱动商业模式创新

商业模式,作为企业盈利策略的核心框架,界定了企业在特定价值链或价值网络生态中,如何向客户递送价值(即产品和服务),并在此过程中实现利润的累积。商业模式创新,则是对其核心逻辑的重塑,可能涵盖商业模式各个关键要素的革新,比如价值主张、客户细分、渠道通路等的调整;同时,也可能触及要素之间关系及驱动机制的根本性变革,促使企业以全新的视角和方式创造价值与利润。这不仅要求企业对市场趋势的敏锐洞察,更需具备勇于突破传统框架、持续探索新路径的魄力与智慧。

(一)数字化技术重新定义了企业的价值链

在互联网经济蓬勃发展的背景下,通过将实物世界进行数字化,极大地提升了信息流通的速度与效率。然而,虚拟经济在精准描绘和体验实物方面的固有限制,逐渐成为其进一步拓展的瓶颈。在此背景下,数字经济应运而生,以线上虚拟经济与线下实体经济无缝融合的独特方式,重新塑造了价值链的面貌,为商业模式创新开辟了新的航道。智能化、信息技术与数字化技术的深度融合,赋予了企业前所未有的能力,使其能够精准捕捉并满足市场中的长尾需求。技术不仅确保了消费者与企业之间更加紧密、即时的连接,还推动了产品设计与生产模式的根本性变革——从千篇一律的标准化生产,转向灵活多变的定制化、个性化服务。相较于传统经济与互联网经济的既有模式,数字经济更加注重生产与消费之间的动态互动,通过提供差异化的产品与服务,显著增强了企业的市场竞争力与盈利能力。

(二)数字化技术重新定义了企业和消费者的关系

数字经济中,企业与消费者之间的关系从"买卖关系"升级成为"服务关系"。产品,作为价值链条中的一个关键环节,其直接创造的利润往往只是冰山一角,远不及后续深度服务所带来的丰厚回报。以当前的"软件服务"与"服务器租赁"为例,产品的初始购入成本极低,甚至可能采取免费策略,但其背后的技术支持与服务费用构成了企业利润的重要来源。企业的盈利版图已远远超越了产品本身,深入对消费者数据的深度挖掘与利用之中。

数字经济企业战略性地推出免费服务与补贴项目,旨在吸引并锁定大量用户,形成庞大的用户流量池。而流量,本质上是由海量数据构成的宝贵资源,在价值链中占据着举足轻重的地位。通过精准分析用户行为、偏好等数据,企业能够不断优化服务、创新产品,进而实现更加精准的市场定位与高效的资源配置,最终转化为可观的商业价值与利润增长。

(三) 数字化技术重新定义了信息渠道

互联网的普及与发展,如同一股强劲的东风,不仅加速了信息的疾速流动与数据量的爆炸式增长,更在广袤的信息海洋中掀起了一场透明度革命,极大地改善了信息不对称的顽疾,使得消费者能够跨越传统壁垒,轻松获取来自四面八方,包括其他企业及消费者在内的丰富信息。价格与产品质量的透明度显著提升,为消费者提供了更为坚实、全面的决策依据。

互联网的共享特性与网络连接的强大力量,进一步削弱了传统渠道商在信息垄断中的优势地位。消费者如今能够即时、全面地比较不同产品与服务,渠道商的套利空间因此受到严重挤压。与此同时,产品本身的质量与服务水平成为市场竞争的焦点,口碑营销的重要性日益凸显。在这个信息高度透明的时代,优质的产品与卓越的服务成为企业最坚实的后盾,通过消费者的口碑传播,不断积累品牌信誉,从而在激烈的市场竞争中脱颖而出。

(四) 数字化改变了数字经济的交易机制

数字化对交易机制的重构,源于数字技术所展现的独特技术魅力。首先,数字技术以其强大的创新能力,推动了现有产品与服务的深度融合与革新,催生出了一系列以数据化、虚拟化为核心特征的新型数字产品。数字产品不仅颠覆了传统商品的形态,更在交易方式、定价策略及消费体验上展现与物理产品截然不同的风貌,为市场主体提供了前所未有的灵活性与便捷性。其次,数字基础设施的广泛铺设与互联互通,如同搭建起了一座座无形的桥梁,将市场参与者紧密相连。这不仅极大地降低了通信成本,提升了信息传递的速度与效率,还实现了服务覆盖范围的跨越式扩展。在此基础上,交易成本得以显著降低,资源的配置与控制能力显著增强,进而孕育出了全新的交易流程与合作关系。更为重要的是,数字技术以其无与伦比的穿透力,打破了物理空间与交易时间的重重限制,让交易活动不再受限于特定的地理位置或时间框架。这极大地拓宽了交易的边界与可能性,为数字经济的发展注入了无限活力。因此,以数据化、泛在访问与连接为鲜明标志的数字技术,对数字经济的交易机制产生了深远影响。一方面,重塑了数字产品的本质属性,促进了交易方式的多元化与个性化;另一方面,通过降低交易成本、优化资源配置,催生了更加高效、灵活的市场交易机制,为数字经济的持续繁荣奠定了坚实基础。

二、典型商业模式

（一）免费经济

在数字经济浪潮中，众多企业竞相采用"免费＋增值服务"的商业模式作为核心切入点。该策略平衡了用户体验与商业盈利，通过允许一部分用户免费享受基础产品服务，同时吸引另一部分用户为高级功能或增值服务付费，以此覆盖成本并创造丰厚利润。鉴于数字经济与传统经济在运营逻辑与成本结构上的显著差异，免费产品往往在吸引关注、积累品牌知名度等方面展现超乎寻常的优势，为企业开辟了前所未有的价值回报路径。该商业模式涉及多方参与者，包括企业、消费者以及第三方平台等，共同构建了一个复杂而高效的生态系统。以腾讯为例，成功地向广大用户免费提供核心服务，依托平台庞大的用户基数吸引广告商等第三方进行付费合作，实现了双赢甚至多赢的局面。如今，"免费"已成为数字经济领域普遍采用的商业模式，众多企业纷纷将其作为构建竞争优势的重要一环。从数字经济行业的宏观视角审视，免费模式不仅体现了该行业独特的商业模式特征，更是其核心要素不可或缺的一部分，完美契合了数字经济企业所处的竞争环境与内在需求。这一趋势不仅重塑了市场格局，还推动了整个行业向更加开放、包容、创新的方向发展。

1. 免费体验模式

此模式的核心精髓在于精准地吸引顾客踏入体验之旅，深入洞察并满足其本质需求，同时有效消除顾客的种种疑虑与顾虑。通过营造一个无缝衔接、积极互动的产品体验环境，不仅加深了顾客对产品的理解与认同，还极大地提升了他们转化为忠实用户并推动市场扩张的潜力。简而言之，该策略通过优化顾客体验的全过程，显著增强了产品市场的吸引力和渗透力，为企业的持续增长奠定了坚实的基础。

2. 交叉补贴模式

消费者若想获得独特或免费的 A 产品，首要条件是完成 B 产品的购买交易。不仅如此，为了持续享受 A 产品的服务，还需为后续的使用支付额外费用。该模式借鉴了剃须刀销售策略的精髓，即向顾客提供定制化或免费的初始产品，同时引导其后续消费相关的耗材、配件或增值服务，这构成了典型的产品间交叉补贴模式，精髓在于通过一种产品的低价或免费来刺激另一种产品的消费，从而实现整体盈利。交叉补贴的概念不局限于产品之间，还广泛渗透到社会经济的多个层面，如不同消费群体之间，乃至跨越国界或地区界限，通过资源的重新分配与优化利用，促进了市场的繁荣与多元化发展。

3. 以多换少模式

经济学作为一门探索资源最优配置的学科，其核心聚焦于稀缺资源的有效管理与分配。然而，在自然界与人类社会的广阔领域中，亦不乏相对充裕的资源存在。商品价格机制反映了资源的稀缺性,其中,稀缺程度越高的商品往往伴随着更高的市场定价。与此同时,市场机制也允许资源间的灵活交换,即以量多之资源换取量少之资源,实现了资源价值的最大化利用。在此背景下,众多企业运用了"免费经济学"的策略,以提供免费的产品或服务作为诱饵,捕获了消费者的"时间"与"体验"两种宝贵而相对难以量化的资源。该策略不仅促进了产品与消费者之间的深度互动,还为企业构建了庞大的用户基础与品牌忠诚度,最终转化为持续的商业价值与竞争优势。赠予产品,企业实际上是在以未来的潜在收益为赌注,投资于消费者的正面体验与品牌认知之中。

4. 反向收费模式

众多企业正积极利用个人主页、问答社区等多元化平台,精心构建庞大的信息知识库,以此作为吸引并留住用户的强大磁场。平台上的内容创作者,并不局限于传统的知识内容直接收费模式,而是融入了广告链接、精准引流数据以及交易转化数据等多元化盈利渠道,与电商伙伴携手共享收益。以豆瓣、知乎等为代表的知名平台为例,通过高质量的知识内容深度吸引用户,不仅为用户提供了丰富的学习与交流空间,还进一步激发了用户的购买欲望。平台通过智能推荐系统,将用户引导至相关电子商务网站,鼓励其探索并购买心仪的产品。"内容引流+电商变现"的闭环模式,不仅为内容创作者带来了除直接内容收益外的额外收入,也为电商平台引入了高质量的潜在客户,实现了多方共赢的局面。

(二)平台经济

平台作为现代经济体系中的关键枢纽,将多个既具有显著差异又相互依存的客户群体紧密相连,极大地简化了消费者与生产者之间的价值交换流程,进而催生出更加庞大且可扩展的用户网络与资源生态,精准对接并满足多样化的市场需求。平台不仅是市场与社区的创造者,更是价值创造的加速器,通过促进不同客户群体间的深度互动与协作,持续激发新的商业价值。因此,吸引并促进更多用户的积极参与,成为提升平台整体价值的关键驱动力。

平台企业,作为该生态的构筑者,往往并不直接涉足生产环节,而是专注于构建与强化连接能力。以淘宝、京东、拼多多等电商巨头及百度贴吧等在线社区为代表,凭借卓越的连接技术与服务,实现了资源的高效整合与优化配置。然而,也不乏平台企业,如苹果公司,在保持强大连接能力的同时,亦展现卓越的生产创新能力,Apple Store 的繁荣便是最佳例证。

回顾科技发展的历史长河,从诺基亚、黑莓的兴衰更替,到 Symbian 系统的淡出与安卓、iOS 的崛起,无一不揭示了平台在推动产业变革中的核心作用。尤其在移动互联网时代,平台的重要性更加凸显,不仅关乎产品的竞争,更决定了整个生态系统的兴衰。数字经济领域最为耀眼的创业成功者,几乎无一不是平台企业的佼佼者,如苹果、谷歌、微软等跨国巨头,以及京东、阿里巴巴、腾讯等国内领军者。然而,平台企业的发展之路并非坦途。正如科技浪潮的起伏跌宕，昔日的霸主也可能面临挑战与颠覆。苹果与微软之间的较量，便是这一动态的生动写照。但无论主角如何更迭，平台作为推动产业进步与创新的核心力量，始终屹立于时代的前沿，不断引领着未来的发展方向。

（三）广告经济

广告经济，昔日平面媒体赖以生存的核心商业模式，自谷歌开创性地在搜索结果旁精准投放广告并大获成功以来，其影响力已深远地波及互联网行业，彻底颠覆了传统广告市场的格局。互联网行业迅速涉足并深耕广告领域，不仅侵蚀了平面媒体的传统广告份额，更以其独特的优势重塑了广告业的面貌。核心在于一种被广泛采纳的长尾商业模式，该模式的精髓在于"多样化"与"小批量"的完美结合。依托于极低的库存成本与强大的互联网平台，该模式能够灵活高效地服务于众多细分市场，提供海量而个性化的产品与服务，从而极大地扩展了广告的覆盖面，并提高了精准度。

（四）流量经济

计量收费模式，作为一种高度灵活且贴近市场需求的定价策略，其核心在于直接依据客户的实际需求量或使用量来构建其价格体系。经济模式在数字产品领域尤为显著，其中，字节跳动旗下的今日头条与抖音便是典型代表。两款产品均将流量作为价值创造的基础，通过精准分析用户行为与内容偏好，汇聚庞大的用户群体与活跃的交互数据。进而，利用宝贵的流量资源，吸引了众多广告商的青睐，不仅实现了广告收入的稳步增长，还通过精准投放提升了广告效果，为广告主带来了可观的回报。此外，今日头条与抖音还积极探索多元化的盈利路径，包括与合作伙伴共享销售收益，通过内容电商、直播带货等新兴模式，进一步挖掘流量的商业价值，构建了以流量为核心，广告收入与销售分成并重的多元化盈利体系。计量收费模式与流量变现策略的深度融合，不仅推动了数字产品的快速发展，也为整个数字经济行业提供了宝贵的商业启示。

（五）共享经济

共享经济商业模式，作为互联网时代的创新产物，运用先进的信息技术，实现了海量、分散且闲置资源的深度整合与高效分享，从而构建起一个满足社会多元化需求的全新经济生态。该模式的核心价值在于倡导"使用优先于拥有"的理念，鼓励用户通过租赁、交换或共享的方式，享受产品或服务的功能，而非追求其产权的归属，实现了"使用而不占有"的消费新风尚。共享经济覆盖了多个生活与生产领域，展现丰富的表现形式：

在产品分享领域，以滴滴出行为代表的平台，通过匹配乘客与司机，实现了车辆资源的灵活共享，极大提升了出行效率与便利性。

空间分享方面，爱彼迎、小猪短租等平台将私人住宅、民宿等空间资源转化为旅游住宿服务，为旅行者提供了更加个性化和经济的住宿选择。

知识分享领域,如猪八戒网与知乎网,汇聚了各行各业的专家与爱好者,通过在线问答、众包项目等形式,促进了知识的流通与价值的创造。

劳务分享领域,河狸家、京东到家等平台聚焦于家政、配送等生活服务,通过连接服务提供者与需求者,实现了劳务资源的优化配置与高效利用。

在产能分享与协作生产方面,淘工厂等平台更是开创了新的生产模式,通过整合制造业的剩余产能,为中小企业提供了灵活的生产解决方案,推动了制造业的转型升级与协同发展。

因此,共享经济商业模式以其独特的价值主张与广泛的应用场景,正在改变着我们的生活方式与生产方式,为社会的可持续发展注入了新的活力与动力。

(六)社交经济

社交网络市场已跃居数字经济版图的核心领域之一,在其独特的生态系统内,网络社群作为关键节点,孕育出了一批极具影响力的意见领袖,即微博、今日头条等平台上的顶尖"大V"们。大V以其独到的见解、鲜明的态度,在庞大的粉丝群体中构建起了强大的话语权,不仅引领着舆论潮流,更催生了一种全新的经济形态——社交经济。

在该经济模式下,微信、QQ等即时通信工具,凭借其深厚的社交基础与广泛的用户覆盖,成为社交经济变现的主要舞台。平台不仅为用户提供了便捷的沟通渠道,还通过多元化的服务场景与商业模式,如内容付费、电商导流、广告合作等,实现了社交价值的深度挖掘与高效转化,进一步推动了社交经济的蓬勃发展。因此,社交网络市场不仅见证了数字经济的新一轮繁荣,更以其独特的社交属性与影响力,塑造了一个充满活力与创新的社交经济生态。

 案例04

数字时代获客:电商平台的付费会员竞争

导语:在网络外部性的驱动下,电商平台的用户竞争从未停止。过去平台间更多表现为增量用户竞争,而当下已经转为存量用户竞争。各大电商平台从自身优势和特色出发,发展付费会员制度,试图圈定自己的用户群。

随着电子商务平台的竞争白热化,付费会员制度对于激发商品销售活力与深化消费者忠诚度具有举足轻重的地位。早在2005年,亚马逊便推出了Prime会员服务,已成长为其核心业务板块及稳固的利润源泉之一。在2015年10月,京东在国内率先推出了PLUS会员服务,引领了行业潮流。此后,唯品会、苏宁、网易、淘宝等平台纷纷跟进,会员制逐步演变为电商领域竞争的关键战场。

消费者通过付费加入电商平台的会员体系,能够享受到商品价格优惠、专属售后服务等一系列会员特权。会员制营销策略不仅助力电商平台优化客户关系管理,还为平台开辟了新的收益渠道,有效平衡了会员权益提供的成本支出。当前,国内电商平台普遍推行的是单一层级的付费会员制度,如拼多多的省钱月卡、阿里巴巴的88VIP、京东PLUS会员等。然而,国内电商平台在差异化会员服务的探索之路上仍在前行。阿里巴巴在88VIP的基础上,针对高活跃度用户群体推出了省钱月卡,但尚未全面开放给所有消费者。京东PLUS会员则通过设立青春版和完整版两种会员模式,精准对接不同用户群体的需求。

截至2023年第四季度末,京东PLUS会员的在籍人数已攀升至3 400万之巨,这意味着在京东的庞大用户群体中,每17位用户中就有1位是尊贵的PLUS会员。作为中国电商领域付费会员制度的先行者,京东PLUS会员携手超过1 200家知名品牌,共同构建了一个跨越线上线下的全方位权益生态,为会员提供包括快递配送、专属售后服务等在内的多元化服务。这种全方位、多层次的服务体系吸引了大量用户涌入PLUS会员的行列,推动了会员数量的迅猛增长。此外,PLUS会员在京东健康、京东生鲜等多个领域同样表现出色,推动了这些业务的蓬勃发展,成为京东新的增长极。由此可见,京东PLUS会员凭借其高消费力、高活跃度与高忠诚度的鲜明特征,在挖掘客户需求、增强用户黏性及提升用户价值方面发挥了至关重要的作用。

值得关注的是,零售电商平台的付费会员制度与腾讯、知乎等在线内容信息服务平台的一次性付费会员制度存在显著差异,其特点在于会员的二次付费行为。消费者在成为会员后,仍会在平台上持续购买其他商品。因此,在决定是否加入平台会员行列时,消费者需要综合考虑会员费支出与未来可能从会员权益中获得的收益,这无疑是一个复杂的跨期决策过程。

总的来说,电商平台付费会员的价值主要体现在三大方面:一是通过设定会员门槛,迅速筛选出高价值用户,实现成本降低与效率提升;二是通过提供丰富的会员权益,刺激用户下单,为企业带来持续稳定的现金流;三是通过付费机制降低用户流失率,吸引并留住多样化的用户群体。因此,尽管构建丰富的付费会员权益在短期内可能难以显现显著成效,但从长远来看,这将是电商平台在存量竞争时代开辟新路径的关键所在。随着互联网活跃用户数量的减少与零售消费趋势的放缓,电商平台传统的粗放式统一会员体制已难以适应市场需求的变化。如何优化现有会员体制、细分消费市场、精准管理客户关系,成为电商平台在长远发展道路上亟待解决的重要课题。

评语:会员制是传统经济中常见的营销手段,借助数字技术,在电商平台上得到了丰富和深化。不同平台付费会员的名称和权益有很大不同,但其本质都是让消费者有获得感,进而产生持续的黏性。随着人口结构的调整,电商平台用户的竞争必然更加激烈,付费会员制的细分维度拓展仍然有很大的想象空间。

思考:比较几大平台的付费会员收费机制,有什么异同?你认为哪个平台的付费会员制度更有优势,为什么?如何理解一次性付费会员制度和二次付费会员制度?

课后习题

1. 简述数字产品一级价格歧视的基本条件。
2. 简述数字经济中一级价格歧视容易实施的便利条件。
3. 如何看待大数据杀熟?
4. 简述数字产品版本定价的依据及其分类。
5. 简述数字产品捆绑定价的分类及其效果。
6. 简述数字经济中竞争的特征。
7. 绘图解释临界点竞争策略。
8. 简述数字产品主流化策略。
9. 举例说明数字产品消费者锁定。
10. 举例说明数字产品标准竞争策略。
11. 简述典型的数字产品商业模式。

第五章　数字经济市场生态

📖 本章概要

　　双边市场理论作为数字经济领域的关键理论支柱,其核心在于从价格结构视角与跨边网络外部性视角进行综合界定与识别。平台经济作为双边市场的典型代表,其收费策略的设计需紧密结合平台自身的类型特征。进一步,基于双边市场与平台经济理论,我们探讨了数字生态的发展态势、运营模式与类型特征。

🔧 目标要求

1. 了解消费互联网和产业互联网发展。
2. 熟悉双边市场和平台的内涵、特征和类型。
3. 掌握双边市场补贴政策和平台收费设计理论。
4. 应用双边市场和平台经济理论分析数字生态培育、运营、发展。

📚 本章内容

第一节　双边市场

一、双边市场内涵

　　让·梯若尔(Jean Tirole)与让·查尔斯·罗切特(Jean Charles Rochet)开创性地为双边平台上的经济现象构建了理论模型,激发了后续广泛而深入的经济学研究,这些研究普遍聚焦于双边平台上用户效用机制的探索。双边市场,亦称双边网络,是一个由两个相互依存、各自为对方创造网络价值的独立用户群体所构成的经济生态系统。尽管当前学术界对双边市场的精确定义尚未达成一致,不同学者和产业观察者多从各自视角出发,提出诸如"双边市场""双边网络""双边网络市场""双边平台"及"双边战略"等多样化表述,体现了该领域的丰富性与复杂性。在界定双边市场的主流框架中,两大视角尤为突出:一是价格结构视角,强调双边市场作为促进最终用户交易的平台,通过精心设计的价格策略向各方参与者收费,以维持并优化平台上双边(或多边)互动的持续性;二是跨边网络外部性视角,该视角将双边市场定义为两组参与者必须借助中间层或平台实现交易,且任一组参与者的平台参与价值直接关联于另一组参与者的数量与活跃度,展示了强烈的相互依赖与正向反馈效应。双边市场的独特之处在于其内生的两类截然不同却又紧密相连的用户群体,每一类用户均通过共享平台与对方群体进行交互,从而获取各自所需的价值与利益,互动机制不仅丰富了市场形态,也影响了市场结构与竞争策略。

(一) 价格结构视角

从技术维度深入剖析双边市场的界定,其核心在于平台企业能否在不同类别的终端用户间实施有效的交叉补贴策略,并伴随显著的网络外部性特征。具体而言,一个市场若其交易量、平台盈利不仅由交易双方总付费水平决定,还高度依赖于费用在双方间的具体分配比例,即体现了显著的"谁多付、谁少付"效应,则该市场可被视为双边市场。反之,若市场双方能自主协调交易行为,实现价格的完美传递或保持价格中性,使得平台难以实施交叉补贴,则此市场不属于双边市场范畴。

从双边性特征出发定义双边市场,关键在于考察平台对买卖双方交易互动的收费模式。若平台交易量仅受总价格水平影响,而对价格如何在买卖双方间重新分配不敏感,则此市场趋于单边性。反之,若交易量显著随价格分配策略的变化而变化,则彰显了市场的双边特性。

决定市场双边性的核心要素涵盖:终端用户间高昂的交易成本,导致买卖双方间价格设定受限或受限明显;平台对终端用户定价(如成本转嫁)的调控能力;终端用户对交易量变化不敏感的固定成本或费用。从价格结构视角审视,双边性概念相较于网络外部性更为宽泛,关联于外部性难以内部化及平台企业通过调整定价结构以削弱外部性影响的能力。因此,网络外部性并非双边性的必要条件。关键在于平台能否通过调整价格结构,如向一方多收费同时减少另一方的负担,以影响交易量,此即双边市场价格结构非中性的核心判定依据。

诚然,重视价格结构的作用对于洞悉双边市场动态至关重要。然而,单一依赖价格结构及双边性视角进行界定存在局限:一是未触及价格结构非中性的根源,若根源在于跨边网络外部性,则此特性实为双边市场更本质的属性;二是价格概念局限,忽略了准入费等非交易性费用的影响,使得分析结论可能偏颇;三是判定方法复杂且不直观,需要细致计算方能判定市场性质,削弱了实际应用的可操作性。

(二) 跨边网络外部性视角

关于数字经济中的外部性研究,学术界已普遍认同间接网络效应的存在,并倾向于利用该特性来界定双边市场。从跨边网络外部性的维度出发,可以这样描述双边市场:当两组或多组用户通过中介平台互动时,他们共同创造了价值剩余(在正面外部性下),或可能在负面外部性下造成剩余的减少。具体而言,若存在跨边网络外部性,即一个群组用户的收益直接受到平台吸引另一群组用户效果的影响,便构成了双边市场。简而言之,双边市场由两类异质性用户在共同平台上相互作用、相互增益而形成;平台企业则通过调控外部性内部化的程度,或优化跨边网络外部性的享受度,来服务并满足双方用户的需求。换言之,只要平台服务于两组用户,且其中一组用户的参与能显著提升另一组用户的参与价值,市场结构即呈现出双边性。双边市场本质上是由一种特殊网络外部性驱动的市场形态,其中两组用户通过中介平台紧密相连,每一方的决策均能通过外部性影响另一方的结果。

跨边网络外部性视角下的双边市场定义,突出了几个核心要素:多元用户群体、中介或平台角色、显著的跨边网络外部性。定义方式虽不具高度正式性,也不如价格结构视角那般技术性强,但其直观易懂,便于在构建定价模型时应用,因此广受学者青睐。即便在价格结构视角的双边市场定价模型中,也常将外部性与成员外部性纳入考量范畴。

然而,跨边网络外部性作为双边市场的界定依据,亦有其局限性。一方面,难以明确界定外部性的内生与外生属性,以及与价格结构等变量的因果关系错综复杂;另一方面,单纯依赖跨边网络外部性的存在来判定双边市场,可能导致研究边界的模糊,甚至误将某些单边市场归入双边市场范畴。因此,跨边网络外部性定义的包容性有限,不足以单独作为识别双边市场的充分条件。

综合价格结构视角与跨边网络外部性视角,可以提出更为全面的双边市场识别框架,涵盖微观结构判定原则、跨边网络外部性判定原则及价格结构非中性判定原则。三项原则相互补充,共同构成了识别与理解双边市场复杂性的多维度视角。

二、双边市场分类

双边市场以其庞大的数量和错综复杂的形态,催生了多样化的分类体系,以下是几种主要的分类方法。

(一) 功能分类

① 中介匹配型市场。此类市场中,平台作为核心中介,专注于为双方用户提供精准的匹配服务。典型代表包括求职招聘网站、婚姻介绍所等,通过高效匹配机制促进双方用户的成功对接。

② 市场制造型平台。平台在此类市场中扮演市场创造者的角色,将成群的买家与卖家有效聚合,促进交易达成。搜索引擎(如必应、百度)、新闻聚合平台等均属此类,通过提供信息聚合与检索服务,极大地促进了市场信息的流通与交易效率。

③ 共享投入型市场。市场以共享资源或基础设施为核心,如计算机操作系统、社交媒体(如微信)、通信网络等。通过提供统一的平台或接口,使得多方用户能够共享资源、协同工作,实现价值共创。

④ 交易度量型市场。与前几类不同,此类平台能够全面监测并度量市场两端的所有

交易活动。因此,面临双重挑战:首先需吸引双方用户入驻;随后需激励双方频繁互动,以促成更多交易。电商平台(如京东、天猫、亚马逊)是典型代表,通过构建完善的交易体系与激励机制,促进了市场的繁荣与发展。

(二) 所有权分类

① 独立拥有平台(垂直分解平台)。此类平台的所有权完全归属于中间层组织,进一步细分为开放平台、封闭平台和垄断平台。开放平台允许外部参与者自由接入,封闭平台对接入进行限制,而垄断平台则完全由单一实体控制。

② 垂直一体化平台。与独立拥有平台不同,垂直一体化平台不仅由中间层控制,还可能涉及销售商或消费者的直接参与。此类平台同样可分为开放与封闭两种类型,其特点在于更加紧密的产业链整合与更高的市场参与度。

(三) 竞争性分类

① 垄断性平台。市场中仅存在一个平台,用户别无选择,只能在该平台上进行活动。

② 竞争性平台。市场存在多个平台供用户选择,但每位用户通常只能选择一个平台参与,形成平台间的直接竞争。

③ 存在竞争性瓶颈的平台。在此类市场中,用户倾向于同时加入多个平台,形成"多重注册"现象。这要求平台不仅要吸引用户入驻,还需通过差异化策略提升用户黏性,以应对来自其他平台的竞争压力。

(四) 复杂程度分类

① 简单双边市场。如报纸、无线电视、广播等传统媒体,其参与者结构相对简单,主要由内容提供者、平台运营者及受众三类构成。

② 复杂双边市场。以电商平台、短视频平台、游戏平台等为代表的新兴市场,其参与者众多且关系复杂,涉及内容创作者、平台服务商、广告主、消费者等多个角色,通过复杂的交互机制共同推动市场的发展。

三、双边市场特征

相较于传统单边市场,双边市场在多个维度上展现独有的显著特征,影响着平台企业的商业模式与运营策略。

(一) 跨市场的网络外部性

网络外部性概念虽起源于单一市场分析,但在双边市场中,其表现尤为复杂且显著。双边网络外部性指的是,一个市场上产品的效用直接受另一市场上产品需求量的影响,形成了一种相互依存的关系。这是双边市场的基石,要求平台用户无法完全内部化其对另一侧用户产生的福利效应（即跨边网络外部性）。外部性不仅区别于传统单边市场中的同边网络外部性，更在于其独特的形成机制——源自不同性质用户间的互动。因此，平台企业需精准识别并利用跨边网络外部性，通过差异化定价策略（如对正外部性强的用户给予价格优惠，对负外部性用户则提高收费），以优化市场生态，促进双边市场的繁荣。

（二）多产品定价策略的复杂性

双边市场中的平台企业需同时为其提供的多种产品或服务制定价格，与传统的多产品寡头垄断或垄断情况存在本质区别。多产品定价理论往往忽略了不同产品消费中的外部性问题，双边市场理论则强调，一类用户在使用平台时，其行为对另一类用户产生的福利影响并未被内部化。这排除了许多看似双边实则缺乏跨边网络效应的市场情形。平台企业需理解并应对复杂情况，通过精细化的定价策略，平衡双边用户需求，实现平台价值的最大化。

（三）需求的互动性

双边市场对平台的需求呈现出高度的互动性，体现在两个方面：一是双边需求相互依赖，一方的需求变化直接影响另一方；二是双方需求以改善互动效用为前提，若用户能绕开平台直接互动且利益不减，则平台需求将不复存在。互动性要求平台企业设计高效的机制，以创造并维持良好的互动环境，从而吸引并留住双边用户。

（四）用户归属的多样性

双边市场中，用户的归属情况复杂多变，包括单归属（仅使用一个平台）和多归属（同时使用多个平台）两种主要形式。在垄断平台或特定情境下，单归属现象较为普遍；在竞争激烈的平台市场中，多归属现象则更为常见，形成了所谓的"竞争瓶颈模型"。平台企业需根据市场环境和用户需求，灵活应对用户归属的多样性，制定有效的竞争策略。

（五）竞争的多维性

双边市场的竞争具有显著的多维性，包括内部竞争与外部竞争。内部竞争发生在同一平台内的同边用户之间，外部竞争则涉及平台企业之间、平台与其他主体之间的激烈角逐。多维竞争不仅增加了策略制定的复杂性，也要求平台企业具备高度的灵活性和适应性，以应对不断变化的市场环境。

（六）中间组织的独特性

双边市场作为一种典型的中间组织形式，融合了市场与组织的双重特性。平台企业作为层级制组织，与双边用户等独立市场主体通过平台相互连接，形成了三类紧密相连、相互依赖的市场。平台企业不仅利用层级协调机制管理市场，还借助市场价格机制促进交易，实现了交易效率的提升和交易成本的降低。独特的中间组织特性，使得双边市场在促进经济发展、优化资源配置等方面发挥着重要作用。

四、双边市场的补贴策略

（一）"先低后高"定价策略的双边市场考量

在单边市场中，掠夺性定价作为大型企业巩固市场地位的策略，通过初期低价排挤竞争对手，随后提高价格攫取垄断利润，即"先低后高"的定价模式。然而，在双边市场中，该模式的应用需要重新评估。双边市场的平台企业，如房地产中介、商场等，虽可能采取非对称价格策略，但并不意味着必然拥有垄断地位。平台往往通过低于边际成本的定价策略吸引一侧用户，以扩大用户规模并激发另一侧用户的参与热情，形成正向的双边网络外部性。若平台贸然提高某侧用户价格，可能因双边互动性的减弱而导致整体交易量下滑，进而影响平台利润。因此，在双边市场中，"先低后高"策略需谨慎实施，以避免破坏用户规模和平台生态的平衡。

（二）交叉补贴：双边市场与单边市场的差异分析

交叉补贴在单边市场中常被视为不正当竞争手段，旨在利用垄断地位打压对手。在双边市场中，交叉补贴则成为一种常态且合理的竞争策略。其差异主要体现在以下三方面：

① 目的不同。单边市场中的交叉补贴多为打击对手，而双边市场则旨在通过补贴吸引用户，扩大市场规模，实现盈利。

② 范围不同。单边市场的交叉补贴多跨不同业务市场，而双边市场更多体现在同一市场内不同用户群体间的补贴，如生产者补贴消费者，降低了双方的搜索成本，促进了市场进入。

③ 实施条件不同。单边市场需大型企业依托多市场优势进行补贴，而双边市场允许中小企业通过零成本营销吸引用户，即使初期用户分布不明，也能有效保证市场规模。

因此，双边市场中的交叉补贴不仅未损害市场正当竞争，反而促进了市场效率与用户福利的提升。

（三）生产者搭售：双边市场中的策略创新与福利影响

在双边市场中，搭售行为不再单纯是价格歧视的象征，而是平台策略的重要组成部分。通过搭售，平台能够吸引更多生产者加入，利用正向的双边网络外部性提升消费者福利。同时，平台可通过合理条款限制搭售行为，确保市场健康发展。适度搭售能够提升消费者福利，但过度搭售可能构成对消费者福利的损害。因此，在双边市场中，搭售策略应在合理规范下实施，以平衡生产者、消费者与平台三方的利益。

第二节　平台经济

一、平台内涵

随着移动互联网、物联网、大数据、区块链、云计算及人工智能等前沿技术的迅猛发展,平台经济作为一种新兴的经济形态,已渗透生产、交易与消费的各个环节,成为驱动经济高速增长的关键力量。近年来,数字化的浪潮加速推进,催生了众多平台企业,广泛分布于信息门户、网络游戏、电子商务、第三方支付、社交及直播等多个领域,展现平台产业的日益成熟与经济的蓬勃发展。Statista 发布的 2021 年全球市值排行榜显示,全球市值前十的企业中,七席被平台企业占据,包括苹果、微软、亚马逊、Alphabet(谷歌母公司)、Facebook、阿里巴巴及腾讯,彰显了平台经济的巨大影响力。

从供应链模式向平台模式的转型,首先发端于消费端,构建了以平台企业和在线市场为核心,依托网络效应不断壮大的消费型平台经济。技术创新与大数据的深度融合,进一步推动了信息与数字技术在生产端的渗透,催生了生产端平台,平台作为行业共性技术与能力的基石,有效支撑了产业链的运作。因此,平台概念在广义上涵盖双边平台、产业平台乃至平台生态,在狭义上则特指双边平台。随着互联网技术的日新月异,交互性平台逐渐以网络经济或互联网经济的形态进入经济学研究的视野。Rochet 和 Tirole(2003)开创性地通过双边市场理论,系统性地解析了平台经济新型经济形式,揭示了平台如何通过价格结构的调整影响双边用户的效用与交易量,促进不同类型用户(如电商平台上的买卖双方、报纸平台上的读者与广告商)的有效匹配与市场均衡。双边市场作为平台经济的基石,其核心在于通过平台实现不同用户群体间的交互,并产生同边与跨边的网络效应,影响着平台的竞争力、市场进入与退出策略。

平台的定义源于两大基本特征:一是存在多样化的高度交互主体,二是平台作为基础性载体促进主体间的有效互动。此外,平台与生态概念紧密相连,平台生态不仅涵盖平台内部主体的交互,还延伸至与平台间接相关的外部主体间的联系,强调了平台在生态体系中的核心地位与广泛影响。

随着平台定义的成熟与完善,数字平台作为专门研究对象受到广泛关注。数字平台与非数字平台的区别在于前者基于数字技术构建,如传统的报纸平台虽然适用于双边市场理论,却非数字平台范畴。数字平台不仅局限于消费端,还广泛涉及传统产业数字化转型所形成的平台。尽管数字平台的定义存在争议,但普遍共识在于其数字技术与双边市场的深度融合。

本书认为,平台经济是平台企业运用数字技术搭建网络平台,通过制定交易规则与价格策略吸引用户,依托网络效应匹配供需双方信息,连接企业、政府、社区等多元利益相关者,共同构成复杂而高效的市场交易体系获取佣金。因此,平台经济的本质在于促进市场交易活动,平台企业不仅是产品或服务的提供者,更是双边市场的运营者与协调者。

双边市场作为平台经济不可或缺的组成部分,其定义方式影响着对平台经济本质的理解。平台经济作为一种具有鲜明特征的经济组织,其核心属性体现在以下三个方面:

首先,平台经济内嵌有多组或更多元化的消费群体,群体依据交易目的的不同而自然区分,共同构成了平台生态的多样性与复杂性。其次,平台经济中的消费群体之间存在显著的外部性效应,能够通过特定的机制得以联系与协调,与所熟知的网络外部性概念不谋而合,进一步促进了平台价值的增值与扩展。再次,平台企业(即中介机构)扮演了至关重要的角色,能够有效地将不同消费群体之间的外部性内部化,通过降低信息壁垒与交易成本,极大地提升了市场效率与交易活跃度。

在深入探讨平台经济定义时,"边"(即不同的消费群体)显得尤为重要。若平台企业能够运用价格策略,如在提高某一消费群体费用的同时,相应地降低另一消费群体的成本,以此策略成功影响并调节平台上的交易量,那么两大消费群体便无可争议地被视为平台经济中的共生"边"。价格机制的运用,不仅彰显了平台企业的战略智慧,也体现了平台经济独特的运作逻辑与市场魅力。

二、平台收费

在各类经济组织的运作中,追求利益最大化是共通的核心目标,平台企业亦不例外。精心构建、运营及治理双边市场,旨在通过提供替代性或竞争性的交易制度来获取丰厚回报。因此,在平台的建设与运营过程中,平台企业需深思熟虑三大关键要素:收费对象的确定、收费项目的规划以及具体定价策略的制定。

(一) 收费对象的精准选择

面对双边市场中众多主体,平台企业首要任务是明确向谁收费。

1. 跨边网络外部性的性质

平台企业倾向于优待那些对其他用户产生较强正外部性的用户群体,而对产生较弱或负外部性的用户收取费用。例如,媒体平台向广告商收费以补贴免费的内容受众,因为广告对受众而言常被视为负面体验。

2. 交易或互动的可观测性

高可观测性的交易或互动为收费提供了便利,低可观测性则可能导致收费难度增加。短视频平台对订阅用户开放更多内容,正是基于非订阅用户行为难以准确观测的考量。

3. 边际服务成本

若对某一边际用户提供服务的成本极低,平台企业可能选择对其进行补贴,以快速达到临界规模。电商平台发放优惠券即是一例,有效促进了交易量的提升。

4. 价格敏感度

平台企业常对价格敏感度高的用户群体采取补贴策略,而对敏感度较低的用户收费。滴滴的补贴政策与司机收费机制便是很好的例证。

5. 质量敏感度

对于对质量高度敏感的用户,平台企业亦可能采取补贴方式,同时向需确保高质量的一方收费。电子游戏平台向玩家补贴,向开发者收费,正是为了维持游戏品质。

6. 品牌效应

平台企业会根据用户的重要性差异化收费政策,如电商平台对品牌商家的优惠政策,旨在增强平台吸引力。

(二) 收费项目的精细设计

平台企业通常采用一种双重收费模式,即准入费(一种固定费用)与使用费(可变费用)相结合,以实现其收益目标。准入费,类似于信用卡年费,作为用户加入平台并享受其服务的初步门槛,象征着会员身份的确立与平台资源的预分配。这一费用不仅帮助平台筛选并维护用户群体的质量,还确保了平台基础运营成本的覆盖。

使用费,则如同一把灵活的尺子,根据用户在平台上的实际交易规模或活动频率进行动态调整,如电商平台所收取的佣金便是典型代表。这种费用机制有效地激励了用户更加频繁且高效地使用平台提供的各项服务,促进了平台交易量的增长与活跃度的提升。同时,使用费的变动性也使得平台能够灵活应对市场变化,优化资源配置,实现收益与用户体验的双重最大化。

(三) 影响平台定价的多元因素

1. 平台企业因素

① 市场结构。平台的市场地位直接影响其定价能力,强势平台往往能设定更高的价格。

② 收费方式。包括一次总付、每笔交易收费及两部收费制,不同的收费方式影响用户行为与市场反应。

③ 平台差异化。差异化策略是平台竞争的关键,有助于避免价格战,保持利润空间。

2. 平台用户因素

① 跨边网络外部性的强弱。强外部性为用户创造了更多价值,使得平台有底气设定更高价格。

② 用户归属特点。平台需通过价格策略吸引并留住单归属用户,往往意味着对多归属用户收取较高费用以补贴单归属用户。

③ 需求价格弹性。平台需根据用户对价格变动的敏感度灵活调整定价,确保市场需

求的稳定性与增长性。消费者的需求价格弹性受多种因素影响,包括平台差异化程度、替代品的存在以及用户基数等。

因此,平台企业在制定收费策略时需全面考量内外部因素,以实现利益最大化与市场可持续发展的双赢局面。

三、平台分类

平台的广泛应用与多样化特性促使学者们从不同维度提出多元化的分类方法,旨在更全面地理解平台经济的本质与运作机制。分类标准涵盖平台功能、交易特性、技术应用、混合型态、市场结构以及商业模式等多个方面,为平台研究提供了丰富的视角。以下是对各分类方法的详细阐述。

(一)按功能或场景分类

基于平台的功能与应用场景,将平台细分为多类,如市场创造者、受众创造者和需求协调者三类。市场创造者(如纳斯达克和 eBay),通过促进不同群体间的交易形成市场;受众创造者(如传统媒体与门户网站),有效匹配广告与受众;需求协调者(如 Windows 操作系统与信用卡系统),虽不直接促成交易,但通过协调需求为交易创造环境。也可以进一步细化为交易中介、支付工具、媒体与软件平台,各类平台均在其特定领域内发挥不可替代的作用。

(二)按交易属性分类

从交易属性的角度出发,平台被区分为交易平台与非交易平台(技术平台)。传统交易平台专注于买卖双方的交互,非交易平台则包括内部与外部平台,前者协调企业内部资源,后者驱动整个产业发展。也可以进一步将平台分为非数字平台与数字平台两类,后者强调对信息技术的深度应用,覆盖从设备到应用的多层次领域。

(三)混合型平台与数字化分类

平台可能具备混合特性,如交易平台、创新平台、集成平台与投资平台,其中集成平台融合了交易与创新功能。进一步衍生出混合平台的概念,强调其同时具备创新与交易双重属性。

(四)按连接属性和主要功能分类

中国国家市场监督管理总局发布的《互联网平台分类分级指南(征求意见稿)》从连接属性与主要功能出发,将平台划分为网络销售、生活服务、社交娱乐、信息资讯、金融服务及计算应用六类,分类方法紧密结合了平台在现实中的实际应用场景,具有较高的科学性与指导价值。

（五）基于市场结构的分类

根据市场结构,平台可分为重合性、交叉性与垄断性平台。重合性平台(如支付系统),为用户提供多样化选择;交叉性平台如浏览器,连接多边用户与业务提供商;垄断性平台则较为罕见,多存在于市场初期或特定领域。

（六）基于商业模式的分类

经济合作与发展组织将平台细分为电子商务平台、在线共享平台、金融科技平台、在线社交网络服务平台、在线匹配平台、在线众包平台及在线搜索平台七大类,每种平台均依托独特的商业模式运作,如淘宝促进交易、携程共享旅行资源、蚂蚁集团赋能金融活动、领英构建职业社交网络、抖音实现精准内容推送、Waze众包路况信息、谷歌搜索连接用户与信息。

四、平台经济的基本特征

（一）市场集中现象

平台经济的核心特性之一在于其倾向于催生"赢者通吃"的市场格局,使得市场份额自然而然地向一两家巨型企业集中。究其原因,高昂的进入与扩张壁垒如同壁垒森严的城堡,削弱了新入局者挑战既有秩序的能力,进而加剧了市场竞争的失衡,巩固了现有平台企业的霸主地位。当潜在竞争者面临难以逾越的障碍时,市场的竞争性将大打折扣,平台则可能利用其市场力量,通过降价策略、标准制定等手段,间接影响服务质量与利润空间。

"赢者通吃"的另一重驱动力源自平台企业的规模报酬递增特性,促使资源不断向少数头部企业汇聚,加速了市场向垄断或高度集中的方向发展。对于信息类企业而言,效应尤为显著。例如,谷歌和脸书(Facebook)等巨头,尽管初期固定投入巨大,但随着用户规模的扩张,其边际成本显著降低,实现了用户数量与服务质量的双重飞跃。谷歌能以几乎不变的成本为全球亿级用户更新服务,脸书则能以较小的成本增长支撑用户数量的指数级增长,进一步印证了规模报酬递增的魔力。

（二）数据驱动的双循环反馈机制

平台经济的市场竞争格局深受数据驱动型反馈回路的影响,由用户反馈回路与货币化反馈回路两大支柱构成,共同塑造了平台经济的竞争生态。

用户反馈回路构建了一个正向循环:大量用户产生海量数据,平台利用数据优化服务,吸引更多用户,进而收集更多数据,形成良性循环。这强化了大型平台的竞争优势,使得中小型平台难以望其项背。以谷歌搜索引擎为例,其庞大的用户基数确保了数据资源的丰富性,从而能够提供更精准的搜索结果,增强用户黏性,吸引新用户加入,进一步巩固其市场地位。

货币化反馈回路揭示了数据如何转化为平台盈利的驱动力。平台通过数据优化广告投放和内容推送,提升收入,并将收入重新投入产品与服务的改进中,吸引更多用户。这同样加剧了市场的不平等竞争,导致寡头垄断现象频发。

(三) 多边用户聚集与学习效应

区别于传统市场组织,平台经济通过打破生产与消费的物理界限,实现了供给方与需求方的无缝连接。不仅扩展了消费选择的边界,还促进了生产者与消费者之间的深度互动与学习。在平台上,消费者学会了如何更有效地表达需求,生产者则学会了如何精准地创造与满足需求。随着信息的自由流动与双向学习机制的建立,多边用户群体在平台上高度聚集,形成了独特的竞争与合作生态。

此外,平台经济还展现了用户多重归属与注意力经济等特征,元素在双边市场理论中已有深入探讨,共同构成了平台经济复杂而丰富的竞争景观。

第三节 数字生态

在数字化经济的浪潮中,企业的传统界限正经历着前所未有的重塑与拓展,催生出跨越行业藩篱、融合多元场景的全新数字生态体系,展现前所未有的活力与潜力。

一、数字生态的源起

(一) 经济模式的蜕变:从供应链到平台,再迈向数字生态

在数字技术革命的风起云涌中,传统经济模式以供应链为核心,垂直整合上下游资源,构筑起从制造商到最终用户的线性链条。这强调各环节的有序衔接与高效运作,确保了产品从创意到交付的顺畅流转。然而,随着信息技术的飞速发展,平台经济的崛起彻底颠覆了原有格局。平台作为新兴的中介力量,不仅连接了产品与服务的供需双方,更构建起一个双边市场,其影响力远超传统供应链模式,标志着第一次经济转型的完成。

时至今日,在技术创新的持续驱动下,云计算、物联网、人工智能等前沿技术的突破性进展与广泛应用,正引领社会步入全面数字化转型的快车道。万物互联、数据驱动的数字经济时代已悄然而至,数字生态作为时代的标志性产物,正以前所未有的速度崛起。数字生态是一个集消费者、生产者、供应商及众多互补机构于一体的复杂系统,各成员间相互依存、协同进化,共同推动价值创造与传递。

数字生态系统由两大核心部分构成:产业价值网络与泛社区网络。前者以平台为基

石,承载着各参与主体间的互动与交易,是价值创造与传递的直接场所;后者则涵盖用户数据、商业信用、社交信任等潜在价值资源,为生态系统注入持续发展的动力。两大网络相互交织、动态更新,共同推动着生态系统的繁荣与进化。

(二) 从数字平台到数字生态的跨越:STEP 模型深度剖析

平台模式和生态模式有什么差异? 企业又如何从数字平台转型到数字生态? 本书将基于 STEP 模型(戎珂等,2018)进行剖析。STEP 模型具体包括用户结构(Structure)、交易层级(Transaction Tier)、商业赋能(Enablement)和模式绩效(Performance)四个方面。

1. 用户结构的多元演进

从供应链到平台,再到数字生态,用户结构经历了从单一到多元的变化。传统供应链模式下,企业仅需面向下游用户提供服务;平台模式下,用户结构拓展至双边,网络效应初现端倪;而在数字生态模式下,用户结构进一步丰富,涵盖更多类型的参与主体,形成了更为复杂的互补效应。变化不仅增强了生态系统的韧性,也为其持续拓展边界提供了可能。

2. 交易层级的深度拓展

交易层级是衡量企业业务覆盖范围的重要指标。平台模式往往聚焦于供应链末端的分销环节,交易层级较为单一;数字生态则通过整合上下游资源,将交易层级逐步拓展至供应链的多个环节,实现了业务范围的全面覆盖。拓展不仅提升了企业的市场竞争力,也为其创造了更多价值增长点。

3. 商业赋能的全面升级

数字生态之所以能够吸引众多参与主体加入,关键在于其强大的商业赋能能力。通过先进技术与丰富数据的支撑,数字生态能够为用户提供需求分析、交易匹配、管理工具、金融支持等全方位服务,助力其实现高效运营与快速发展。超越平台边界的赋能能力,正是数字生态区别于传统平台模式的关键所在。

4. 模式绩效的显著提升

从交易规模、交易种类到持续成长性,数字生态在模式绩效上均展现显著优势。其庞大的用户基数与多元化的业务布局,为交易规模的持续增长提供了有力支撑;丰富的交易种类则进一步增强了企业的市场竞争力与抗风险能力。更为重要的是,数字生态的持续成长性为其未来发展奠定了坚实基础,使其能够在激烈的市场竞争中保持领先地位。

数字生态作为数字经济时代的新兴产物,正以其独特的优势与潜力引领着商业世界的变革。在未来发展中,数字生态有望成为商业世界的主流模式,对社会生活的各个方面产生深远影响。因此,深入探索与研究数字生态系统的发展规律与运行机制,对于把握数字经济发展趋势、推动经济社会高质量发展具有重要意义。

二、数字生态的定义

在深入探讨第一章所阐述的数字经济概念时,其核心构件清晰显现:数据要素、数字技术、数字产业化、产业数字化以及数字化治理等,共同编织了数字经济的经纬。数字经济不仅聚焦于数据要素驱动的全产业价值链的深化与拓展,更强调多元主体的协同合作,旨在共同挖掘并释放数字产业的最大价值。相较于传统的供应链与产业结构,数字经济以其新颖的元素、组织模式、运作范式及整体格局,展现前所未有的活力与变革力。随着数据要素与数字技术的深度融合,传统生产要素被赋予新的生命,数字经济体系因此变得更加错综复杂且动态演进,逐渐演变为一个高度协同的商业生态系统。

追溯商业生态理论的起源,詹姆斯·穆尔(James Moore)的开创性工作功不可没。他首次将商业生态系统构想为跨越行业界限的企业群落,企业围绕创新、协作、合作与竞争的核心,通过创新产品来满足市场需求,共同构建了一个生机勃勃的经济生态。此后,该理论不断演进,形成了三大主要流派:一是以企业及其外部环境为核心,强调生态系统作为影响企业与客户的广泛社区角色的"商业生态系统"流派;二是聚焦于特定创新或价值主张,以此凝聚行动者的"创新生态系统"流派;三是围绕平台构建,强调平台核心作用与高度交互互补性的"平台生态系统"流派。综合学术界的智慧结晶,本书将商业生态界定为一个由相互依存、相互作用的组织、企业及个人共同构筑的经济共同体,是有机融入商业世界的生命体,其成员广泛涵盖政府、行业协会、供应链伙伴、竞争对手及消费者等多元利益相关者。成员在生态系统中协同进化,共享愿景,共创解决方案,并基于深厚的信任构建命运共同体,而生态系统中的核心企业扮演着引领、协调与促进的关键角色。

基于上述商业生态理论的洞察,本书进一步将数字生态诠释为数字产业领域内相互交织的组织、企业及个人共同支撑的数字产业共同体。这同样汇聚了政府、行业协会、供应链上下游企业、竞争对手及广大客户等全方位的利益相关者。在数字生态的广阔舞台上,成员携手并进,共同演化,不仅分享着共同的愿景与目标,更在相互信任的基础上不断探索与发展解决方案,最终凝聚成一个紧密相连、共创共赢的数字生态系统。

三、数字生态的结构

在数字生态的宏伟蓝图中,其构建已远远超出了单一企业的能力范畴,而是必然地呼唤着生态合作伙伴的广泛参与与深度融合。该生态体系可以运用差序格局的视角进行剖析,将其划分为两大核心板块:产业价值网络与泛社区网络。简而言之,数字生态的架构由两大网络交织而成,既涵盖以产业价值创造为核心、紧密相连的产业价值网络,也包括跨越界限、促进广泛交流与合作的泛社区网络。

(一) 数字产业价值网络

数字产业价值链,作为数字经济价值的直接创造者,横跨了从数字基础设施到数据要素市场,再到产业互联网与消费互联网的广阔领域。其中,数字基础设施构成了价值链条的坚实底座,涵盖从芯片到云计算、从操作系统到5G网络的全方位技术支撑。数据要素市场,作为数字经济的心脏,通过数据的授权、采集、加工、定价、交易等核心环节,将政府、企业、平台与用户紧密相连,共同推动数据的价值最大化。而消费互联网与产业互联网,作为数字经济在消费与生产领域的具体体现,正以前所未有的速度重塑着我们的生活与工作方式。

(二) 数字泛社区网络

相较于直接创造价值的产业价值网络,数字泛社区网络则以其独特的视角与功能,为数字生态的繁荣提供了不可或缺的支撑。这汇聚了那些虽未直接参与价值创造,却对数字产业价值实现至关重要的各类主体。其中,潜在合作伙伴如同未来的种子选手,虽当前尚未崭露头角,却蕴含着推动产业变革的无限可能。间接合作伙伴,如政府机构、行业协会与开放社区等,则以其独特的资源与影响力,为数字产业的稳健前行保驾护航。而用户,作为数字生态中最活跃的因子,其数据与反馈不仅是产业价值网络优化的重要依据,更是推动整个生态持续迭代的关键力量。

数字生态并非一成不变,而是处于不断的动态演化之中。随着新场景、新商业模式的不断涌现,泛社区网络中的主体有可能跨越界限,成为数字产业价值链的直接参与者。反之,部分原本处于价值链中的主体,也可能因市场环境的变化或商业模式的调整,转而成为泛社区网络的一员,继续以另一种方式支持着数字产业的蓬勃发展。灵活的转化机制,正是数字经济市场活力的源泉,也是推动商业模式升级与制度设计优化的重要动力。

四、数字生态的培育

(一) 数字生态系统培育的理论基础

一个成功的数字生态系统并非一蹴而就,而是需要多方力量精心培育与协同努力,其中,核心企业的作用尤为关键。作为生态系统的领航者,核心企业肩负着培育整个生态的重任,不仅体现在引导创新潮流、积极参与治理机制,还涉及商业价值的创造与获取。因此,核心企业的生态培育能力,直接决定了生态体系构建基础的稳固与强大。为了全面而深入地解析数字生态系统的内在逻辑与成员间的复杂关系,本书引入了基于运营情境(Context)、结构(Construct)、运行机制(Cooperation)、范式(Configuration)、能力(Capability)、变革(Change)的6C框架。该框架提供了一个多维度的视角,用以审视和塑造数字生态系统的各个方面。在6C框架的指导下,核心企业应如何培育整体生态呢?首先,从运营情境出发,核心企业需深入理解市场需求、技术趋势及政策环境,为生态发展设定明确的愿景与目标。其次,通过优化生态结构,核心企业应构建多元化的合作伙伴关系,促进资源共享与优势互补。在运行机制层面,核心企业应倡导开放合作,建立高效的沟通与协作平台,确保生态成员间的顺畅互动。同时,核心企业还需在范式上不断创新,引领生态成员共同探索新的业务模式与价值创造方式。在能力建设方面,核心企业应注重提升自身的技术创新力、市场洞察力和组织管理能力,为生态的持续繁荣提供坚实支撑。最后,面对不断变化的外部环境,核心企业应勇于变革,灵活调整战略与策略,确保生态体系能够紧跟时代步伐,持续焕发活力。通过 6C 框架的全面应用与核心企业的有力引领,一个成功的数字生态系统将得以逐步建立并不断完善。各生态成员将紧密合作、共创价值,共同推动数字经济的蓬勃发展。

1. 情境:环境与背景的深度洞察

数字生态系统的运营情境,是其赖以生存与发展的外部环境与背景。从复杂性和动态性两个维度审视,供应链网络的环境特征清晰可见。该框架强调,企业需明确自身所处的生命周期阶段,并理解生态的发展使命、驱动力与潜在掣肘。随着信息技术的飞速发展,数字生态系统往往处于持续演进之中,各利益相关主体需保持高度敏锐,密切关注市场动态与各方行为变化。

2. 结构:稳固基石与动态交互

数字生态系统的结构由基本元素与支持性基础设施共同构成。基本元素包括用户、企业、政府等多元主体,而核心企业在其中扮演关键角色。基础设施则聚焦于各元素间的动态交互机制及支持性角色,确保生态系统的顺畅运行。完善生态系统结构,需兼顾未来发展趋势与外部环境变化,确保系统的灵活性与适应性。

3. 机制:协同共进的合作与治理

运行机制是数字生态系统中合作伙伴为实现共同目标而采取的相互作用模式。合作机制关注于企业间及合作伙伴的协同运行,治理体系则涉及生态的纵向治理模式选择。无论是自上而下的集权管理,还是自下而上的民主参与,抑或是两者的有机结合,都需根据生态实际灵活调整。例如,智能驾驶操作系统的集成,或微信平台的开放策略,均展示了不同运行机制下的生态活力。

4. 范式:形态各异的价值创造

数字生态系统的范式,是其独特形态与价值创造模式的集中体现。基本模式揭示核心企业与各生态要素的交互方式,外部关系则关注于非核心企业在生态培育中的行为模式。不同生态系统拥有不同的范式与价值创造策略,选择适合的范式对于生态的成功至关重要。

5. 能力:生态成长与价值创造的基石

数字生态系统的能力是其持续成长与价值创造的内在动力。接入便捷、集成协同、创新学习、适应流动、补充创造等五大能力,共同构成了生态的核心竞争力。从平台接入的便捷性到生态成员的协同效率,从产品解决方案的灵活性到对突发情况的应变能力,再到生态补充成员的识别与整合,每一项能力都是生态成功的关键所在。

6. 变革:模式更新与生态演化

数字生态系统的变革,是其生命周期中的必然环节。随着市场环境与技术的不断发展,生态系统需从一种模式向另一种模式转变,以适应新的发展需求。变革不仅体现在系统模式的更新上,如从封闭到开放的转变,更体现在生态交互模式的演化中。如电子地图平台的功能拓展、网络电视的用户互动升级,以及监控系统通过 IoT 技术建立的强大生态系统,均展示了变革带来的无限可能。

因此,6C 框架提供了全面理解和优化数字生态系统的理论框架。通过字节跳动的案例分析,可以更直观地看到该框架在实际应用中的价值与魅力。未来,随着数字技术的不断进步与商业生态的持续演化,6C 框架将成为企业构建与运营数字生态系统的宝贵指南。

(二) 数字生态系统培育方法论

在数字生态系统的培育历程中,核心企业扮演着举足轻重的引领角色,其影响力贯穿于整个生态系统的构建与发展。鉴于此,本书特以核心企业的生态构建策略为核心视角,深入剖析并阐述数字生态系统培育的五大关键步骤,旨在为读者提供一个全面而深入的理解框架。

1. 第一步:确定行业生态构建基础

在规划行业生态构建之初,核心企业需从双重视角出发,深入剖析构建基础:一是洞悉行业整体的生态构建基石,二是精准把握企业自身在生态构建中的立足点。行业生态构建基石的解析,应涵盖以下三大核心维度:

① 宏观环境与产业组织框架。这是构建行业生态的宏观蓝图,要求核心企业既要把握国家政策导向、经济发展趋势等宏观因素,又要理解产业内部的组织结构、竞争格局,以及潜在的合作与竞争关系。

② 技术开放性与创新活力。技术开放程度是衡量行业技术壁垒与协作空间的关键指标。一个开放的技术环境能够促进知识共享、技术创新与跨界融合,为生态的繁荣奠定坚实基础。核心企业应评估行业核心技术的开放程度,探索技术合作与共享的可能性,以激发整个生态的创新活力。

③ 应用多元化与市场潜力。应用多元化程度反映了行业需求的多样性与市场的广阔性。核心企业需深入分析行业应用场景的多样性,评估不同场景下的市场需求与增长潜力,以此为依据判断是否需要引入生态合作伙伴,共同开拓并深耕多元化应用市场,实现生态价值的最大化。

通过对上述三个层面的全面审视与深入研究,核心企业能够更加清晰地认识到行业中成功生态的共通特征与核心要素。基于洞察，企业可以更加精准地确定自身生态培育的方向与策略，为构建富有活力与竞争力的行业生态奠定坚实基础。

2. 第二步：确定生态生命周期的阶段

一个行业的生命轨迹自然铺展为五个鲜明的阶段：萌芽兴起期、多元竞争期、汇聚整合期、巩固成熟期以及革新蜕变期。以高端智能手机行业为例，当苹果公司初次踏入该领域时，市场正处于萌芽兴起期，彼时行业尚缺乏明确且令人满意的解决方案，为创新者如苹果提供了广阔的探索空间与引领机遇。随着时间的推移，当小米等公司相继涌入智能手机行业时，该行业已步入多元竞争期。此阶段，行业内部已逐渐形成了相对稳固的主导设计框架与标准化体系，吸引了众多厂商竞相角逐，市场格局呈现出群雄逐鹿、百家争鸣的繁荣景象。各品牌纷纷亮出特色，以差异化策略争夺市场份额，共同推动了行业的多元化发展。

3. 第三步：实施 VSP-TO 生态培育

在生态培育的征途中，核心企业需贯穿每个发展阶段，精心策划愿景（Vision）、构思解决方案（Solution）、挑选合作伙伴（Partners），被凝练为 VSP 决策框架。VSP 决策的核心目的在于逐步构建并深化生态信任（Trust）。同时，企业还需制定并执行具体的运营策略（Operation），以持续优化生态结构，并在关键节点上实施生态评估，从而构成了生态培育的 VSP-TO 模型。

以安谋科技（Arm）为例，可洞察 VSP 决策在实际操作中的运用。安谋的成长轨迹，从手机芯片市场起步，逐步拓展至嵌入式系统领域，并最终延伸至服务器市场，每一阶段都伴随着 VSP 决策的精准实施。在多元竞争的智能手机芯片阶段，安谋前瞻性地提出"移动设备芯片需融合低功耗、低成本与高性能"的宏伟愿景，不仅引领了行业标准，更为后续的技术革新奠定了基石。随着智能手机市场的日趋成熟，安谋再次调整航向，将愿景聚焦于"未来移动设备的全面数字化"，成功引领其跨入嵌入式系统新蓝海。在解决方案层面，安谋始终站在技术前沿，不断迭代升级其架构体系，从开创性的 ARM7，到注重多元化、兼容性与连接能力的 ARM9，再到后续的 ARMv6、ARMv7 乃至 ARMv8 系列，每一次技术的飞跃都是对市场需求的精准回应，也铸就了安谋在行业内的领先地位。同时，安谋独特的授权商业模式，进一步巩固了其市场地位，推动了生态的繁荣。在合作伙伴的选择与培育上，安谋展现了高度的策略性与前瞻性。初期，安谋携手诺基亚、德州仪器等行业巨头，共同探索并开拓新市场，构建了坚实的领袖合作伙伴关系。随着生态的不断发展，安谋又通过成立 Linaro 等非营利组织，培育价值链伙伴，促进基于其架构的开发工具与 Linux 内核等关键技术的研发与应用。此外，安谋还高度重视泛社区网络伙伴的培育，通过设立"互连社区"等方式，为全球开发者提供丰富资源与支持，构建了庞大的社区网络，加速了生态的全球化进程。因此，安谋的成功案例生动诠释了 VSP-TO 模型在生态培育中的强大生命力与无限潜力。

4. 第四步：形成特色化生态类型

核心企业在其独特的起始阶段，依据差异化的 VSP（愿景、解决方案、合作伙伴）决策路径,会孕育出各具特色的数字生态系统范式。范式虽形态迥异,却均蕴含着成为卓越数字生态系统的潜力。以苹果 iOS 系统为例,构建了一个相对封闭而高度集成的生态范式,通过严格的控制与深度整合,实现了对用户体验的极致追求和生态系统的主导地位。相反,谷歌的安卓系统则展现了更为开放包容的特性,鼓励多元化与灵活性,促进了广泛的合作与创新,形成了另一种成功的生态范式。两者虽然在策略上大相径庭,却均证明了在各自框架下构建成功数字生态系统的可能性。

5. 第五步:寻求生态继续扩张

随着数字生态系统持续扩张,核心企业面临向新兴行业或市场迈进的战略抉择。若选择涉足新行业,无论该行业生态处于何种发展阶段,企业首要任务是构想并传达全新的愿景,以此吸引志同道合的合作伙伴,共同构筑新的信任基石。在技术策略上,企业可灵活选择技术领先且封闭性较高的路径,或拥抱技术开放的策略,以适应不同行业的需求。在应用层面,确保至少在一个核心应用场景中提供达到或接近行业最优水平的解决方案,是赢得市场认可的关键。在合作伙伴培育上,核心企业应主动识别并携手当前生态中适宜的伙伴,共同探索新领域,正如苹果从高端智能手机领域成功拓展至高端平板电脑(iPad)与智能手表(Apple Watch)生态的辉煌案例所示。

至于跨区域拓展,核心企业虽无须大幅调整总体愿景,但需针对目标地区的语言、文化等特性,制定区域化愿景,以增强本土适应性和亲和力。在技术层面,加强对当地技术人员的培训与支持,促进核心技术的本土化接纳与应用至关重要。应用解决方案则需确保至少在一个关键场景内,达到或接近当地最优水平,以满足市场需求。合作伙伴策略上,优先选择已在该地区建立根基的伙伴,同时加大对本土合作伙伴的培育力度,初期可牺牲部分短期利益,甚至提供补贴,以构建稳固的本土生态网络,为长期成功奠定坚实基础。

五、数字生态的商业模式

(一)传统商业模式向生态型商业模式的演化

在传统经济架构中,商业模式主要围绕供应链构建,侧重于单个企业的内部优化与产品价值链的延伸。该模式下,信息不对称成为常态,催生了低买高卖的交易逻辑,且企业的商业模式设计多聚焦于自身产品与服务的价值创造与可持续盈利路径。然而,随着平台经济的崛起,商业模式发生了根本性转变,逐步向平台化模式过渡。平台商业模式通过促进信息流通的透明化,削弱了信息不对称,降低了交易成本,并凭借庞大的网络效应,使核心企业在多个价值链上占据核心位置,实现利润的最大化。相较于供应链模式,平台模式以其更低的信息不对称度、更广泛的交易规模及显著的网络效应为标志。

进一步,商业模式演进至生态型阶段,标志着数字时代商业模式的最新形态。信息透明度达到前所未有的高度,网络效应错综复杂,要求企业不仅要考虑单一平台的网络效应,还需统筹多平台间的互动与融合。生态型商业模式超越了单一平台的局限,成为一种综合集成、高度灵活的商业架构。其核心在于多个商业模式的深度融合与协同,即"商业模式之上的商业模式",即便其中部分模式短期内可能不直接贡献利润,但整体生态系统却能创造出远超单一模式的丰厚价值。

生态型企业致力于构建多样化、多维度的商业模式体系,通过生态群落为最终用户提供全方位、个性化的价值体验。面对市场需求的瞬息万变,生态型企业能够迅速调整策略,实现商业模式的动态演化,保持竞争优势。同时,生态型企业擅长在多个平台上汇聚广泛的社区伙伴与潜在社会资源,共同推动创新,为最终用户创造更多元化的价值,并促进生态伙伴间的可持续发展,形成共赢共荣的生态格局。

(二) 生态型商业模式的定义

生态型商业模式,作为数字生态系统内的一种高级形态,是多个可协同进化、相互交织的商业模式集合体,超越了传统商业模式的范畴,成为"商业模式的商业模式"。此模式的核心在于精心编排与促进多个价值创造与价值捕获过程的互动与融合,旨在实现数字生态内所有利益相关者共同繁荣与持续演进的宏伟愿景。

为了深入剖析生态型商业模式的内在逻辑,可借助4Co框架进行系统性解构,以下是对4Co各要素精髓的详细阐述。

1. 价值社区(Value Community)

在生态型商业模式中,价值创造不再局限于传统价值链上的单一参与者,而是广泛涵盖传统价值链合作者、领导级合作伙伴以及泛社区网络内的多元化伙伴。该框架强调了对所有潜在社会资源的深度挖掘与高效整合,旨在构建一个充满活力与创造力的价值共创网络。

2. 价值共设(Value Co-design)

作为生态的引领者,核心企业首先需明确自身的核心竞争力与核心业务领域,随后携手合作伙伴,通过深度沟通与协作,共同设计符合市场需求与生态愿景的价值主张。这不仅强化了核心企业与伙伴间的战略协同,也为后续的产品或服务交付奠定了坚实的基础。

3. 价值共创(Value Co-creation)

在生态型商业模式下,不同的业务单元或领域采用各具特色的商业模式运作,模式之间非但不相互孤立,反而通过紧密的互动与互补,实现相互赋能与促进。跨模式的协同作用不仅提升了整体生态的创新能力与响应速度,还可能催生出全新的商业模式,为生态带来意想不到的增长点。

4. 价值获取(Value Co-capture)

最终,生态型商业模式的成功体现在核心企业与合作伙伴共同分享商业利润上。通过构建公平、透明的利益分配机制,确保所有参与者在价值创造过程中都能获得合理的回报,从而激发整个生态的持续活力与稳定性。这不仅实现了经济价值的最大化,更促进了生态内各利益相关者之间的深度信任与合作关系的巩固。

(三) 生态型商业模式的特征

生态型商业模式具有如下主要特征:集成与协同、立体化延展性、可持续性。下面就生态型商业模式的特征展开具体分析。

1. 商业模式的集成与协同:独立而共生

生态型商业模式,作为商业模式的集大成者,融合了多种形态各异却又能够紧密协同的商业模式。该模式的核心在于构建一个综合性的生态系统,通过集成多个独立且互补的商业模式,旨在实现整个商业生态的价值最大化与效率飞跃。在这个生态系统中,每个商业模式都被精心定位,扮演着不可或缺的角色,既保持各自的独立性与专业性,又通过紧密的协作与互补,共同编织出一张错综复杂而又高效运转的价值网络。

以阿里巴巴为例,其生态体系堪称商业模式协同的典范。阿里巴巴不仅成功集成了电商、支付、物流、金融、娱乐、云计算等多个领域的领先商业模式,而且每个业务线都能够在保持独立运营的同时,实现与其他业务线的无缝对接与相互支撑。这种既独立又共生的关系,不仅增强了阿里巴巴生态的韧性与灵活性,也为其持续创造价值与提升效率奠定了坚实的基础。

2. 立体化延展:多维度动态演进

生态型商业模式相较于传统的平面商业模式,展现了前所未有的立体化延展性。在数字生态系统中,各种商业模式之间不再是孤立的个体,而是通过互动与协作,共同向价值链深化、合作伙伴网络拓宽以及科技进步等多个维度立体发展。这种模式不仅克服了传统静态商业模式的局限性,还随着技术与合作伙伴的不断更新与扩展,实现了共同升级与动态演化。泛社区网络更是为生态型商业模式提供了无限的创新空间,使其成为一种更加灵活、更加适应市场变化的动态商业模式。

生态型商业模式的扩张策略主要聚焦于价值链、合作伙伴网络以及科技进步三大核心轴。其动态延展过程严格遵循业务独立性、共生性与共演性三大原则,确保在扩张的同时保持生态的稳定与活力。

① 价值链层面的扩张。强调从熟悉领域出发,逐步向相邻环节渗透,确保每一步扩张都基于可行的市场分析与资源准备。同时,注重价值增量的最大化,通过精细的成本核算与效益分析,明确业务拓展的边界与潜力。

② 合作伙伴网络层面的扩张。通过构建激励机制、提出共同愿景以及广泛的合作网络搜寻,吸引并整合领袖合作伙伴与潜在优质资源。这不仅增强了生态的凝聚力与竞争力,还促进了知识与技术的交流与共享。

③ 科技进步层面的扩张。紧密围绕市场需求与技术趋势,推动产品与服务的持续创

新。同时,注重技术的正外部性效应,确保技术创新成果能够惠及所有利益相关者,包括核心企业、合作伙伴、泛社区成员以及最终用户。

三星的转型历程生动诠释了生态型商业模式立体化延展的力量。从最初的单一供应链模式起步,三星逐步构建起复杂的供应链体系,并在此基础上向生态模式转型。在人工智能与5G技术的推动下,三星不仅拓展了多元化的应用场景与合作伙伴网络,还通过构建行业标准与扶持生态伙伴的方式,共同打造了一个多场景、多领域的强大生态网络。

3. 可持续的繁荣:生态型商业模式的正外部性和动态适应性

生态型商业模式的核心魅力在于其持续的创新能力与正外部性效应,不断挖掘新的应用场景,精心协调价值共创与价值获取之间的平衡,以此开拓更广阔的消费市场,深度满足用户的多元化需求。生态中的每一个成员都得以共享成长的红利,共同促进了一个良性循环的生态系统。

还以阿里巴巴为例,其发展历程是对该理念的最佳诠释。起初,阿里巴巴聚焦于电商平台的单一模式,随着对市场的深入洞察,公司敏锐地捕捉到了电商交易过程中存在的信任缺失、支付烦琐、物流效率低下等痛点,这些问题严重制约了用户购物体验的升级。为此,阿里巴巴勇于突破,不仅推出了革命性的支付工具"支付宝",还构建了高效的物流平台"菜鸟物流",不仅从根本上解决了用户的后顾之忧,还吸引了包括物流企业在内的更多新利益相关者加入其生态体系。这不仅极大地提升了用户的购物体验,更促使阿里巴巴的生态系统不断壮大,形成了一个多元共生、互利共赢的价值网络。在这个网络中,每一个参与者都能享受到数字生态发展带来的价值,共同推动着整个生态的持续繁荣与可持续发展。

 案例 05

平台生态发展:鸿蒙的分布式全场景世界

导语:安卓系统与苹果 iOS 系统作为操作系统市场的两大寡头,其地位似乎牢不可破。开源的安卓系统围于智能手机终端,而苹果系统闭源本性,为后来者留出了空间。融合开源、跨终端两个关键突破点是后来者跻身世界级操作系统的不二法门。

鸿蒙系统(HUAWEI HarmonyOS),作为华为公司倾力打造的微内核、5G 物联网适配、全场景覆盖的分布式操作系统,实现了跨终端的无缝协同体验,将手机、电脑、平板、电视、工业自动化控制、无人驾驶、车机设备及智能穿戴设备统合于单一操作系统之下,紧密联结人、设备与场景,开创了一个超级虚拟终端互联的新纪元。此操作系统专为下一代技术而生,全面兼容安卓应用及所有 Web 应用,经重新编译的安卓应用在鸿蒙 OS 上能享受超过 60%的性能提升。

2024 年 1 月 18 日,华为于深圳盛大举办鸿蒙生态千帆启航仪式,正式向开发者全面开放 HarmonyOS NEXT 鸿蒙星河版的申请通道。据 Counterpoint Research 最新数据显示,2024 年第一季度,华为鸿蒙 HarmonyOS 在中国市场首次超越苹果 iOS,跃居国内第二大操作系统之位。截至 2024 年 10 月 20 日,鸿蒙系统已有超 1.1 亿代码,鸿蒙生态设备数量已突破 10 亿大关,应用市场已上架超 1.5 万个应用与元服务,实现历史性突破,标志着鸿蒙生态的全面成熟与加速前行。

鸿蒙操作系统不仅在技术上引领潮流,更展现了构建自有生态的强大潜力,预示着全球操作系统格局的深刻变革。美国的打压虽对华为构成挑战,却也是鸿蒙诞生的催化剂,彰显了中国高科技企业在逆境中求生存、求发展的战略决心。在后智能机时代,鸿蒙 OS 面向全场景智慧化,引领 IoT 领域的革新,代表了中国高科技战略突围的关键一环,为解决核心技术瓶颈提供了强大动力。鸿蒙的诞生恰逢中国软件业亟须补强的关键时刻,致力于成为中国基础软件的根基,战略性地推动了国产软件的全面崛起。

尽管鸿蒙正处于生态建设的初期阶段,但其在中国市场的稳固立足与全球拓展的前景不容小觑。依托中国庞大的市场基础,鸿蒙获得了坚实的支撑。在全社会的共同推动下,中国其他软件应用厂商及利益相关方将积极参与鸿蒙生态建设。华为自 5G 时代起便布局 IoT,强调设备间的协同合作,鸿蒙 OS 的开源是必然趋势,旨在通过产业链的共同努力构建繁荣生态。为此,华为不仅开源鸿蒙 OS,每年斥资超 60 亿元人民币激励开发者创新。截至 2024 年 10 月,其开发者联盟注册开发者数量已迅猛增长至 675 万,更有 305 所高校开设鸿蒙课程,38 家专业机构投身鸿蒙人才培养。同时,还将耀星计划补贴提升至 10 亿美元,吸引全球开发者加入,共同推动鸿蒙生态的发展。

面对苹果与安卓系统的全球垄断,鸿蒙 OS 的突围之路虽然长且艰,但市场的竞争本质是欢迎新挑战者的加入。发达国家已建立成熟的生态系统,新系统需要通过市场良性循环逐步成长,包括操作系统在内的核心技术,必须立足自主创新,实现自主可控。只要鸿蒙技术保持领先,中国市场能够为其孵化出具有竞争力的生态系统,其全球市场拓展便指日可待。华为需从两方面着手构建鸿蒙生态:一是争取更多行业企业和竞争对手产品采用鸿蒙系统;二是鼓励和引导开发者基于鸿蒙开发热门应用。两者相辅相成,缺一不可。

评语: 鸿蒙系统是华为构建独立系统平台夙愿的产物,美国的打压和制裁加速了其进程。市场发展数据表明,鸿蒙系统生态已经初步建立,基本满足绝大部分场景需求。但是,作为新生的开源平台,立足中国,突破障碍,成长为世界级平台还有很长的路要走。

思考: 一个新生的平台系统生态构建主要存在哪些障碍?鸿蒙开源系统为国内厂商带来了哪些机会?鸿蒙系统生态构建中,华为如何处理自身与其他厂商的竞争关系?

🔑 课后习题

1. 简述数字经济市场的分类及特征。

2. 从双边市场的价格结构视角和跨边网络外部性视角对比分析。

3. 简述双边市场类型以及特征。

4. 阐述双边市场的补贴策略。

5. 简述平台定价的影响因素。

6. 简述平台的类型。

7. 论述数字生态的培育理论与方法。

第六章　数字经济发展基础

市章概要

　　数字经济为基础设施赋予了崭新的内涵,催生出了一系列独具特色的技术经济特性,主要体现在信息基础设施、融合基础设施与创新基础设施这三大核心领域的新型基础设施建设上。数字技术为企业创新、资源配置以及竞争力提升提供了强大的平台支持。数字技术的基石常被形象地概括为"ABCD"四大支柱,即人工智能(Artificial Intelligence)、区块链(Blockchain)、云计算(Cloud Computing)、大数据(Data),此外还有物联网(Internet of Things)。这些技术共同构成了数字技术的核心框架,为数字经济的蓬勃发展提供了坚实的支撑。数字产业化和产业数字化作为数字经济的产业基础,是数字经济创新和应用最为广泛的领域。在这一领域中,我们可以看到许多典型的例子,如数字农业通过智能化技术提升农业生产效率,智能制造则通过数字化手段优化制造流程,提高产品质量和生产效率。

目标要求

　　1. 了解新型基础设施及其关键基础设施。
　　2. 熟悉数字技术特征以及关键数字技术。
　　3. 掌握数字产业化与产业数字化及其典型行业。

市章内容

第一节　基础设施

一、新型基础设施

(一)新内涵的重塑

当前,传统商业基础设施正遭遇前所未有的挑战,其既有架构与规模已难以支撑数字

化商业的疾速扩张与新型运营模式。展望未来,支撑多样化数字商业实践的基石,将是物理基础设施与数字基础设施深度融合、相得益彰的新一代基础设施体系。在 2015 年世界移动通信大会上,华为公司率先指出:"数字基础设施,作为物理世界与数字经济之间的关键桥梁,是推动全联接数字时代商业创新、高效交互与价值传递的核心驱动力。"这一体系深植于信息网络,深度融合新一代信息技术,聚焦于数据的全面感知、高效传输、安全存储、智能计算与精准处理,构建起支撑社会经济全面数字化转型的坚固基石。

具体而言,数字基础设施在狭义层面聚焦于信息基础设施,伴随新一代信息技术的迭代而不断壮大;在广义范畴内,则涵盖更为广泛的融合基础设施,即那些经过智能化改造,将传统基础设施与新一代信息技术深度融合的创新产物。数字化赋能作为核心引擎,正以前所未有的力量革新问题解决策略,激发商业创新的无限潜能。

对于这一新兴领域,可从多维度深入剖析:功能定位上,数字基础设施是推动经济社会数字化转型与创新的强大引擎,它降低了创新门槛,构建了数据驱动的创新生态与新型生产模式,以信息化、智能化的力量激活发展新动能,全面增强国家产业竞争力;构建路径上,数字基础设施的构建既依赖于新技术的创新突破与全新架构的搭建,也涉及现有基础设施的智能升级与信息技术的深度融合,展现多元化、动态演进的鲜明特征;发展趋势上,数字基础设施展现了强大的生命力,随着科技革命与产业变革的深入,围绕数据全生命周期管理的新形态基础设施将层出不穷,技术与商业模式的持续演进将推动各类数字基础设施处于不同发展阶段,共同绘制数字经济时代的壮丽画卷。

(二) 新特征的彰显

相较于传统基础设施的基础性、公共性和显著外部性等特征,数字基础设施尤为显著地展现了其强大的技术创新性,进而孕育出一系列独特的技术经济特性。

1. 创新活力旺盛,领域持续拓展

信息技术作为当代科技创新的先锋,与经济社会深度融合,不断拓展数字基础设施的边界。新兴网络、多样化应用平台及先进信息系统的涌现,不仅丰富了生产生活的基础服务与条件,还显著提升了社会整体的生产效率与产出水平。随着技术的不断革新与商业模式的演进,该领域的范围将持续拓展。

2. 技术密集度高,迭代升级迅速

与传统基础设施的稳定成熟相比,数字基础设施所依托的信息技术正处于快速迭代的创新周期中。部分前沿技术尚需高频次的迭代开发与升级以臻完善,因此对技术实力提出了更高要求,贯穿于建设、运营、管理及维护等各个环节。

3. 应用导向明确,持续开发投入

数字基础设施实现了软硬件的深度融合,其核心价值在于对数据的实时捕捉、计算与分析,以紧密对接应用场景。为快速响应市场变化与用户需求,实现资源优化配置,数字基础设施需根据实际应用场景的变化进行持续的二次开发与优化,这离不开大量的持续

性投资。

4. 数据为核心，标准规范并重

在数字基础设施的高效运行中，数据是核心生产要素。为促进数据的自由流动与最大化利用，必须构建完善的数字治理体系，并强调统一的建设标准、技术规范等，以推动不同设施间的无缝互联互通，促进数据共享，激发数据潜能。

5. 网络互联性强，安全可靠性至上

数字基础设施高度依赖网络运行，其安全稳定运行直接关系到生产生活的正常运转。随着数字世界与物理世界的深度融合，防范恶意攻击、确保网络稳定成为首要任务，任何网络故障都可能带来不可估量的损失。

6. 跨界融合加速，创新人才渴求

数字基础设施的快速迭代与跨界融合特性对技术人才提出了更高要求，既需要精通信息通信、软件开发的专家，也需要具备传统行业知识的复合型人才。面对挑战，中国需不断优化人才结构，以满足数字基础设施建设与运营中对创新型人才的迫切需求。

（三）新基建的崛起

新型基础设施建设，作为科技驱动的现代化发展基石，根植于数字化与智能化的浪潮之中，是面向未来经济社会发展的全新战略部署。自 2018 年 12 月中央高瞻远瞩地提出此概念以来，随着实践的深入与探索的拓展，新基建的内涵日益丰富多元，成为推动数字经济及相关产业蓬勃发展的关键力量。

从发展脉络来看，新基建可以划分为三大核心领域：信息基础设施、融合基础设施与创新基础设施。信息基础设施构建了以 5G、物联网为引领的通信网络，以及以人工智能为代表的前沿技术基础；融合基础设施则是传统基础设施在新一代信息技术赋能下的转型升级，如智能交通系统；创新基础设施则聚焦于科学研究、技术开发与产品创新的公益平台，为科技进步与创新发展奠定坚实基础。

深入剖析新基建的本质，不难发现其横跨两个关键维度：一是基础设施作为社会公共性平台的本质属性，无论是物理形态的实体平台还是虚拟空间的数字平台，均承载着服务社会的公共职能；二是基础设施建设手段的多样化，物理手段与数字手段相辅相成，共同推动新基建的快速发展。除纯粹的传统基础设施范畴外，其余均可归入新基建的广阔领域。

新基建的独特魅力在于其三大显著特点：数据赋能性、协调融合性与应用灵活性。在智能与信息技术的引领下，数据成为新基建的核心要素，通过高效的数据管理与实时分析，充分释放数据价值；新基建打破了物理空间的界限，实现了多种基础设施之间的网络化互联与深度融合；同时，其灵活多变的特性使其能够迅速适应外部环境变化与需求调整，为经济社会发展提供强大支撑。

二、关键基础设施

信息技术作为现代经济发展的核心驱动力之一,正以前所未有的力量重塑经济格局,其重要性不言而喻。在中国,信息化已被提升至国家战略的高度,成为推动社会进步与经济增长的关键要素。从消费领域的全面互联网化,到产业层面的深度互联网融合,信息网络如同一张无形的网,紧密地连接着每一个生产环节与日常生活场景,成为人们生产活动中不可或缺的高效工具,同时也是提升民众生活质量的重要载体。这不仅加速了信息的流通与共享,还极大地促进了资源的优化配置与生产效率的飞跃,为中国乃至全球经济的持续发展注入了强劲动力。信息网络基础设施具体可细分为信息基础设施和网络基础设施。

(一) 信息基础设施

信息基础设施,作为基础设施体系中的核心支柱,融入并促进了现代生产生活的每一个角落,其覆盖范围之广令人瞩目。从无线基站为手机信号提供保障,到固定宽带让电脑接入互联网的广阔天地,再到支持运行的电源系统与建筑设施,信息基础设施构成了数字生活不可或缺的基石。在更广泛的层面上,信息基础设施指的是一切能够承载、处理及传递信息的媒介体系,及其配套设施,既继承了基础设施的共通特性,又在信息时代独具一格地展现其关键作用。

作为国家层面的公共资源,信息基础设施超越了个人或群体的范畴,是全国人民共享的生产生活基石,对于保障国家机器的正常运转、促进经济贸易的繁荣乃至整个社会的持续进步,具有不可替代的战略意义。鉴于其投资规模庞大、周期长且回报见效慢的特点,信息基础设施的建设多由国家和各级政府主导,以确保其公益性与长远效益。

1. 经济增长的助推器

信息基础设施通过促进生产要素跨区域流动,既可实现资源的均衡分配(分散效应),又能促进特定区域的资源集中与专业化分工(集聚效应),为经济社会的全面发展奠定坚实的物质基础。特别是邮政业务与信息网络的双重发展,不仅便利了民众生活,还极大地拓宽了信息获取的渠道,加速了全球经济一体化的进程。

2. 区域竞争力的提升器

鉴于不同区域间条件差异显著,信息基础设施成为优化投资环境、增强区域竞争力的关键手段。其强大的网络外部性,更是为区域经济的协同发展注入了新的活力。

3. 经济发展的空间重塑者

信息技术的飞速发展与信息基础设施的普及,极大地削弱了地理距离对经济活动的限制,使得长距离、高效率的信息交流成为可能。这不仅为经济扩散提供了强有力的技术支持,还通过再配置运输机制,为经济空间的优化布局提供了无限可能。然而,其实际影响路径复杂多变,未必直接导致经济空间由聚集向分散的转变,而是需要结合具体情境综合考量。

(二)网络基础设施

网络基础设施,作为支撑计算机网络顺畅运作的基石,构建起了一个通过软硬件协同工作的通信框架,实现了多个端点间的无缝连接与高效交流。其构成不仅仅限于硬件与软件的简单堆砌,更是深度融合了两者之精华。硬件层面,涵盖从终端设备到传输链路,再到转接交换设备的全方位设施;软件层面,则依赖于精密的网络协议与高效的网络软件,共同编织出一张复杂而有序的信息网络。网络基础设施,除了承载基础设施的普遍性特征外,还独具以下三大鲜明特性。

1. 显著的外部效益

作为公共资源的典范,网络基础设施的完善如同铺设了信息高速公路,极大地便利了民众的日常生活,降低了企业的运营成本。优质的网络环境不仅缩短了信息传输的时间与成本,还间接提升了企业有形资产的维护效率,延长了使用寿命,减少了故障与维护支出,为企业的长远发展奠定了坚实的基础。

2. 强烈的集聚效应

完善的网络基础设施如同磁石一般,吸引了周边乃至更远距离的生产要素向该区域汇聚。集聚不仅扩大了本地市场规模,降低了区域内交易与运输的摩擦成本,还显著提升了企业的投资回报率,进一步加速了资本的流入。然而,集聚效应也伴随着空间上的负外部性,即某些地区的繁荣可能以其他地区的资源流失为代价。

3. 广泛的网络效应

网络基础设施如同桥梁与纽带,将各个地理空间紧密相连,极大地提升了区域间的可达性与互动性,不仅促进了生产要素、商品、信息与技术的跨区域流动与共享,还通过降低信息不对称与运输成本,推动了市场规模的扩张与一体化市场的形成。这不仅优化了资源配置,还促进了产业结构的合理布局,为网络上每一个区域都带来了积极而深远的影响,展现了空间上的正外部性魅力。

第二节 数字技术

回望人类文明,技术飞跃驱动生产力提升。数字技术融合信息技术与网络技术,催生数字经济,引领全球发展潮流。华为在《2016 全球联接指数量化数字经济进程》报告中,通过三个阶段的洞察,描绘了数字经济从萌芽到繁荣的壮丽图景:从个人电脑与网络浏览器的初步普及,点亮了数字启蒙的火花;到移动互联网与智能手机的兴起,开启了移动互联的新篇章;再到如今,物联网、大数据、人工智能、云计算、区块链等数字技术百花齐放,全面绽放,每一次跨越都是对未知边界的勇敢探索与突破。阿里研究院则在《数字经济2.0》报告中,以信息技术化与数据技术化为核心双轮,将数字经济划分为两大里程碑式的阶段。在数字经济 1.0 时代,IT 技术的广泛应用为传统行业插上了数字化的翅膀,焕发新生;在数字经济 2.0 时代,数据则跃升为核心驱动力,万物互联之下,数据洪流奔腾不息,成为推动商业模式创新、产业升级转型的关键引擎。腾讯研究院与工信部联合发布的《数字经济白皮书》,则进一步强调了新技术融合对社会经济的深远影响。人工智能、虚拟现实、机器学习等前沿科技正以前所未有的深度融入社会经济的每一个细胞,数字经济与实体经济的界限日益模糊,预示着二者终将深度融合,共同绘制未来经济的新版图。数字经济,作为一个蓬勃发展的生态系统,其核心在于与实体经济的深度融合,正逐步成为推动社会进步与经济发展的中流砥柱。

数字技术的基石常被生动地概括为"ABCD"四大支柱:Artificial Intelligence(人工智能,AI)、Blockchain(区块链,BC)、Cloud Computing(云计算,CC)、Big Data(大数据,BD),此外还有 Internet of Things(物联网,IoT)。

一、人工智能

(一) 人工智能内涵

人工智能探索计算机模拟人类思维与行为,涉及多个领域,融合多学科知识,旨在创造智能化机器。其运作基于数据、算力、算法、场景四要素。云计算、大数据、物联网与人工智能紧密结合,云计算提供计算资源,大数据注入活力,物联网拓展应用,推动 AI 快速发展与社会数字化转型。

人工智能是跨学科交叉性学科,定义多样。麻省理工学院学者强调其模拟人类智能行为潜力,斯坦福大学学者则从知识处理角度定义。人工智能涉及计算机科学、生物仿生学等多学科,复杂多维。总体看,人工智能旨在融合计算机技术与人类思维模式,实现智能行为应用,代表人类对智能本质的探索,推动社会进步与发展。微软人工智能科学家将人工智能划分为以下四个层次(见图 6-1)。

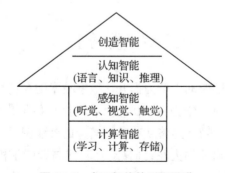

图 6-1 人工智能的四层图谱

第一层,计算智能层。该层次深深扎根于计算资源、存储资源与网络资源的融合之中,共同构筑起智能体系的基础架构。云计算的灵活部署、大数据的浩瀚分析、区块链的安全可信,以及软件定义网络(SDN)的灵活控制,均为计算智能的稳固发展与持续创新提供了坚实的技术支撑。

第二层,感知智能层。该层是当前人工智能领域最为活跃且成果显著的疆域。人脸识别、语音识别、机器翻译、AR/VR 体验以及智能机器人等技术的广泛应用,无不昭示着感知智能在模拟与超越人类感知能力方面的卓越成就。

第三层,认知智能层。在此领域,计算机虽能高效构建 0 与 1 的逻辑关联,却缺乏对人类"赋予概念"认知过程的理解。人类的智慧,在于能够先行构建概念框架,进而运用语言与逻辑进行推理判断。而自然语言理解、语义网的编织、知识图谱的构建等关键技术,正引领着 AI 向更深的认知领域迈进,在金融决策、智能对话、信息检索及商务智能等多个维度展现其潜力,尽管通往全面认知智能的道路依旧充满挑战。

第四层,创造智能层。该层也被称为通用智能层,对于现今的人类科技而言,犹如星辰般遥远而神秘,其边界模糊,探索之路未知且漫长。然而,正是这份未知激发了无限遐想:当机器的智能足以比肩乃至超越人类,将如何重塑世界?尽管前路漫漫,但人类对终极目标的追求从未停歇,因为不仅是技术的极限挑战,更是对智慧生命本质的探索。

(二) 人工智能特征

1. 通用目的技术

人工智能重塑经济社会各维度,深远影响生活方式、生产方式、思维方式,成为驱动经济发展与社会变革的强大引擎,开启智能化、高效化、创新化新纪元。

2. 对人的解放

人工智能模拟人类智能活动,特定领域性能超群。虽尚不能全面灵活思考决策,但技术革新正增强其模拟能力。人工智能是人类主观能动性的具象化,构建和谐共生体系能加速社会发展,提升生产力,助力人类自由与解放,不削弱人类主体地位。

3. 对人的替代

短期内,人工智能应用引发职场变革,部分岗位被自动化取代,实为劳动市场结构性优化。人工智能承担高强度、高风险、高精度任务,释放人类劳动力至更有价值的工作,提升生产效率与投资回报率,推动生产力发展。人类获得更多自由时间,促进全面发展与文明进步。

(三) 人工智能应用

人工智能的三大核心技术支柱——计算机视觉、语音处理与自然语言处理,各自引领着科技前沿的探索。计算机视觉,作为一门探索如何让机器拥有"视觉"感知能力的科学,致力于解析图像与视频中的信息,模拟人类视觉系统的功能。语音处理,则广泛涵盖语音生成、识别、合成及感知等全方位技术，深入解析语音信号的奥秘，使机器能够听懂并生成人类语言。自然语言处理，则是计算机科学与语言学的交叉领域，旨在赋予机器理解、分析及生成自然语言的能力，促进人机之间流畅无阻的沟通。

二、区块链

（一）区块链内涵

区块链是革命性分布式账本技术，确保数据一致存储、高度安全、难以篡改，为数据完整性树立标杆。作为加密数字货币基石，区块链深度融合分布式数据存储、点对点传输、共识机制、加密算法，引领行业向透明、高效、可信迈进。区块链技术渗透社会经济各角落，改变应用场景逻辑与规则。未来，区块链将是推动数字经济、构建新型信任生态的关键技术，保障数据真实性、完整性、安全性，探索未知、创造可能。

区块链基础包括：① 交易，涵盖所有操作，精确更新账本状态，确保实时准确。② 区块，记录特定时间段交易及状态变化，经网络共识验证后纳入，确保数据完整权威。③ 链，区块按时间顺序相连成不可篡改链式结构，记录账本状态变迁历史，增强体系安全与稳定。

总体而言，区块链运作是高度协同自治过程，参与方发起交易，区块生成者处理并修改状态，打包成新区块。新区块经共识过程获所有参与方认可后，链入现有区块链，确保数据完整安全，体现分布式、去中心化特性。

（二）区块链特征

区块链特性包括以下几个方面：① 去中心化，依托节点网络，无须中央机构。② 高度透明，除私钥外，其余均公开，增强公信力。③ 自治灵活，经济激励节点参与，支持智能合约。④ 数据不可篡改，采用密码学技术保护数据安全。⑤ 全面可追溯，链状数据结构记录每笔交易。⑥ 准匿名性，公钥地址标识用户，保护隐私与交易匿名性。

（三）区块链应用

区块链技术起源于比特币，现已多元化发展，历经 1.0 可编程货币、2.0 可编程金融、3.0 可编程社会三个阶段。在金融领域，区块链革新数字货币、跨境支付等业务，提升票据流转、供应链金融等效率，实现点对点精准对接，提高透明度与效率。

随着"价值互联网"转型，区块链技术服务商推出开发平台、解决方案及服务，满足各行业数字化转型需求。区块链形成三种应用模式：链上存证提升公共服务数字化水平；链上协作实现多方数据共享；链上价值转移构建资产智能互联信任网络，引领金融业务创新。

三、云计算

（一）云计算内涵

云计算利用网络平台分解复杂数据处理任务，由多服务器协同处理，高效汇聚成果并反馈给用户，赋能现代网络服务。狭义上，云计算是资源宝库，按需付费；广义上，云计算是融合信息技术、软件服务及互联网的创新服务模式，实现计算资源集中调度与高效利用，推动信息技术普及。云计算是网络应用理念的变革，构建快速、安全、便捷的云计算服务与数据存储生态系统，让互联网用户轻松接入强大计算资源，共创数字化时代新图景。

（二）云计算特点

全面虚拟化，构建资源虚拟池，提升兼容性与灵活性。卓越可扩展性，简化业务扩展，确保任务连续性与高效完成。高性价比，优化物理资源，降低初期投入，保证计算性能，通过容错机制保障业务连续性，满足多样化应用需求。

（三）云计算类型

云计算分为 IaaS、PaaS、SaaS 三大类型：IaaS 提供虚拟化计算资源，PaaS 助力开发者快速构建应用，SaaS 按需提供软件服务。部署模式有公有云、私有云、混合云，以及新型模式，如分布式云（跨地域灵活部署）、专有云（物理资源专属与弹性伸缩）、托管云（委托运维管理）。这些模式满足企业多样化需求，降低 IT 门槛与成本，提升效能与安全。

（四）云计算应用

我国云计算技术已广泛应用于各行业，但应用深度与成熟度不同。互联网及信息服务业深度融合云计算，创新应用领先。金融、政务、交通等行业加速云化改造，如金融行业采用云原生技术升级系统。而能源、医疗、工业等行业云化改造进展较慢，主要尝试非核心系统云化。未来需加大技术投入与创新，推动云计算向更深层次、更广泛领域渗透。

四、大数据

（一）大数据内涵

大数据指超出传统数据库处理能力的数据集合，涵盖结构化与非结构化数据。其价值在于揭示数据间相关性与深层规律，助力决策优化与业务革新。关键技术包括数据中心虚拟化、数据挖掘、并行处理数据库、分布式文件系统及可扩展存储系统，实现数据增值与服务飞跃。大数据与云计算相互依存,共同推动信息技术创新,开启数据驱动决策的新时代。

(二)大数据特征

大数据的四大特性为"4V":数据量大(Volume)、类型多元(Variety)、处理速度快(Velocity)、价值密度低(Value)。数据生成速度与规模空前,全球数据量年均增长50％,数据类型涵盖结构化、半结构化及非结构化数据,量级从 TB 跃升至 PB。处理速度需达到秒级,引入集群处理、内存计算等技术。价值密度低,要求高度敏锐的数据筛选与提炼能力。

(三)大数据类型

① 结构化数据是明确、统一结构的信息,如数字、符号,处理速度快,常用于企业核心系统,便于检索但商业洞察有限。

② 半结构化数据是结构化数据的变体,包含特定标记,灵活适应,常见于电子邮件、文本文件等。

③ 非结构化数据不规则、不完整,涵盖多种格式,如文档、图片、音频等,数量急剧增长,传统数据库处理受限,非结构化数据库技术成为发展方向。

(四)大数据应用

数据分析现在聚焦于挖掘数据强相关性以满足深层价值需求。大数据推动了思维模式变革,尤其在处理半结构化数据上为商业决策提供了新空间。电商与零售领域利用多维度数据构建用户画像与分群,通过流式计算技术精准推送商品,提升广告转化率,增加广告收入。用户画像还应用于信用评级、信贷评估等领域。

汽车行业成为数据生成者与消费者,车载数据助保险公司精准评估风险、定制费率,增强客户黏性并降低理赔风险。LBS 导航提升出行效率,助力自动驾驶技术发展。金融行业利用大数据整合跨领域信息,实现快速信用评估,降低不良贷款率。大数据与物联网融合,开启企业数据服务新篇章,提升设备预防性维护水平。

五、物联网

(一)物联网内涵

"物联网"(Internet of Things,IoT),指的是互联网技术与物理世界深度融合,将各种物理设备、传感器、软件以及其他技术连接在一起,使它们能够相互通信和交换数据,构建一个能够实时共享物品信息的物理世界与数字世界的网络系统。物联网体系由信息物品、智能应用和自主网络三大支柱支撑,分别具备自我感知与标识、自我处理与智能控制、自我优化与保护的能力。

物联网分为感知层、网络层与应用层,分别负责数据获取、传输与处理及提供服务。物联网构建万物互联生态系统,连接人力和设备等元素,提供实时大数据支持,优化网络效率,降低成本。物联网作为互联网的延伸,引领万物互联,所有物体实时生成、传输并响应信息,强化人与物连接,提升数据质量与传播速度。

(二) 物联网特点

感知技术部署多样化传感器,捕捉多种信息,实时更新,形成丰富信息图谱。

物联网利用有线与无线网络连接万物,传感器定时收集数据,物联网技术适应不同网络与协议,确保数据准确迅速传递。

智能处理能力融合传感器与智能分析,借助云计算与算法挖掘数据价值,创新物联网应用,满足多样化需求,引领智能便捷未来。

(三) 物联网应用

物联网是 21 世纪革新技术,应用广泛,重塑世界。从军事侦察到环境监测、医疗等领域,物联网展现了无限潜力。传感器、无线通信与计算技术推动物联网快速发展,改善生活,成为连接万物、赋能未来的关键。

物联网与移动通信网、互联网不同,它实现物与物直接对话与协作,要求网络高度智能化、自主管理、自我优化,应对复杂物理世界。因此,物联网的发展路径无法简单复制移动通信网或互联网的传统模式,代表着一种全新的业务模式、技术领域与运营模式,正引领我们迈向一个万物互联、智能互动的新时代。

第三节　产业基础

一、数字产业化

(一) 数字产业化内涵

数字产业化,作为数字经济的基石,其核心在于将"数字"元素深度融入并驱动产业化进程。这一过程见证了互联网企业将数字技术拓展至各相关领域,催生出蓬勃发展的数字化产业体系。数字产业化的精髓,在于加速数字技术的产业化步伐,其范畴因数字技术的广泛性与多样性而自然地划分为狭义与广义两个层面。狭义层面聚焦于信息与通信技术的研发与应用,而随着数字经济浪潮的汹涌推进,这一界定逐渐显现出局限性,难以全面覆盖市场多元化的需求。因此,学者与业界专家将视野拓宽,将数字产业扩展至数字内容创作、数字交易服务等更广阔领域，构建了更为包容与前瞻的广义数字产业框架，为产业注入了新鲜活力与增长点。

《中华人民共和国国民经济和社会发展第十四个五年规划和 2035 年远景目标纲要》明确将加速数字产业化作为战略重点，强调在新兴领域（如人工智能、大数据、区块链、云计算及网络安全等）的重点培育与发展，旨在提升关键技术产业的技术实力与国际竞争力。同时，规划鼓励围绕 5G 技术构建创新应用场景与产业生态，推动智能交通、智慧物流、智慧能源、智慧医疗等领域的示范应用，促进数字技术与实体经济的深度融合，形成技术、产品、服务三位一体的综合性产业生态。

2022 年 1 月，国务院发布的《"十四五"数字经济发展规划》更是高屋建瓴地提出了数字产业化和产业数字化协同推进的战略，旨在通过双轮驱动，赋能传统产业转型升级，并培育新兴产业、新业态与新模式，全面增强我国数字经济的综合实力与布局。新一代信息技术的迅猛发展，特别是人工智能、大数据、云计算的崛起，不仅成为创新驱动发展的核心引擎，更在社会进步、经济增长与科技革新中扮演着不可或缺的角色。

数字产业化的深化，不仅加速了科技成果的转化与应用，缩短了创新周期，还提升了经济信息的透明度与传递效率，为市场决策提供了坚实的数据支撑，促进了资源的高效配置与经济的健康发展，引领生产流程向智能化、自动化转型，提高了生产效率与灵活性，增强了企业竞争力。同时，数字产业化也促进了网络交易的繁荣，降低了交易成本，提升了市场活力。更重要的是，它推动了数据的开放共享与深度利用，缩小了数字鸿沟，让发展成果更加普惠。此外，数字产业化还激发了技术与产品的持续创新，为经济增长不断注入新动能，引领经济体系向更加数字化、智能化、绿色化的方向迈进，成为驱动未来经济发展的关键力量。

（二）数字产业化特征与分类

尽管当前数字产业的定义尚存多元解读，尚未形成广泛共识的统一界定，但无可否认的是，随着数字技术创新日新月异，数字产业的外延边界正以前所未有的速度不断拓展与延伸。数字产业所展现的高技术密集型与高渗透性两大核心特征愈发鲜明。

1. 特征

数字产业，作为高技术密集型的典范，其兴起与发展深深植根于数字技术的产业化进程之中。与传统产业依赖劳动力或资本为核心生产要素不同，数字产业的核心驱动力在于日新月异的数字技术。该领域不仅涵盖电子信息制造业、软件和信息技术服务业等已经相对成熟的技术领域，还积极拥抱云计算、大数据、物联网、工业互联网、区块链、人工智能等前沿新技术的浪潮。由于数字技术本身处于不断革新与突破之中，其创新过程所伴随的高风险与不确定性，也赋予了数字产业一种独特的、有别于传统产业的挑战性特征。

数字产业还以其高渗透性著称，新一代信息技术，如大数据、物联网、移动互联网、云计算等，展现了强大的渗透力与倍增效应。渗透性不仅体现在数字技术从消费端向生产端的深度融入,以及从线上活动向线下活动的广泛拓展,更在于其催生出平台经济、共享经济等一系列创新模式与新兴业态。作为数字经济的基础与支柱,数字产业为数字经济的蓬勃发展提供了坚实的技术支撑、丰富的产品供给与高效的服务保障。数字技术的高渗透性,在新一轮科技革命中扮演着先导与战略的角色,基于数字产业所积累、整理与分析的海量数据,正逐渐成为推动生产力进步、重塑生产关系的关键因素,对产业体系的现代化进程产生着决定性影响。新一代信息技术的广泛应用,不仅为传统产业的生产方式带来了颠覆性的变革,更为提升产业体系的现代化水平提供了强有力的支撑。

2. 分类

产业链视角下的数字产业化分类:数字产业化,作为一个综合性产业体系,聚焦于利用数字技术对信息资源进行全面而深入的处理,包括采集、整理、存储、分析及高效传递,其核心围绕数字服务与数字产品的全生命周期管理。这紧密关联着数据收集、传播、运算与建模等多个关键环节,涵盖电子信息制造业、信息通信业、软件服务业以及互联网与人工智能等多个细分领域。具体而言,电子信息制造业作为数据处理的基石,专注于传感器、可穿戴设备、电子设备、集成电路及计算机等硬件的研发与生产,同时涵盖计算机软件的设计与开发;信息通信业则担当着数据传输的桥梁角色,利用移动互联网、卫星通信、物联网等技术确保信息的准确、即时传递;软件服务业则融合了区块链、人工智能、大数据等前沿技术,通过先进的数字手段实现信息的深度挖掘与分析,为决策提供科学依据;互联网与人工智能产业,则聚焦于云计算、大数据等基础技术研发,以及深度学习、计算机视觉等前沿技术的创新应用,推动无人驾驶、智能机器人等新兴技术的快速发展。

国家统计局分类标准下的数字产业框架:直至2021年6月,随着《数字经济及其核心产业统计分类(2021)》的正式发布,数字产业的整体框架才得以权威确立。该分类标准对国民经济各行业进行了细致梳理,将符合数字经济特征且以提供数字产品或服务为主导的行业活动进行了重新归类,构建了包括数字产品制造业、数字产业服务业、数字技术应用业、数字要素驱动业及数字化效率提升业在内的五大产业板块。其中,前四类被明确为数字经济核心产业,直接对应数字产业化的范畴,最后一类则关联于产业数字化的转型过程。数字经济核心产业,作为产业数字化发展的基石,专注于提供数字技术、产品、服务、基础设施及综合解决方案,其经济活动高度依赖于数字技术与数据要素。据此,数字产业化的转型路径主要聚焦于电子信息制造业、电信业等信息化核心行业,强调数字要素的驱动作用、数字技术的深度应用以及数字产品的创新制造,共同推动信息化产业向更高层次、更广领域的转型升级。

二、产业数字化

(一)产业数字化内涵

数字经济由两大核心板块构成,其一是数字产业化,聚焦于信息制造业、信息通信业及软件服务业等核心信息产业,同时涵盖依托互联网平台蓬勃发展的信息技术服务业中的新兴业态与模式,展现了数字技术自身向产业化转型的进程。其二是产业数字化,显著体现了传统产业部门通过深度融合信息技术,实现了产量激增与生产效率的飞跃性提升,构成了数字经济不可或缺的基石。具体而言,涵盖数字化投资对工业、农业、服务业等广泛领域的赋能与贡献,彰显了数字技术对传统产业结构的重塑与优化。在此框架下,"数字产业化"被视为推动数字经济发展的关键手段,通过不断促进数字技术的创新与应用,为经济社会的各个领域提供强大的技术支撑与驱动力;"产业数字化"则是最终目标,旨在通过信息技术的深度融合,全面提升传统产业的竞争力与可持续发展能力。两者相辅相成,共同构成了数字经济丰富多元的内容体系,是实现数字技术向现实生产力高效转化的重要基石与关键路径。

2020年6月,国家信息中心信息化和产业发展部携手京东数字科技研究院,权威发布了《中国产业数字化报告2020》,该报告首次对"产业数字化"进行了深入而专业的阐释。报告强调,产业数字化是在新一代数字科技的强力支撑与前瞻引领下,以数据为核心驱动力,围绕价值释放的核心目标,通过数据赋能,对产业链上下游的全方位要素实施数字化改造、升级与重构的综合性进程。具体涵盖六大关键方面:一是利用数字科技革新生产工具,二是将数据资源视为核心生产要素,三是以数字内容重塑产品结构,四是以信息网络作为市场资源配置的高效纽带,五是以服务平台构建产业生态的坚实载体,六是以数字善治作为持续发展的机制保障。

产业数字化旨在培育数字经济的新兴业态,深度推动企业向数字化转型,构建完善的数据供应链体系。在该体系中,数据流成为引领物资流、人才流、技术流、资金流的核心力量,促进了产业链上下游及跨行业间的深度融合,形成了从设备到生产线、车间、工厂、企业直至整个产业链的全面数字化生态体系,树立了产业数字化的典型发展范式。

对产业数字化内涵的理解,需要融合社会与市场两大维度,以全局视野洞察其本质。从社会维度审视,产业数字化是数字技术与传统产业深度融合的社会实践,基于生产工具与生产要素的根本性变革,重塑了社会生产方式与行为模式。从市场维度出发,产业数字化则是以信息网络为资源配置的桥梁,以服务平台为产业生态的基石,通过资源的优化配置,为传统产业开辟了新的价值增殖空间,催生了新兴产业、业态与模式,引领传统产业迈向数字化升级的新征程。

(二)产业数字化特征

1. 数据要素驱动:新动力引擎

在产业数字化过程中,数据要素作为一股不可小觑的力量,与技术、资本、劳动力等核心要素紧密交织,展现强大的协同效应与相互依赖性,根植于坚实的产业基础与独特优势之上,为传统产业的转型升级注入鲜活血液与强劲动力。数据要素贯穿于生产、采集、存储、处理、分析及服务的全链条,构建起一个生生不息的数据生态系统,持续孕育出个性化定制、智能化生产、网络化协同、服务型制造等前沿模式与新兴业态,成为推动数字经济蓬勃发展的"催化剂",引领人类社会迈向一个全面网络化、深度数据化、高度融合化的数字经济新纪元。

2. 服务平台:数字化升级的坚实支撑

数字服务平台,作为集互联网、物联网、大数据等先进技术之大成的综合性平台,以其一体化、网络化、智能化的特性,构筑了服务业数字化升级的核心引擎。该平台不仅具备生态化、高效化、灵活化的显著优势,更在提升各行业数字化水平方面展现非凡能力,引领企业乃至整个产业迈向更加快速、高效、经济的未来发展之路。例如,供应链协同平台通过优化资源配置,助力企业实现联合采购,显著降低采购成本,即刻创造显著价值;各类数字服务平台广泛涉足在线教育、远程医疗、在线办公、生鲜电商等领域,极大地提升了民众的生活品质与服务质量。

3. 服务先行:消费驱动的数字化转型浪潮

依托庞大的消费群体与移动互联网的深入渗透,我国互联网消费行业近年来取得了举世瞩目的成就。电商、餐饮、旅游、教育、医疗等服务领域紧跟时代步伐,借助移动互联网的普及,实现了消费侧的深度数字化变革。相较于制造业与农业,第三产业以其轻资产、高灵活性的特点,加之蓬勃发展的消费市场,成为数字化转型的先锋。居民在医疗、健康、文化教育、休闲娱乐等方面的消费需求持续增长,为服务业数字化转型提供了广阔空间。在服务业内部,各行业数字化水平虽参差不齐,但整体呈现出强劲的发展态势。特别是电子商务领域,以其强大的内需驱动能力成为数字化转型的"领头羊"。同时,"一站式"服务趋势在生活消费领域日益明显,交通、物流、金融、商贸等行业也展现蓬勃的数字化发展活力。

(三) 产业数字化动力

1. 数字技术驱动产业融合

产业融合,作为经济体系内不断演进与深化的动态进程,其核心动力源自数字技术内部的飞跃性进步与外部管制环境的逐步放宽。这两大因素犹如双翼齐飞,共同推动了同一产业内部及跨产业间的变革,实现了产品、业务、管理及市场的全面融合。这一过程不仅颠覆了传统企业的竞争与合作模式,还逐渐模糊了产业间的界限,引领着产业边界的重新界定与重塑。在数字技术的浪潮中,产业融合展现多样化的形态,技术替代型融合与技术互补型融合尤为显著。前者标志着新技术对旧技术的颠覆性取代,催生出新兴产业的活力;后者则展示了新旧技术融合后的独特优势,为新兴产业的崛起奠定了坚实基础。

斯蒂格利茨(Stiglitz,2002)提出的产业融合分类框架,从技术和产品两个维度出发,将产业融合细化为技术替代型、技术互补型、产品替代型及产品互补型四大类,揭示了产业融合背后的复杂逻辑与广泛影响。数字技术驱动的产业融合,其影响深远且多方面:在微观层面,它重构了企业间的竞合生态,促进了商业模式的创新与升级;在中观层面,它优化了产业效率,推动了产业结构的转型升级,拓宽了产业发展空间,激发了创业创新的无限潜能;在宏观层面,它则成为推动经济增长与就业扩大的重要引擎,为社会的繁荣与发展注入了新的活力。

① 成本削减与效率提升的双重引擎。数字技术作为产业融合的核心驱动力,其首要影响体现在成本降低与产业效率的显著提升上。通过促进通用资源的广泛共享与高效利用,产业融合实现了成本结构的双重优化,既减少了固定成本,又降低了变动成本。同时,市场替代效应与交易成本的削减,进一步增强了企业竞争力。此外,技术与管理水平的协同提升,推动了产业间的无缝对接与高效协作,为产业的可持续发展奠定了坚实基础。

② 产业结构优化升级的全方位效应。数字技术正引领着产业结构的变革与优化升级。在产品结构与行业结构方面,数字技术促进了新产品与新服务的涌现,丰富了市场供给,满足了多样化需求。同时,高附加值、高效率的新兴产业迅速崛起,推动了生产要素从低效产业向高效产业的转移,实现了产业结构的整体优化。此外,资源禀赋结构的优化与资源配置效率的飞跃,也为产业结构的优化升级提供了有力支持。

③ 拓宽产业发展空间的深远影响。数字技术作为产业融合的强劲驱动力,正以前所未有的方式拓展着产业的发展空间。通过催生新产品与新服务,产业融合极大地丰富了市场供给,拓宽了供给市场容量,吸引了更多市场参与者的加入。同时,新产业价值链的创造与附加值提升,为产业的持续发展注入了新的活力与机遇。此外,随着产业竞争力的提升,企业得以实现市场份额的扩大与资源积累的增加,为产业的进一步升级与拓展奠定了良好条件。

④ 激发产业创新优化的多维效应。数字技术驱动的产业融合正以前所未有的力度激发着产业创新优化的全方位效应。技术创新效应、竞合效应、组织结构创新效应与市场结构创新效应共同构成了产业创新优化的多维效应体系。这一体系不仅推动了产业内部的变革与升级发展,还引领着产业向更加开放、协同与创新的未来迈进。

2. 数字技术驱动产业变革

产业变革,作为从工业革命到数字时代的战略转型,重塑了社会的经济形态与产业结构。在科技革命的推动下,产业变革不断演进,数字技术则成为其最新的驱动力。随着"工业4.0"概念的兴起,第四次工业革命以信息技术的突破性创新为核心,汇聚了大数据、云计算、物联网等前沿科技,形成了强大的数字技术创新集群。

① 变革的速率:产业变革的多维度解析。变革速率是衡量产业动态变化的关键指标,具体可细分为产品时速、工艺时速与组织时速。产品时速反映了产业内创新活力与市场响应能力;工艺时速则关注产业内部工艺技术的更新换代速度;组织时速则聚焦于企业战略行动的变化频率与灵活性。三者相互交织,共同刻画了产业内部变革的频度与节奏。

② 变革的动荡性:产业环境的无常与挑战。变革的动荡性揭示了产业内部各变量变化的复杂性与不可捉摸性。其根源在于环境要素间连接程度的高度不确定性以及产业内部创新与变革的不可预知性。动荡性不仅考验着企业的应变能力与适应能力,还直接关

系到企业能否在快速变化的市场环境中立足并发展壮大。

③ 变革的量级：产业震级的深远影响。变革的量级，即产业震级，是衡量产业内部要素所引发变革力度与广度的关键指标，如同地震的震级，决定了变革影响的深度与广度。渐进性创新与激进性创新、技术连续性与技术不连续性之间的界限，共同塑造了产业变革的宏伟蓝图。企业需密切关注产业震级的变化趋势，以便及时调整战略方向、优化资源配置，确保在变革的浪潮中稳健前行。

（四）产业数字化典型行业

1. 数字农业

随着数字技术的日新月异与广泛普及，智慧农业、精准农业、农村电商等新兴业态如雨后春笋般涌现，为农业数字化转型注入了强劲动力。面对这片潜力无限的数字农业蓝海，我们应积极拥抱变革，加大投入力度，推动农业数字化技术的研发与应用，同时加强农村网络基础设施建设，提升互联网普及率，为农业数字化转型奠定坚实的基础。农业数字经济有望成为推动我国经济社会发展的新引擎，为实现乡村振兴与农业现代化贡献不可估量的力量。

（1）数字农业的内涵

数字农业，作为现代农业的璀璨明珠，其核心在于将信息视为农业生产不可或缺的关键要素，深度融合现代信息技术，对农业对象、环境及生产全过程进行深度可视化、精准数字化设计以及高效信息化管理。遥感技术、地理信息系统与定位技术、计算机技术、通信与网络技术、自动化技术乃至人工智能等前沿科技交相辉映，共同构筑起数字农业的坚实技术底座。同时，数字农业还实现了先进技术与地理学、农学、生态学、植物生理学、土壤学等基础学科的深度融合，渗透到农业产业链的每一个细微环节，为传统农业的转型升级与农业生产方式的根本性变革开辟了广阔的道路。

（2）数字农业的特点

① 物联网系统为核心支撑。数字农业深深植根于现代信息技术与网络技术的沃土之中，物联网系统作为其强大的支撑平台，紧密连接着农情监测、产品溯源、物流配送等关键环节，通过"互联网＋"的桥梁作用，实现了农业产业产量、质量及劳动效率的显著提升。无人机在田野上空的翱翔、区块链技术在农业管理中的深度应用，均生动展现了这一特点。

② 农业数字资源为基本要素。在数字农业的广阔舞台上，环境、生物、技术及社会经济等多元要素被赋予了新的生命。通过无人机、定位系统、云计算技术及精密传感器的综合运用，这些要素被精准捕捉并转化为宝贵的农业数字资源，进而构建出详尽的农业模型，以二进制数字的形式在计算机中流畅运行。这不仅使得农作物生长的每一个细微环节得以模拟，还实现了资源利用的最大化与经济效益的最优化。

③ 信息化为明确发展方向。信息化浪潮正以前所未有的力量推动着数字农业的蓬

勃发展,为农业领域的研究者、生产者、经营者及管理者提供了全面而深入的服务,涵盖资料查询、技术咨询、辅助决策及自动调控等多个维度。从生产管理到市场流通,从科学技术到资源环境,乃至农民的生活消费,信息化的触角无处不在,影响着农业发展的每一个方面,为农业的全面升级与可持续发展注入了强劲动力。

(3) 数字技术在农业中的应用

① 赋能农村电子商务新篇章。在信息化网络的广阔背景下,农村互联网基础设施的逐步完善为农村电子商务的迅猛发展插上了翅膀。曾经受限于高昂的运输成本、有限销售渠道及严苛储存条件的农产品,如今通过电子商务平台直接连接至全国乃至全球市场,不仅大幅提升了农民的经济收益,还促进了家电、服装等商品向农村地区的双向流通,有效拓宽了农村市场,显著改善了农民的生活质量,实现了资源的优化配置与高效利用。

② 引领新型农业经营主体茁壮成长。在信息技术的强大支持下,新型农业经营主体及服务主体如雨后春笋般涌现并茁壮成长。信息化平台作为经营与管理信息的重要载体和决策工具,在农业经营主体的成长过程中发挥着不可替代的作用。通信技术、微电子技术、计算机技术、遥感技术等前沿科技的进步,进一步提升了农业经营主体的信息化水平,为生产经营、农技推广、疫病防控、市场供求、品牌建设、金融供给等多个方面提供了全面而精准的信息支持。

③ 重塑农产品流通体系。农产品流通体系长期面临环节多、链条长、损耗高、加价重等难题。信息技术的运用则为构建和完善农产品现代流通体系提供了有力支撑。通过数字化手段,实现产销两端的精准对接,依据用户需求进行精准采购与生产,从而优化供应链管理,降低损耗,提高流通效率。展望未来,数字化将推动农产品市场体系形成资本、数据、技术和人力资源的高效聚合,促进基础设施的网络化、立体化升级,开辟新的流通通道,构建高效流通的枢纽,全面提升农产品市场体系的运行效率和发展水平。

④ 驱动农村产业深度融合。数字技术深度融合于农业生产的各个环节,包括生产、流通、服务、管理等,催生了农业电商、农业信息服务、乡村旅游等一系列新产业、新业态,有力促进了农村一二三产业的深度融合。数字技术与农业生产部门的结合,通过农业物联网技术实现了生产环境的智能监控、水肥一体化管理以及农产品质量溯源系统的建设,显著提升了农业生产的智能化水平和生产效率,确保了食品安全。同时,数字技术在农业生产资料和农产品销售领域的应用,创新了第三方网络销售平台、第三方信息服务平台及农资企业自营等新型销售模式。此外,数字技术与农业服务业的融合还催生了共享经济、专业化服务、平台化服务、产业融合服务及服务主体升级等多样化服务模式,为农村产业的全面发展注入了新的活力。

2. 智能制造

(1) 发展:从理论到实践的跨越

回溯至 20 世纪 80 年代的科技浪潮,怀特教授与布恩教授在《制造智能》一书中,前瞻性地界定了智能制造为融合知识工程、制造软件系统、机器人视觉与控制技术的模型化过程,旨在模拟并超越传统技工的精湛技艺与专家知识,赋予智能机器独立执行生产任务的能力。随着《国家智能制造标准体系建设指南(2018版)》的发布,智能制造的内涵进一步拓展,被定义为新一代信息技术与先进制造技术深度融合的产物,贯穿于制造全生命周期,展现自感知、自学习、自决策、自执行、自适应等前沿特性,引领制造业的变革。

在智能制造的广阔领域中,工业4.0、先进制造、数字化制造、虚拟制造、工业物联网等概念相互交织,各具特色。其中,数字化制造作为智能制造的初级阶段,为其后续发展奠定了坚实基础;智能制造则依托工业互联网,推动制造业向智能化、网络化、服务化方向全面迈进。工业4.0作为全球性的产业技术转型范式,标志着智能制造作为核心驱动力,正引领第四次工业革命的浪潮。

(2) 内涵:技术驱动的范式革新与产业重塑

智能制造以其数字化、网络化、智能化的递进演变,彻底革新了传统制造模式。其核心在于将人类智慧转化为计算机可执行的指令集,驱动工业产品的全生命周期管理,涵盖研发设计、工艺规划、生产管理、批量制造、运维服务等环节。智能制造的本质在于对制造知识的深度积累与验证,通过数字化技术实现精准控制、资源配置优化及全面升级,催生全新的产业生态。

(3) 商业模式:技术融合驱动下的企业转型与革新

智能制造的深入发展,正驱动着企业内部发生前所未有的变革。数字化、网络化、智能化的共性使智能技术广泛渗透,促使产品、设备、生产线乃至整个工厂实现紧密互联。这不仅提升了数据采集与分析能力,更促进了各生产要素与环节的全面集成,推动了生产方式与产业形态的根本性变化。

① 个性化定制。个性化定制作为智能制造时代的核心服务模式,依托于模块化设计与新一代信息技术的蓬勃发展,实现了客户需求的精准对接与高效满足。这一模式颠覆了传统销售与生产流程,以市场需求驱动灵活小批量生产,推动了制造业向更加灵活、高效的方向发展。

② 网络化协同。网络化协同制造打破了时间与空间的限制,借助互联网的力量实现供应链上下游企业的无缝协同。这不仅优化了产品设计过程,还赋予了生产与制造过程前所未有的灵活性与韧性,加速了新品上市速度,提升了市场竞争力。

③ 智能化生产。智能生产系统与功能集成实现技术的结合,为制造企业带来了生产效率的飞跃。智能生产系统通过精准调度与高效组织加工,实现了制造过程的智能化、高效化;动态感知、实时分析、自主决策与精准执行等功能的集成,则进一步提升了系统的灵活性与响应速度。

④ 服务化延伸。智能制造推动了制造业向服务化转型,重塑了制造业的核心。企业更加聚焦于满足客户的个性化需求,通过灵活的生产流程和高效的服务体系,实现产品与服务的高度融合。智能服务则通过云服务平台、预测性维护、个性化生产服务及增值服务等技术,进一步延伸了服务型制造业和生产型服务业的边界,推动了制造业的深度变革。

智改数转网联：格力大松的智能制造实践

导语：在数字经济的浪潮中，智改数转、网联成为制造企业数字化转型的共同选择。但是具体到某一个企业，数字化转型呈现为某个环节或车间的智能化革新，也会选择不同的技术路径，形成具有其行业特色的解决方案。尽管每个企业成功的智改数转网联表现出极大的差异，但是在其所在行业往往会成为追随的标杆。

格力大松（宿迁）生活电器有限公司凭借其卓越的智能制造实力，荣获江苏省工业和信息化厅颁发的2021年江苏省智能制造示范车间及2021年省级企业技术中心两项省级殊荣。这一成就主要归功于格力大松与京东智联云的强强联合，共同构建了先进的工业互联网平台，并深入开展了注塑生产智能化模式的探索与应用。

格力大松依托其原有系统管理、生产管理模式及特色，创新性地提出了集监控与管理于一体的工业互联网平台联合解决方案，成功打破了各系统间的信息隔阂，促进了各分厂间的协同制造，全方位提升了生产、管理及运营效率。此平台的应用不仅提升了格力大松精细化管理水平，通过管理优化驱动效益增长，还促进了格力宿迁公司内部从产业链到供应链的全面优化，进而激活了上下游产业链的活力。格力大松的生产智能化主要包括以下几个方面：生产大屏可视化系统像卫星控制中心，能远程监控并指挥生产；报表中心展示数据，支持批号追溯和质量分析；物料管理系统预测物料用量，实现精细化管理；设备管理模块管理设备全生命周期，构建维修管理无缝平台；模具管理系统归档模具信息，管理寿命、保养等，确保高效利用；生产管理模块涵盖排产、操作、管理等，确保高效运行；工艺管理系统维护工艺卡，监控参数，确保准确执行；质量管理模块设计自检、巡检等功能，支持移动质检；移动应用平台融合优化软件与实际业务。方案实施后，格力大松取得了显著效益。生产统计数据表明：设备可靠性提升15%，综合生产效率增长13%，交货准时率提高20%，原材料利用率提升5%。

凭借物联网采集技术的完善与数据资产的积累，公司进行了大数据分析，有效提升了单位时间内的产能，并显著降低了人员成本。公司打破了生产控制系统与信息系统之间的壁垒，实现了数据的互联互通，构建了一个完整且操作性强的平台。这一平台能够跨系统进行数据综合与分析，为企业各层级人员提供高附加值的透明化展示。数字化管理平台满足了企业在生产计划管理、质量管理、工艺管理等方面的信息化需求，实现了生产进度的可视化，以及信息化系统的持续发展。同时，注塑生产过程信息系统与过程控制系统实现了无缝对接。车间工序可视化看板使车间设备及生产状况更加透明，提升了工厂整体的工作效率。生产管理信息系统为管理人员提供了科学的分析依据和决策支持。平台提供了故障报警、预警及故障记录功能，并建立了故障记录库，为长期构建故障诊断专家库奠定了坚实基础。公司建立了合理的组织架构，全面优化了管理流程，实现了扁平化、集中一贯制的生产管理体系。通过工厂大数据的收集与分析,公司确定了企业生产、设备、工艺、运营的核心指标,并实现了对这些指标的量化掌控。这显著提升了企业的运营管理水平、设备利用率以及产品生产效率,树立了小家电生产管理平台的标杆,为后期的集团级大数据分析规划落地,夯实了业务数据基础。注塑智能制造综合管理平台成为契合格力大松实际需求、具有鲜明特点、核心技术领先,并在国内具有很强示范性的生产管理项目。

资料来源:根据格力大松(宿迁)公司注塑生产智能化模式的研究和应用项目材料以及网络公开资料整理。

评语:格力大松(宿迁)生活电器有限公司智能制造探索的成功源于多方面的因素,其中公司所具备的良好信息化基础、卓有成效的管理模式以及领导者的变革意识和决心是关键。同时,公司与京东智联云联手构建工业互联网平台,借助外部技术优势,为转型成功提供了保障。格力大松智能制造虽然仅是注塑生产智能化探索,但是为整个集团乃至行业的智能化转型提供了鲜活可行的经验。

思考:企业是否智能化转型的关键考量因素有哪些? 企业智能化转型应该采取渐进式还是激进式? 企业智能化转型该如何在自有技术与外部技术之间权衡?

课后习题

1. 简述新基建的内涵与特征。
2. 论述数字技术的特征。
3. 简述人工智能四层图谱。
4. 简述区块链特征、类型及其典型应用领域。
5. 简述云计算特征、类型及其典型应用领域。
6. 简述大数据特征、类型及其典型应用领域。
7. 简述物联网特征、类型及其典型应用领域。
8. 简述数字产业化内涵、特征与分类。
9. 简述产业数字化内涵、特征与分类。

第七章　数字经济金融创新

📖 **本章概要**

在中国，互联网金融的发展轨迹鲜明地表现为两大模式：一是"传统金融行业＋互联网"的深度融合模式，二是"IT 创新企业引领的互联网＋金融产品和服务"模式。数字货币，作为互联网对货币形态深远影响的集中展现，以比特币等加密货币为先锋，正逐步改写全球货币体系的版图。当前，我们见证了一个多元化货币体系并存的时代，传统货币、电子货币、虚拟货币与数字货币共同构成了复杂的金融生态，对货币政策的制定与执行产生了前所未有的革命性影响。随着平台经济的全球发展，数字服务税（DST）已成为数字经济领域核心国家间贸易摩擦与争议的新热点。

🔧 **目标要求**

1. 了解互联网金融的发展、特征、风险、监管，并熟悉其商业模式。

2. 了解电子货币、虚拟货币、数字货币以及法定数字货币，熟悉数字货币市场，包括发行、流动和交易；掌握数字货币对货币政策的影响及其监管。

3. 了解数字税的起源；熟悉数字税征收的目的与影响。

📚 **本章内容**

第一节　互联网金融

一、发展背景

自 20 世纪 90 年代中期以来，美国电子股票信息公司率先踏上了互联网的广阔征程，通过其高效便捷的股票交易服务，在金融领域掀起了数字化浪潮的序幕。这一创举迅速触发了金融行业的连锁变革，促使银行、证券、保险等传统金融机构纷纷拥抱互联网，推出网上银行、在线证券交易及网上保险等多样化服务，标志着金融服务正式迈入了数字化新时代。

随着物联网、大数据、移动互联网等前沿技术的迅速发展,互联网以其无与伦比的渗透力和重塑力,对传统金融业的存贷款、支付结算等核心业务模式进行了创新,开启了互联网金融深度融合的新阶段。这一融合不仅催生了众多互联网金融新业态,还推动了互联网金融产业链的日益成熟与完备。金融,作为数据密集型产业的代表,其产品与活动在本质上均可视为数据的汇聚与流转,其天然的数字属性让金融业与互联网之间产生了强烈的共鸣与联系,从而加速了金融网络化进程的自然发展。

在此背景下,各类互联网在线服务平台如雨后春笋般涌现,它们或直接涉足金融服务领域,或间接为第三方金融服务提供坚实支撑,极大地丰富了金融服务的供给形态与渠道。新一代互联网技术的蓬勃发展,更是进一步促进了电子商务、互联网与金融业三者间的深度融合与跨界合作,模糊了彼此间的业务边界,共同孕育出互联网金融这一全新金融形态。这一新金融模式不仅重塑了金融服务的面貌,更改变了人们的经济生活与消费习惯,展现令人瞩目的发展前景。

中国人民银行于2015年对互联网金融进行了精准界定,将其视为传统金融机构与互联网企业深度融合互联网与移动信息技术的结晶,旨在高效实现支付结算、资金融通及信息中介等多重功能。互联网金融并非互联网与金融的简单相加,而是在网络安全、移动便捷等关键技术获得广泛认可与接纳,尤其是在电子商务普及的推动下,顺应市场需求自然演进而成的新型服务模式与业务形态。其核心在于依托大数据资源,以互联网平台为基石,提供全方位、智能化的金融服务。这一融合过程不仅催生了多样化的互联网金融业务模式,还通过海量数据的积累,为金融科技在金融领域的广泛应用奠定了坚实的基础。

从定义上细分,互联网金融可分为狭义与广义两个层面。狭义上,专指非金融机构的互联网企业,利用互联网技术独立开展的金融业务,这些业务往往具有高度的创新性和灵活性。广义上的互联网金融则更为宽泛,它涵盖互联网企业涉足的金融业务,以及传统金融机构利用互联网技术拓展的线上服务,展现了金融与科技深度融合的壮阔图景。

本书聚焦于广义范畴下的互联网金融,深入剖析了其构成的三大核心参与群体:一是积极拥抱互联网与科技,实现业务板块互联网化、科技化转型的传统金融机构;二是互联网巨头企业中的金融业务板块及以互联网金融为主业的机构,如蚂蚁金服、腾讯FiT等,它们凭借强大的技术实力与平台优势,在互联网金融领域发挥着举足轻重的作用;三是金融科技客户占比较高,深度融入金融行业的科技企业,它们以技术为驱动,不断推动金融服务的创新与升级。

随着金融科技的迅猛发展,上述三类机构间的界限正逐渐模糊。部分原本专注于互联网金融业务的机构,如蚂蚁金服,已开始转型为向传统金融机构提供科技服务的科技型企业,通过输出先进技术解决方案,助力传统金融行业的数字化转型。同时,传统银行机构也积极拥抱变革,通过开放技术接口,与其他金融机构共享科技能力,共同推动金融科技的普及与应用。这种跨界融合的现象,不仅丰富了互联网金融的生态体系,也为整个金融行业的创新发展注入了新的动力。

互联网金融的兴起,是技术进步与内在经济逻辑驱动的必然结果。在全球范围内,互联网金融已展现多样化的商业模式,包括网络银行、网络借贷平台、众筹融资、第三方支付服务、在线证券交易、网络保险、供应链金融解决方案等。这些新兴形态共同绘制了一幅丰富多彩的互联网金融画卷。移动互联网技术的飞跃与电子商务的繁荣,为互联网金融的崛起提供了强大的技术支撑与市场基础。同时,传统金融体系面临的效率低下、风险累积及对中小企业金融服务供给不足等问题,也促使互联网金融迅速崛起,成为推动实体经济转型升级的重要力量。

互联网金融以其独特的优势,精准对接了实体经济网络化、信息化发展的迫切需求,显著提升了金融服务的效率与覆盖面,让更广泛的人群和企业能够享受到便捷、高效的金融服务。其生长点聚焦于"小微"领域,以海量小额交易为特征,精准服务于传统金融体系难以充分覆盖的客户群体,极大地丰富了金融市场的产品与服务供给。更为关键的是,互联网金融以其强大的金融创新能力,为金融市场注入了新的活力与竞争元素,激发了金融业务的多元化发展与创新,增强了金融市场的竞争强度,促进了金融服务质量的全面提升,为实体经济的繁荣与发展提供了坚实的金融支持。

二、商业模式

(一)根据机构性质划分

在大数据、云计算、社交网络与先进通信技术等前沿科技的赋能下,互联网金融领域的模式创新展现了前所未有的多元化态势。我国互联网金融的发展路径主要可归结为两大并行不悖的模式:"传统金融行业＋互联网"深度融合模式与"IT 创新企业引领的互联网＋金融产品和服务"模式。

1. "传统金融行业＋互联网"深度融合模式

此模式下,传统金融行业巨头(涵盖银行业、保险业等多个领域)积极拥抱互联网技术,将原有线下金融服务体系无缝对接至线上平台,通过技术革新显著提升了服务效率与管理水平。这更多地体现为传统金融业务的线上化、智能化改造,而非全新金融业态的创造。例如,中国工商银行推出的网上理财服务,正是该模式下传统金融与互联网深度融合的成功典范,让客户能够便捷地享受远程、高效的金融服务。

2. "IT 创新企业引领的互联网＋金融产品和服务"模式

此模式则是由充满活力的 IT 创新企业主导,凭借对互联网思维的理解和技术创新优势,深入金融服务领域,对传统金融业态进行颠覆性改造与创新。企业不仅限于提供技术支持,还在商业模式、产品设计到用户体验等方面全方位重塑金融服务生态,催生出诸如众筹、网络借贷、第三方支付、互联网保险等一系列新兴金融业态。阿里巴巴集团旗下的支付宝,作为第三方支付领域的"领头羊",正是此模式下"IT 创新企业＋互联网＋金融产品和服务"完美结合的最佳例证,彻底改变了人们的支付方式,推动了金融服务的普惠与便捷。

（二）根据产品服务差异划分

根据当前互联网金融形态在支付方式、信息处理效率以及资源配置模式上所展现的显著差异性与独特性，可以将其细致地划分为以下六大核心类型，每一种类型均体现了互联网金融在不同维度上的创新与发展。

1. 新金融：传统金融产品服务的全面互联网化转型

传统金融机构积极拥抱信息化技术，对传统运营流程进行改造与重构，旨在实现经营与管理的全面电子化、网络化。这不仅极大地精简了物理网点的运营，降低了资源投入成本，还显著提升了业务运行效率，为金融机构创造了更多的价值增长点，从而强化了其核心竞争力。在此背景下，依托先进的信息化技术，涌现出了线上银行、线上保险、线上证券交易以及线上理财等一系列创新服务模式。这些新型服务模式充分展现了互联网对金融中介角色及传统市场物理网点、人工服务模式的替代效应，引领了金融行业的新一轮变革。

2. 移动支付与第三方支付：互联网重塑金融支付的新篇章

移动支付与第三方支付作为互联网对金融支付领域影响的标志性产物，以贝宝（PayPal）、支付宝、微信支付等为代表，正引领着支付方式的革新潮流。移动终端的广泛普及与移动互联网技术的飞速发展，使得支付行为不再受地域限制，可移动性成为其最鲜明的特色。第三方支付平台的核心优势在于其独特的结算机制，即在交易结算过程中，客户无须直接与银行进行烦琐的支付清算操作，极大地简化了支付流程，提升了用户体验。移动支付与第三方支付的兴起，不仅改变了人们的支付习惯，更推动了金融支付行业的整体升级与转型。

3. 数字货币：互联网时代的货币形态革新

数字货币作为互联网对货币形态深远影响的集中体现，以比特币等加密货币为先锋，正在逐步重塑全球货币体系的格局。新型货币形态完全植根于互联网之中，相较于传统的预付卡或借记卡，数字货币展现了一系列独特的优势：首先，其独立性意味着数字货币的存在不依赖于任何物理形态的实物，实现了货币形态的全面虚拟化；其次，安全性是数字货币的核心特征之一，通过先进的加密算法与区块链技术，确保了数字货币在流通过程中的安全无忧，且交易双方能够迅速确认交易的真实性与有效性；再者，数字货币注重保护用户的隐私权，在交易过程中确保了个人信息的隐秘性，体现了高度的私人性；此外，数字货币还具备出色的传送性，能够在互联网的广阔天地中瞬间完成价值的转移与交换；最后，其可分性特点使得数字货币能够轻松被分割成任意小的单位，满足了不同场景下精细化的交易需求。

4. 大数据驱动的网络征信体系：重塑信用评估的未来

在全球互联网金融门户蓬勃发展的浪潮中，国内互联网金融门户亦紧跟步伐，迅速崛起并借鉴国际先进经验,构建起基于大数据的金融服务平台。该平台不仅提供金融产品的搜索、比价、个性化推荐、交易及销售等一站式服务,更成为互联网金融生态中的重要组成部分。其中,蚂蚁金服旗下的独立第三方征信机构——芝麻信用,便是该领域的佼佼者。芝麻信用依托云计算、机器学习等前沿技术,深入挖掘并分析海量数据,以客观、全面的方式呈现个人信用状况,为用户及商户提供了前所未有的信用评估服务。该服务已广泛应用于信用卡申请、消费金融、融资租赁、酒店预订、租房服务、出行安排、婚恋交友、分类信息、学生服务以及公共事业缴费等上百个生活场景,极大地提升了信用评估的精准度与实用性,为用户带来了更加便捷、高效的金融服务体验。同时,芝麻信用的广泛应用也促进了社会信用体系的不断完善,为构建更加诚信、健康的金融环境奠定了坚实基础。

5. 大数据赋能的网络贷款:重塑银行业服务与风险管理的未来

在信息技术日新月异的今天,大数据与云计算等分布式处理技术的融合,正以前所未有的方式重塑着银行业的服务与风险管理格局。互联网金融凭借其强大的数据处理能力,能够全面捕捉并分析客户的多元化信息,从海量非结构化数据中提炼出客户的交易习惯、消费偏好及行为模式,进而实现精准的客户细分与行为预测。这不仅极大地提升了银行业务营销的精准度与效率,还显著增强了风险控制的针对性与有效性。

大数据金融模式的兴起,为解决银行业面临的诸多挑战提供了创新路径。首先,通过优化资源配置,该模式能够提供充分的流动性支持,有效缓解企业资产与负债结构流动性不匹配的问题。其次,在成本控制方面,大数据技术的应用降低了传统金融机构高昂的运营与交易成本,实现了成本效益的最大化。最为重要的是,大数据金融模式还成功破解了客户拓展难题,特别是针对数以百万计的小微企业市场,通过精准定位与个性化服务,极大地拓宽了银行业的服务边界与市场空间。

6. 众筹融资:互联网时代的梦想加速器与股权融资新蓝海

众筹融资,作为互联网浪潮下涌现的股权融资创新模式,正逐步成为连接创意与资本、梦想与现实的桥梁。在此模式下,个人或团队能够将其独特的创意、项目愿景乃至梦想,以生动直观的视频、图文并茂的展示以及富有感染力的文字描述,呈现在专门的众筹平台上。同时,他们还会设定一个明确的目标金额与达成时限,邀请全球范围内对该项目感兴趣的个人或机构进行资金支持,无论是小额捐赠还是大额投资,每一份贡献都是推动梦想成真的重要力量。

尽管当前我国对于众筹融资的监管环境仍存在一定的限制与挑战,但该模式所展现的巨大潜力与广阔前景不容忽视,不仅为众多创意项目与初创企业提供了宝贵的资金支持与市场推广机会,更激发了社会大众参与创新创业的热情,促进了创新资源的有效整合与优化配置。展望未来,随着相关法律法规的不断完善与监管机制的日益成熟,众筹融资有望成为推动我国经济转型升级、实现高质量发展的新引擎。

三、行业特点

（一）经营成本显著降低

互联网金融机构凭借其独特的运营模式有效降低了传统金融所需承担的庞大基础设施建设与人力成本。无须构建广阔的办公空间，无须雇用大量实体营业人员，更无须在各地广设分支机构，这直接导致了投资成本、营业费用及管理费用的大幅下降。此外，互联网金融业务主要依托移动互联网平台开展，彻底省去了实体网点开设与维护的高昂费用，同时也减少了金融第三方中介环节，进一步降低了业务成本，从而显著提升了互联网金融机构的内部运营效率。

（二）信息透明度大幅提升

金融业的核心在于信息的有效流通与利用，而信息不对称问题一直是制约其发展的关键因素。互联网金融利用先进的互联网技术，有效缓解了信息不对称问题，促进了信息的高度透明化。在互联网金融平台上，金融机构及其产品的相关信息得以全面公示，资金需求方能够轻松获取并筛选所需信息，交易全程均在网络平台上进行，确保了信息的真实性与透明度。高度透明的信息环境有助于形成金融业与实体经济之间的良性循环，促进经济的健康发展。

（三）交易效率飞跃提升

互联网金融以其便捷性、高效性彻底打破了传统金融服务在时间与空间上的限制。基于移动互联网与计算机设备的业务操作，实现了流程的标准化、速度的飞跃化以及资金的实时到账。全面、直接且广泛的金融服务模式，不仅提高了金融机构的工作效率，还极大地满足了客户日益增长的金融交易需求。随着互联网金融的普及，客户对传统金融分支机构的依赖逐渐减弱，转而更加青睐于高效、便捷的网络交易方式。网络交易的兴起不仅提升了银行的服务质量，还激发了客户的金融交易活力。

（四）普惠金融的典范

互联网金融以其低门槛、高便捷性的优势，成为推动普惠金融发展的重要力量。相较于传统金融，互联网金融能够更有效地缓解中小企业贷款难的问题，满足不同社会阶层和群体的多元化金融服务需求。广泛的金融包容性，不仅提升了我国金融服务的普惠水平，还为大众创业、万众创新提供了强有力的金融支持，对于促进经济社会的全面发展具有重要意义。

（五）全球化的金融新生态

在经济全球化的大背景下，互联网金融以其独特的优势，跨越了语言与地域的界限，构建起了一个全球化的金融新生态。网上银行的跨国服务变得更为便捷高效，能够轻松触达全球范围内的潜在客户，实现规模经济的最大化。全球化的金融服务模式不仅拓宽了金融机构的市场边界，还促进了全球金融资源的优化配置与高效利用。

四、行业风险

互联网金融，作为互联网与金融深度融合的产物，其双重属性显著加剧了风险的复杂性与多样性。互联网技术的独特性质塑造了互联网金融风险的面貌，风险展现隐蔽性强、突发频繁、易于扩散等鲜明特征。具体而言，互联网金融风险可细分为八大类别：

① 道德风险根植于信息不对称的土壤，表现为交易一方为追求私利，可能采取规避责任、隐瞒重要信息等行为，从而损害对方利益。互联网的虚拟环境加剧了监督难度，加之消费者信息辨识能力有限及信息失真问题，使得道德风险频发且难以有效遏制。

② 信用风险聚焦于交易一方未能如约履行契约义务，导致经济损失的风险。互联网的隐蔽性为信息造假、资料不全等提供了温床，进一步放大了信用风险的威胁。

③ 市场风险源于市场变量（如利率、汇率）的不确定性，对互联网金融资产构成直接威胁。与传统金融市场相比，互联网金融市场的风险更易触发，且互联网的放大效应加剧了市场条件变动对风险的推动作用。

④ 流动性风险是指在市场成交量不足时，资产难以在预期时间内以合理价格完成交易的风险。互联网金融领域因防范机制尚不健全、投资者群体分散且风险规避意识不强，加之缺乏成熟的准备金制度以应对短期负债，使得资金链断裂的风险显著增加。

⑤ 操作风险涉及人为操作失误对互联网金融业务造成的负面影响。这包括但不限于因技术知识不足导致的交易中断，以及系统设计缺陷引发的交流障碍，均可能引发不必要的损失。

⑥ 技术风险聚焦于互联网软硬件在设计、运营中的固有缺陷或人为错误，导致信息失真、传输受阻，进而损害金融资产安全。高技术的兼容性问题、抗病毒能力不足，以及硬件设备老化、人为破坏等因素，均构成技术风险的潜在来源。

⑦ 法律风险源于法律监管的缺失或不足，互联网金融企业可能因违规操作、超越业务范围而面临法律制裁。频繁发生的风险事件，凸显了当前法律法规体系在互联网金融领域的滞后性。

⑧ 声誉风险特指互联网金融企业在线业务中，因利益相关方的负面评价在互联网平台上迅速传播而遭受的损失。鉴于互联网金融平台的特殊性和高竞争环境，企业声誉对其客户基础至关重要。互联网的快速传播特性，则可能加速负面信息的扩散，进而对资产安全构成严重威胁。

五、监管政策

(一) 国外监管

在全球范围内审视,互联网金融正处于蓬勃发展的阶段,而各国对其的监管体系尚处于构建初期,尚未形成全面、专门的监管制度体系。鉴于互联网金融的迅猛增长态势及其业务风险的独特性,欧美等发达国家和地区已展现从宽松自由向强化规范监管的过渡趋势,其监管实践呈现出以下显著特点:

① 平衡监管与创新激励。各国在逐步完善监管框架的同时,对互联网金融的监管相较于传统金融机构仍显宽松,旨在鼓励创新与探索,避免过度束缚其发展潜力。

② 依托并优化现有法律体系。通过补充和完善现有法律法规,以适应互联网金融的快速发展需求,既为其跨界融合预留空间,又为其稳健运营奠定坚实的法治基石。

③ 严格市场准入管理。实施严格的市场准入制度,旨在筛选优质企业,防止市场混乱,确保互联网金融行业的健康有序发展。

④ 强化安全监管。高度重视网络、技术及交易安全,对互联网金融的电子技术、内部管理、资本充足率及客户资金管理等提出具体而严格的要求,以保障系统稳定运行和用户资金安全。

⑤ 保护消费者权益为核心。将保护金融消费者权益和维护公平交易置于监管工作的核心位置,采取行为监管与功能监管相结合的方式,跨越传统监管界限,确保监管的全面性和有效性。

鉴于当前网络银行以传统银行网上业务为主,纯粹型网络银行数量有限且规模较小,各国在保持原有银行监管框架的基础上,加强了监管机构间的协调合作,以及与其他政府部门的联动,以应对网络银行跨境、跨国业务带来的监管挑战。监管层次上,明确区分企业级监管(聚焦于商业银行网上银行服务)与行业级监管(关注网络银行对金融安全及更广泛领域的潜在影响),并综合运用市场准入控制、业务扩展监管及现场检查等手段实施有效监管。

在监管模式上,美国和欧盟分别引领了两种不同路径。美国依托其完善的法律体系,对互联网金融实施适度宽松的多元化监管策略,侧重于业务监管与互联网特性的融合;欧盟则构建了以审慎原则为核心的联合监管体系,针对非金融机构支付业务等特定领域,制定了详尽的法律法规,将网上支付机构纳入电子货币发行机构的监管范畴,确保监管的全面覆盖与有效执行。

(二) 中国监管

互联网金融监管,作为当前国内外共同面临的一项新兴挑战,亦是中国金融监管体系亟须应对的重要议题。针对复杂多变的风险特性,中国积极借鉴国际先进经验,尤其是倾向于采纳欧盟的监管模式精髓,构建了政府监管与行业自律相辅相成、协同共进的混合型互联网金融监管架构。

在政府监管层面,中国构建了自中央至地方、层层递进、全面覆盖的监管网络。颁布一系列政策法规,不仅为互联网金融行业的规范发展奠定了坚实的法律基础,还严格执行市场准入制度,从源头上把控风险,有效防范和化解潜在的金融安全隐患。

在行业自律方面,中国展现高度的前瞻性和系统性,成立了国家级的中国互联网金融协会,并在各省、自治区、直辖市广泛设立分支机构,构建起了一个多层次、广覆盖的行业自律体系。该体系不仅为政府监管提供了有力补充,更在促进互联网金融行业自我约束、自我管理、自我提升方面发挥了不可替代的重要作用,形成了政府监管与行业自律优势互补、相互支撑的良好局面。

第二节　数字货币

数字技术的蓬勃兴起,不仅重塑了人类生活的方方面面,更以前所未有的力量席卷了金融业乃至全球经济的每一个角落,催生了数字经济与金融科技的璀璨篇章。2008年,中本聪(Satoshi Nakamoto)以其划时代的作品《比特币:一种点对点的电子现金系统》横空出世,首次构想了一个基于区块链技术的全新金融愿景——一个彻底摆脱传统金融机构中介作用的点对点电子现金系统。该构想不仅颠覆了传统支付模式,更以一种加密虚拟货币的形式,实现了在线支付的直接性与去中心化,预示着金融交易方式的一场革命。2009年,随着比特币——全球首屈一指、至今仍占据核心地位的数字货币的问世,数字货币领域正式拉开了序幕,其影响力迅速蔓延至整个数字货币生态,对既有的货币金融体系构成了前所未有的挑战与冲击。比特币的诞生,不仅标志着数字货币时代的正式到来,更象征着电子货币发展历程中的一次质的飞跃:从简单的货币电子化形态,迈向了基于区块链技术的数字货币金融创新之路。这不仅改变了金融交易的形态与效率,更为全球经济体系注入了前所未有的活力与可能性。

一、数字货币的内涵

(一) 电子货币

随着电子计算机技术的飞速发展与持续革新,传统货币的发行、存储及支付体系正经历着新的变革与进化。电子货币,是金融创新的产物,以金融电子化网络为基石,以商用电子化工具和多样化的交易卡作为媒介,借助先进的计算机技术和通信技术,实现了货币形态的根本性转变,以电子数据(即二进制数据)的形式,安全地存储在银行的计算机系统中,并通过复杂的计算机网络体系,以电子信息的即时传递方式实现了货币的高效流通与便捷支付。

电子货币的领域广阔且多元,可大致划分为两大类别:一类是以电子现金为代表的电子支付形式,深深植根于计算机与互联网技术的沃土之中,为用户提供灵活便捷的在线资金管理体验;另一类则是以 IC 卡等硬件为载体的电子钱包,电子货币能够独立于银行支付系统之外流通,在多种场景下为用户提供更为直观和即时的支付解决方案。

尤为值得一提的是,电子货币与虚拟货币之间存在本质的区别。电子货币,作为传统货币的电子化表现形式,其计价单位与内在价值均与法定货币保持高度一致,确保了货币体系的稳定和连续性。这使得电子货币在流通与支付过程中,既保留了传统货币的权威性和公信力,又充分展现了电子化带来的高效与便捷。

(二)虚拟货币

虚拟货币,作为价值的一种前沿数字表达形式,其独特之处在于并非源自中央银行或官方权威机构的发行,亦不必然与任何法定货币直接挂钩。然而,虚拟货币已被广泛接纳为自然人及法人之间的支付媒介,支持电子化的转移、储存及交易活动。在计算机网络构建的广阔空间中,虚拟货币作为一种价值的数字化表征或记账单位,由私营部门或网络社群发行与管理,有效履行了网络世界中的计价尺度、交换媒介及价值储存等多重职能。

虚拟货币拥有其独立的计价体系,脱离了传统法定货币的直接束缚。根据其与法定货币之间兑换关系的不同,虚拟货币可细分为三大类别:首类虚拟货币,如游戏中的游戏币,仅在网络虚拟社区内部流通使用,与法定货币之间不存在直接的兑换通道;次类虚拟货币,如平台出售的兑换币,虽可通过法定货币购买,用于虚拟或实体商品及服务的交易,但无法逆向兑换回法定货币;最后一类,则是以比特币为代表的虚拟货币,与法定货币之间建立了双向兑换机制,不仅能在网络空间内自由流通,还能跨越界限,用于现实世界中的商品与服务交易,展现了极高的灵活性与应用价值。

(三)数字货币

1. 内涵界定

国际清算银行洞察到数字货币作为新时代金融浪潮中的先锋力量,将其精准定义为:一种根植于分布式账本技术之上,采纳去中心化支付架构的虚拟货币形态。数字货币不仅彻底颠覆了传统货币理论的框架,还勇敢地冲破了旧有商业模式的桎梏,成为推动全球金融市场与经济版图重塑的颠覆性创新。

加密货币,则是这股浪潮中的璀璨明珠,以密码学原理作为坚不可摧的盾牌,确保了交易过程的安全性,并精细调控着交易单位的生成速度,为数字货币的安全流通与价值传递树立了新标杆。2009 年,比特币横空出世,作为首个实现去中心化理念的加密货币,其不仅成功开创了加密货币全新概念,更激发了全球范围内对于此类创新设计的探索热情。

此后,全球见证了一场加密货币创新与涌现的盛宴,无数种类繁多的"比特币类"加密货币相继出现,以独特的价值和设计理念,共同丰富了加密货币的生态体系。新兴的加密货币,在业界往往被亲切地称为"代币",各自承载着不同的愿景与使命,共同推动着数字货币时代向更加多元、包容与繁荣的方向发展。

2. 与虚拟货币的区别

从物理形态的维度审视,数字货币无疑归属于电子货币的广义范畴;而从发行机制的角度来看,数字货币融入了虚拟货币的广阔天地。尽管数字货币同样游离于中央银行或公共权威机构的直接发行之外,与游戏币、兑换币等虚拟货币在发行源头上共享着非官方的特性,但正是区块链技术的引入及其所带来的去中心化特性,赋予了数字货币在网络虚拟世界中的独特地位与鲜明差异。

首先,在发行机制上,数字货币摒弃了传统中心化控制的模式,没有单一的发行主体来掌控其发行与管理流程,不属于任何主体的负债,而是完全基于去中心化的原则运作。相比之下,游戏币、兑换币等虚拟货币则是由特定私营机构集中发行并管理,其运行逻辑更趋向于中心化模式。

其次,在信用体系构建上,数字货币依托区块链技术的加密算法与共识机制,成功地在网络空间搭建起陌生人之间的信任桥梁,使得点对点的直接交易成为现实。其价值的稳定性并不依赖于传统的信用机制,而是源于技术的力量。反观游戏币、兑换币等虚拟货币,其价值多受限于特定的虚拟社区或平台,主要用于兑换发行方提供的虚拟商品与服务,其价值往往由发行者的意愿主导,但同时也需获得使用者的广泛认可。虚拟货币虽可通过法定货币购买,或在特定环境中通过游戏等方式赚取,但其价值的根基仍深深扎根于用户对发行者信任的传统信用机制之中。

最后,在兑换灵活性方面,数字货币展现了与法定货币之间的双向流通能力,能够轻松跨越虚拟与现实的界限,用于购买现实世界中的商品与服务。而大多数其他虚拟货币,则仅限于单向流通,即只能通过法定货币购买或以特定方式赚取,无法直接兑换回法定货币,在一定程度上限制了其应用范围与流通性。

(四) 法定数字货币

1. 法定数字货币的界定

关于法定数字货币或央行数字货币(CBDC)的概念,目前全球范围内尚缺乏一个统一且明确的界定标准。然而,国际货币基金组织(IMF)提出的定义较为精炼且富有洞察力,其将 CBDC 描述为"一种由中央银行发行的、具备法定支付能力的全新数字货币形式"。该表述精准地捕捉了 CBDC 的核心特质。

与此同时,国际清算银行(BIS)则采取了一种更为全面的视角,从四个关键维度——发行人(中央银行或非中央银行)、货币形态(数字或实物)、可获取性(广泛接受或受限制)、实现技术(基于账户或基于代币)——出发,对法定数字货币进行了详尽的定义。多维度的分析方法,有助于更全面地理解 CBDC 的复杂性与多样性。

不容置疑的是,法定数字货币将彻底摒弃物理实体的束缚,但它所追求的,是如同现金一般深入渗透国家或地区的每一个角落,无缝融入每个居民、组织,乃至潜在的海外个人与企业的日常生活与经济活动中。高度的普及性与包容性,是CBDC设计的核心理念之一。

此外,法定数字货币还将在支付领域掀起一场革命,使得点对点支付变得前所未有的便捷与高效,无论交易金额大小,都能轻松实现即时结算。更为重要的是,作为一种中心化的加密数字货币,CBDC不仅是对传统现金的现代化替代,更是电子化现金的终极形态,将在保障货币主权、提升支付效率、促进金融创新等方面发挥不可估量的作用。

2. 数字货币与法定数字货币

在探讨数字货币的广阔领域时,明确区分其与法定数字货币的概念显得尤为重要。法定数字货币,作为数字货币的一个特定分支,其核心特征在于其发行主体为中央银行,体现了高度的中心化。从本质上看,法定数字货币依然是中央银行向公众发行的一种债务凭证,但其独特之处在于其数字化形态及所承载的法定地位,不仅是国家主权在现代金融体系中的映射,也确保了其接受货币当局的严格监管。法定数字货币的推出,是货币数字化进程中的一次重大飞跃,将区块链、分布式账本等前沿技术融入法定货币的发行、流通与回收环节,推动了货币体系的现代化转型。

货币数字化,作为货币发展史上的一个里程碑,反映了在信息技术日新月异的时代背景下,货币形态与功能的不断进化与适应。而法定数字货币,作为具体实践形态(或称之为电子现金的高级形式),既与货币数字化的整体趋势紧密相连,又在其独特属性上展现与传统数字货币的鲜明区别。

在货币数字化的浪潮中,第三方支付平台(如支付宝、微信等),通过构建在商业银行账户网络之上的支付生态系统,极大地促进了无现金、无刷卡社会的形成。然而,去中心化的支付创新也在一定程度上超出了中央银行直接控制的范围。因此,发行与流通法定数字货币,成为中央银行有效监管和引导货币数字化趋势的关键手段,旨在维护金融稳定与促进经济健康发展。

总的来说,虚拟货币、数字货币与法定货币之间的关系错综复杂而又层次分明,共同构成了当前金融体系中多元并存的货币生态。

3. 法定数字货币的分类

一般而言,法定数字货币可划分为"账户型"与"代币型"两大类别,各自承载着不同的功能与运作机制。

① 账户型法定数字货币。此类数字货币在设计理念上与现有的商业银行账户体系存在诸多相似之处,但其核心差异在于账户的开设与管理直接归属于中央银行,而非商业银行。其交易流程精练而明确:支付方需登录至央行账户系统,发起向收款方央行账户的支付请求,随后央行的总账本将自动记录并处理该笔交易信息,直至交易顺利完成。这体现了典型的"单层架构"特点,即交易全程由央行直接掌控。然而,账户型法定数字货币的

实施也伴随着潜在挑战,如可能加剧商业银行的融资成本,以及因央行信用优势而引发的金融脱媒现象和风险集中等问题。

②　代币型法定数字货币。代币型法定数字货币在验证与结算环节上则展现更为灵活多样的特性。其验证与结算机制可根据所采用的技术路线分为中心化与去中心化两种模式。去中心化方案往往依托于分布式记账技术,特别是当效率、可扩展性及交易最终性成为关键考量时,央行主导下的联盟链成为理想的验证与结算平台。然而,分布式记账技术并非唯一选择,众多中心化结算技术凭借其高效性在实践中同样展现强大竞争力。在中心化系统中,代币的序列号验证过程高效且严谨,每次代币转换时,数字钱包都会为其分配一个全新的序列号,以此有效防止"双重支付"(即"双花")问题的发生,确保交易的真实性与安全性。

4. 数字人民币

中国版法定数字货币(e-CNY),作为中国人民银行积极探索并试点推广的创新成果,是数字货币领域的一颗璀璨明珠。该货币由中国人民银行发行,不仅承载着国家信用的坚实背书,还具备法定货币的强制清偿能力,确保了其价值的稳定性和安全性。

与比特币等虚拟货币截然不同的是,数字人民币直接等同于法定货币的价值,其法律效力与安全保障均达到最高级别。相比之下,比特币等加密资产缺乏实际价值支撑,未受任何主权信用庇护,其价值波动难以预测,稳定性无从谈起。这彰显了央行数字货币在金融体系中的独特地位与深远意义。

在运营机制上,数字人民币创新性地采用了双层运营体系,即人民银行不直接面向公众发行与兑换,而是首先与指定的运营机构(如商业银行及其他商业机构)进行兑换,再由机构将数字人民币流转至公众手中。此过程中,运营机构需全额向人民银行缴纳准备金,实现1:1的精确兑换。该模式与传统纸钞发行体系高度类似,因此预计不会对现有金融体系、实体经济或金融稳定性造成显著冲击。

更为值得一提的是,央行数字货币体系打破了传统银行账户的局限,引入了广义账户体系的概念。在此体系下,任何能够唯一标识个人身份的元素,如车牌号,均可作为数字人民币的子钱包使用,极大地方便了用户在特定场景(如高速公路缴费、停车支付)下的支付操作。同时,数字人民币钱包支持银行账户的松耦合功能,意味着无须银行账户,用户亦能轻松开立并使用数字钱包,对于农村地区、边远山区居民及来华旅游者等特定群体而言,无疑是一大福音,有助于推动普惠金融的深入发展,让更多人享受到便捷、安全的金融服务。

二、数字货币的属性

(一)数字货币的职能

数字货币,作为对传统货币形态的一次发展与革命性变革,尽管其货币功能在各界引发了广泛争议,但仍不可否认地展现鲜明的货币特性。中本聪设计比特币的初衷,正是旨在构建一种去中心化的交易支付手段,该创新形式从根本上区别于传统货币体系,树立了全新的货币范式。比特币等通用数字货币在全球范围内的迅速流通,绝非偶然,内在地蕴含了与法定货币相媲美的性质与特点,无论是作为价值尺度、流通手段、支付手段还是储藏手段,都展现了强大的生命力与潜力。

1. 数字货币作为价值尺度的重塑

数字货币凭借其去中心化的特性,依托于"共识机制"的发行模式,有效缓解了因信用问题导致的货币贬值风险。通过精心设计的发行数量限制,数字货币构建了一套独立于法定货币体系但又与之相关联的估值体系,从而成为一种独特的价值衡量标准。随着区块链技术的广泛应用与跨行业渗透,数字货币作为价值尺度的功能正日益凸显,为众多领域带来了新的经济视角与价值评估方式。

2. 数字货币流通手段的全球拓展

比特币等数字货币已跨越虚拟世界的界限,深入实体经济,众多实体商店与网站纷纷接纳并将其作为支付手段。这标志着数字货币流通功能的实质性增强,其流通范围与形式正不断拓展与丰富。随着数字货币在实体经济中的广泛应用,其作为流通手段的角色将更加稳固,为全球经济的互联互通提供新动力。

3. 数字货币支付手段的便捷革命

比特币等数字货币以其交易的高效便捷著称,去中心化的特性省去了传统支付中银行或第三方平台的介入,降低了交易成本,提升了交易效率。创新的支付方式正逐步融入人们的日常生活,改变着传统的支付消费习惯。同时,数字货币的全球流通性与无政府监管特性,使其成为全球性支付手段的理想选择,促进了国际贸易与金融交流的便利化。

4. 数字货币存储方式的保值增值潜力

数字货币的有限发行量及其"挖矿"难度的逐步提升,共同构成了其稀缺性的基础。稀缺性使得数字货币在市场流通中具备了保值甚至增值的潜力,成为投资者关注的焦点。同时,数字货币的存储方式也为其提供了灵活多样的投资渠道与风险管理手段,进一步增强了其作为存储方式的吸引力与实用性。

(二) 数字货币的缺陷

诚然,从交易流通的维度审视,数字货币展现以下几个显著的功能局限。

1. 价值尺度的不稳定性

数字货币的核心挑战之一在于其缺乏稳定的币值基础,导致价格波动极为剧烈。以比特币为例,其币值在短短一年半内从 2021 年 11 月的高位近 69 185.5 美元暴跌至 2023 年 6 月的约 26 800 美元,跌幅惊人地超过 60%,极端波动远超国际金融市场上任何传统金融产品的表现。因此,数字货币难以作为可靠的价值衡量标准,其币值的不可预测性严重阻碍了其在广泛交易中的应用。

2. 流通手段的监管难题

尽管比特币等数字货币已在部分领域实现了交易流通,但其匿名性特征给监管带来了巨大挑战。各国政府为应对潜在风险,纷纷加大对数字货币的监管力度。此外,数字货币的总量固定性使其常被用作避险投资工具,而非流通媒介,在一定程度上限制了其作为流通手段的普及与效率。

3. 支付手段的局限性

中本聪设想的基于区块链技术的比特币旨在减少第三方干预、降低交易成本,然而,在实际应用中,虽无须向银行等传统机构支付费用,但每笔交易仍需向"矿工"支付手续费,且该费用与交易金额大小无直接关联,仅基于交易数据的字节量计算。该机制对大额交易及跨境交易较为有利,却不利于小额交易,尤其是当交易金额不足以覆盖手续费时,更是限制了数字货币作为支付手段的全面性。

4. 储藏手段的不足

数字货币依托于区块链技术,实现了近乎零成本的保管,但其价格剧烈波动及多数电子钱包不提供利息收益的现状,削弱了其作为储藏手段的保值增值功能。与法定货币相比,数字货币在价值稳定性方面存在明显短板。同时,数字货币作为数字资产,其价值极易受到市场波动影响,如何将其与稳定的实物价值有效挂钩,至今仍是一个亟待解决的难题。

三、数字货币市场

借助金融创新的强大驱动力,数字货币正以前所未有的姿态超越传统货币形态的界限,展现更为丰富的金融属性与潜力。随着全球经济一体化的深入推进,一个前所未有的时代正悄然来临——传统货币金融体系与数字货币金融体系并行不悖,共同塑造着全球金融的新格局。在此浪潮中,数字货币不仅在发行机制上实现了对传统模式的革新,更在流通与交易环节通过一系列金融创新的举措,对传统货币金融体系发起了颠覆性的挑战与突破。创新不仅重塑了货币的价值衡量标准,更优化了金融交易的效率与安全性,为全球经济的融合发展开辟了全新的路径。具体而言,数字货币的发行机制摒弃了中心化的控制,转而依赖于区块链等前沿技术,实现了去中心化、透明化及安全性的显著提升。在流通环节,数字货币以其独特的匿名性与便捷性,加速了资金的全球流动,降低了跨境支付的成本与障碍。而在交易领域,数字货币更是以其高效的交易速度、低廉的交易成本以及强大的可追溯性,为金融市场注入了新的活力与机遇。

(一)数字货币的发行

数字货币的发行机制可明确划分为两大类别:一类为区块链原生代币的发行,代币亦被称作基础代币或系统内嵌代币,紧密依附于特定的区块链系统,并在该系统的生态中自然生成与流通,作为加密货币的核心组成部分;另一类则是在既有的原生代币区块链平台上,进一步发行二次代币(即新型数字货币),往往伴随着对原生代币的募集行为。首次代币发行(ICO),作为数字货币领域的标志性融资手段,其概念灵感源自传统金融界的首次公开发行(IPO),两者共同之处在于均通过特定平台为项目或企业筹集来自公众的资金。然而,核心差异显著:IPO 主要通过发行股票来募集法定货币(现金),ICO 则是利用代币来募集原生代币,展现了截然不同的资本流动模式。

ICO 作为区块链技术催生的创新融资模式,已迅速崛起为全球资本市场的新焦点。基于区块链的分布式账本与智能合约技术的革命性变革,预示着对未来社会经济的深远影响。参与 ICO 的投资者,不仅是资金的提供者,更是项目社区的活跃成员,他们积极推广项目,促进代币在上市交易前即获得市场认可与流动性。尽管 ICO 参与者动机多元,但最吸引他们的仍是项目成功或代币价值增长带来的潜在收益。

对于 ICO 的发起方而言,代币不仅承载着项目愿景与市场价值的传递,更因其具备可交易性,能够转换为法定货币,为项目研发、市场拓展等关键环节提供坚实的资金支持,从而实现了与 IPO 相似的融资目的,但操作更为灵活、高效。ICO 模式的兴起,无疑为区块链项目及初创企业开辟了一条全新的融资渠道,加速了区块链技术的商业化进程与全球普及。

(二)数字货币的流通

基于区块链与分布式记账技术的数字货币支付交易体系,展现了一系列独特而鲜明的特性:① 其深度融入互联网生态,轻松跨越国界,实现无缝跨境支付交易。② 依托分布式账本的强大能力,该体系构建了一个拥有无限扩展潜力的支付网络,信息分散存储于众多节点之中,有效抵御了外部攻击与数据篡改,确保了支付过程的高度安全性。③ 数字货币账户采用密码学原理设计,其表现形式仅为一系列加密字符串,不透露持有者身份,赋予了用户类似现金交易的匿名性;然而,这也导致了货币当局难以直接监管,交易过程难以追踪,税收管理面临挑战;此外,数字货币交易一旦确认即不可撤销,摆脱了传统金融体系的"回滚"机制,强化了交易的最终性,但也要求用户通过新交易来调整账户状态;同时,其交易机制类似于股票市场,价格与交易量公开透明,促进了市场的公平与效率。④ 数字货币的高度可分性,如比特币等,即便总量有限,也能通过精细划分满足多样化的交易需求,极大提升了支付灵活性。

这不仅重塑了交易和支付的方式,更对传统货币金融体系构成了挑战,引起了全球央行的密切关注。在反洗钱、反逃税及跨境资本流动管理等领域,数字货币的匿名性与难以追踪性成为监管难题。因此,各国央行在平衡法律监管与金融创新的过程中,需审慎抉择:一方面,积极拥抱数字货币的潜力,通过发行法定数字货币等方式推动金融创新;另一方面,则需严格管控或限制非法定数字货币的发行与交易,以规避其潜在风险,维护金融稳定与安全。

(三) 数字货币的交易

数字货币交易所,作为数字资产领域内不可或缺的枢纽,专注于促进数字货币之间以及数字货币与法定货币之间的无缝交易,是数字货币流通、交易定价的核心舞台。相较于历史悠久的传统证券交易所,数字货币交易所的功能更为多元且富有前瞻性,不仅仅是一个简单的交易撮合平台,更扮演了做市商与投资银行的双重角色。

作为做市商,数字货币交易所通过主动提供买卖报价,有效填补了市场供需之间的缺口,显著增强了市场的流动性,拓展了交易深度。交易所能够利用交易差价,实现盈利的持续增长。其作为投资银行的角色,则体现在为新兴数字货币项目提供从策划、发行到市场推广的一站式解决方案,助力项目顺利进入市场并获得资金支持。交易所通过收取合理的发行费用或依据社区共识采用投票机制收取保证金,确保了服务的可持续性与公平性。

当前,数字货币交易所的运营模式以中心化为主流,交易所依据业务特性的不同,可细化为法定货币交易所、币币交易所及期货交易所等多种类型。每种类型均针对特定的市场需求与投资者偏好,提供定制化的服务与产品,共同构建了一个多元化、高效能的数字货币交易生态系统。

四、数字货币对货币政策的影响

(一) 电子货币的影响

电子货币,作为法定货币的数字化形态,涵盖广泛的非现金支付方式,诸如票据、银行卡及预付卡交易等,其发展历程体现了金融科技的演进。起初,电子支付主要依托银行等金融机构的传统框架进行。然而,随着互联网技术的蓬勃兴起,非金融支付机构,即"第三方支付"(如支付宝、微信支付等),迅速崛起并融入支付体系,极大地拓宽了支付服务的边界。尽管最终的资金清算与结算仍主要依托银行体系完成,但第三方支付平台以其用户友好的界面、广泛的特约商户覆盖、高效的信息整合能力以及丰富的增值服务,极大地提升了支付的便捷性与效率。随着其规模的急剧扩张,电子货币对货币政策的影响日益显著,成为现代金融体系中不可忽视的力量。

电子货币的普及首先导致了货币需求稳定性的减弱。经济主体在配置资产时,不仅要权衡收益与风险,还需考虑交易成本,如金融产品交易佣金及变现时间成本等。电子货币以其高效转换货币与金融产品的能力,显著降低了交易成本,使得经济主体对利率变动更为敏感,即便是微小的利率波动也可能触发其频繁调整货币与金融资产持有量的行为,进而削弱了货币需求的稳定性。

在货币供应总量层面,电子货币的影响则显得更为复杂且充满不确定性。一方面,非现金支付方式中的票据贴现与信用卡业务促进了信用创造,直接增加了货币供应量;另一方面,非金融支付机构涉足信用服务领域,减少了企业与个人对传统金融机构信贷的依赖,间接减少了货币创造与供应量。此外,电子货币的广泛应用还模糊了不同层次货币供应量及货币与金融资产之间的界限,使得货币供给结构的可测性与可控性降低,为货币政策实施带来了新的挑战。

对于货币政策调控而言,电子货币的发展削弱了数量型调控的有效性,但强化了价格型工具的作用。传统上,中央银行通过调控基础货币数量来影响货币供应量,进而作用于经济产出与通胀水平。然而,电子货币引发的货币需求不稳定及各层次货币供应量可控性下降,削弱了数量型调控的基础。相比之下,电子货币促进了现金与生息资产之间的无缝转换,提升了企业与个人持有生息资产的便利性,增强了其对利率变化的敏感度,为利率等价格型货币政策工具的有效运用创造了更为有利的环境。

(二) 数字货币的影响

比特币等代表性数字货币的兴起,不仅有效打破了现实世界中的货币兑换壁垒与支付领域的寡头垄断现象,还以极低的成本满足了全球范围内跨境支付与交易的需求。自2008年金融危机后,部分国家央行采取量化宽松政策,引发了对货币滥发的担忧。而比特币作为一种不由单一机构控制的货币,其生成机制——"矿工挖矿"及其预设的发行速率与总量上限,有效消除了公众对货币超发的担忧。此外,比特币的匿名特性契合了信息时代人们对个人隐私保护的深切需求。

相比之下,传统虚拟货币(如游戏币等),通常局限于特定封闭环境中,仅作为虚拟商品交易的媒介,且往往无法实现与法定货币的双向兑换,其影响力主要局限于游戏社群内部,对宏观经济政策及实体经济的影响微乎其微。其价格波动更接近于商品市场的逻辑,而非货币价值波动。

数字货币则展现了更为显著的货币属性,尽管并非全部由央行发行,也不完全依赖传统商业银行体系流通,但一旦达到一定规模,便可能对中央银行的宏观调控构成显著挑战。这主要体现在三个方面:首先,削弱货币政策的有效性,因为央行难以直接控制非传统货币的供需,从而影响实体经济行为;其次,减少央行通过货币发行获得的铸币税收入;最后,降低货币统计指标的精确性,同时潜在地威胁到央行通过支付体系进行资金监测与信息收集能力。

然而,数字货币对货币政策的影响受到多重因素制约,包括其在商品市场的有限使用率、去中心化特性可能导致的通缩压力与投资炒作风险,以及发行主体缺乏必要的信用背书与币值稳定机制等。目前,多重因素共同作用下,数字货币对货币政策调控的影响尚处于可控状态。

由中央银行直接发行的央行数字货币,本质上是一种电子形式的现金,其发行、流通与功能均与传统货币高度一致,且未脱离现有货币政策框架。CBDC主要作用在于提升交易支付的便捷性,对货币需求及货币政策的总体影响相对有限。

五、数字货币风险与监管

(一) 数字货币的风险

数字货币的风险管理与监管挑战主要集中在交易与发行两大核心领域,两方面均对现行监管体系提出了更高要求。

1. 数字货币的交易风险

数字货币作为信用货币演进过程中的阶段性成果,其核心价值缺乏中央银行体系及国家法律体系的直接背书,导致其内在价值不稳定,生产成本低廉且供给弹性极大,进而引发币值波动,可能损害持有人的权益。首先,数字货币改变了金融基础设施的面貌。相较于传统货币体系高昂的运营成本,数字货币以极低的交易成本促进了小金额、广覆盖、长距离的交易,逐步侵蚀传统货币及支付生态,对实体经济产生深远影响。其次,数字货币对货币供需格局构成潜在威胁。尽管目前其市值尚不足以全面替代主权货币,但随着比特币等数字货币的普及与规模扩张,其独特的运行机制已开始影响国家货币流通体系,甚至挑战法定货币的地位。从需求侧看,数字货币的兴起限制了法定货币作为交易媒介的独占性,加剧了货币流通监测的难度,模糊了货币政策的实施边界,增加了政策制定的复杂性。最后,数字货币的匿名性与去中心化特性使其成为逃避监管的温床,尤其是在非法活动中作为资金转移的隐蔽渠道。传统金融监管体系严重依赖银行系统追踪资金流向,数字货币交易系统的隐秘性则让监管手段失效,加剧了金融犯罪的风险。

2. 数字货币的发行风险

相较于传统的 IPO 模式,ICO 在全球范围内无界限地进行,募集的是基于区块链技术的虚拟数字货币,具有融资速度快、成本低的特点,但同时也伴随着多重风险。

① 道德风险。ICO 的低门槛易引发"劣币驱逐良币"现象,部分项目以欺诈为目的,夸大预期收益,进行虚假募资,严重损害投资者利益。

② 法律风险。全球范围内对 ICO 的监管尚未统一,部分国家和地区已明确禁止,而在监管空白地区,项目发行人面临潜在的违法风险。

③ 技术安全风险。ICO 项目涉及的区块链平台和智能合约可能因技术缺陷或黑客攻击而遭受资金损失,开放式源代码的区块链技术尤其容易受到攻击。

④ 流动性风险。ICO 项目的高流动性与信息不对称性相结合,为项目团队操纵市场价格提供了便利。代币交易的高度匿名性与平台监管缺失,使得欺诈行为难以追查,投资者极易成为受害者,部分项目最终演变为"庞氏骗局"或传销模式。

因此,数字货币的交易与发行风险复杂多变,要求监管机构不断创新监管手段,加强国际合作,以维护金融市场的稳定与投资者的合法权益。

(二) 数字货币的监管

数字货币以其去中心化发行与流通、全球化覆盖及匿名性特征,无疑对传统货币架构与金融监管体系构成了重大挑战。各国政府与监管机构正持续探索如何在现行中心化商业环境及金融监管框架下,找到平衡点,以确保安全、稳定、高效、低成本与隐私保护之间的和谐共存,并兼顾实体经济中各利益相关方的权益。

当前,全球主要经济体对数字货币、ICO及交易所的监管政策呈现出显著差异。从地域视角审视,亚洲地区(除新加坡、沙特及中国香港外)普遍采取较为严格的监管态度,但中国内地、日本与韩国已明确禁止数字货币及ICO活动,其余多数国家和地区则仍处于监管探索期,尚未形成完善的监管框架。相反,欧洲多国(德国除外)展现对数字货币及ICO活动的积极态度,尤以瑞士及北欧国家为代表,国家不仅包容还鼓励相关创新。美国和德国则倾向于"严格监管"路径,即将ICO纳入现有的证券法律体系进行严密监管。

随着ICO市场规模的持续膨胀,全球金融监管机构正积极尝试监管模式的创新,以应对新兴挑战。与美国直接将ICO纳入证券监管框架的做法不同,英国政府提出的监管沙盒模式为ICO监管开辟了一条新的可行路径。英国金融监管局(FSA)定义的监管沙盒,是一个专为金融科技企业设计的安全试验场,允许企业在保护消费者与投资者权益、控制风险外溢的前提下,测试其创新的金融产品、服务、商业模式及营销策略,而不必立即受制于全面的监管约束。该机制通过合理放宽监管限制,降低了金融科技创新的门槛,促进了创新理念向现实应用的转化,实现了科技创新与风险管控的双赢。英国金融监管局实施的创新企业申请制度,根据申请者的具体情况灵活授予完整性授权或限制性授权,并在申请者满足全部条件后解除限制性规定。此外,还引入了"虚拟沙盒"与"沙盒保护伞"等灵活机制,进一步扩大沙盒监管的适用范围,为更多创新企业提供了参与机会。

1. 沙盒保护伞

"沙盒保护伞"机制特别为非营利性公司量身打造,赋予机构一项独特功能:能够指定金融创新企业作为其在试验阶段的"指定代表"或"代理人"。被指定的金融创新公司,如同其他获得授权的创新主体一样,需经历审批流程以获得"沙盒保护伞"公司的正式授权,并在整个过程中接受英国金融监督局的严格监管。"沙盒保护伞"并非对所有公司开放,而是有所甄别。例如,那些直接且深度关联消费者与投资者利益的行业,如保险及投资管理领域的企业,必须遵循更为严苛的授权申请流程,以确保其参与沙盒测试的合规性与稳健性。

2. 虚拟沙盒

"虚拟沙盒"作为一个虚拟环境,专为创新企业设计,使其能够在不直接涉足市场的条件下,与多方参与者(如学术界)共同探索并测试其解决方案。该平台对所有创新者开放,无须英国金融监督局的特别授权,为创意的孵化与验证提供了无界限的平台。对于已成功获得授权的企业,英国金融监督局将发布一系列无强制措施声明、定制化指导以及规则豁免,旨在为企业提供坚实的法律与政策后盾,有效抵御未来可能遭遇的法律政策风险。

在全球范围内,数字货币的发展正面临各国政府与监管机构迥异的监管策略,这些差异不可避免地对其发展轨迹产生了深远影响。数字资产的独特性在于其难以简单归类为证券、商品或传统货币,而正是其能够同时融合投资合约、实用功能和支付手段等多重特性的能力,构成了其最大的魅力。然而,也为金融监管机构带来了前所未有的复杂挑战,同时,也为致力于数字资产创新项目的企业开辟了前所未有的机遇之门。因此,如何平衡创新与监管,如何在保障金融稳定与促进技术创新之间找到最佳平衡点,将成为数字货币未来发展道路上最为关键的政策与监管议题之一。

第三节 数字税收

一、数字税溯源

随着平台经济的蓬勃兴起,数字服务税(DST)已跃升为数字经济领域核心国家间贸易摩擦与争议的新焦点,其在推动平台经济全球化的进程中亦遭遇了前所未有的挑战。当前税制框架,根植于传统产业的土壤,难以精准且公平地适用于数字企业的税收征管,从而加剧了传统产业与数字经济间税负不均的现象。该议题的探讨可追溯至2013年7月19日,经济合作与发展组织发布的《税基侵蚀与利润转移(BEPS)行动计划》,其首要任务便是直面数字经济的税收挑战。该计划深入剖析了数字经济商业模式下的税收协定与转让定价规则潜在问题,并提出调整国内立法与国际规则的建议,旨在通过数字税机制遏制跨国数字企业通过低税地设立子公司等手段进行避税。具体措施包括调整增值税规则及提出所得税领域的"双支柱"解决方案,赋予市场国新的征税权,即"新征税权",然而,过渡性方案未能迅速转化为具体执行细则,也未将数字税确立为独立税种,促使部分国家与国际组织转向单边数字税收政策探索。

2013年,法国数字经济税收工作组凭借《Colin和Collin报告》率先发声,建议对在法国境内收集、管理及商业利用用户个人数据的行为征收"特殊税",为数字税揭开了序幕。此后,多国纷纷试水数字税实施:匈牙利于2014年引入基于广告净收入的广告税,采用最高不超过50%的累进税率;OECD则在2015年的报告中,综合直接税、间接税及BEPS问题,全面剖析了数字经济对税收体系的深远影响;印度于2016年实施平衡税,对非居民企业的广告总收入按6%税率征税;意大利则在2017年推出了针对互联网及电子平台服务企业的数字交易税,税率为服务价格的3%。同年,法国携手德国、意大利、西班牙,共同发布了《关于对数字化经营企业征税的联合倡议》,呼吁欧盟层面对数字化企业在欧盟境内的收入征收平衡税。

2018年,欧盟委员会正式通过《关于对提供特定数字服务收入征收数字服务税的统一标准》,标志着数字税或数字服务税的正式确立。至2020年10月,OECD的BEPS包容性框架发布了"支柱一"与"支柱二"蓝图报告,前者深入分析了全球各国数字税实践,提出了基于征税联结度的新利润分配框架,后者则针对数字税制定了约束性规则,共同为应对数字化时代的税收挑战绘制了蓝图。

二、数字税的目的

(一) 临时性措施以平衡税负不均

在数字经济浪潮中,跨国数字企业凭借互联网技术和平台,跨越国界提供产品和服务,如谷歌的搜索服务、脸书与推特的社交媒体平台、亚马逊的在线购物平台等,其公司架构往往布局于低税率地区,如在加勒比海国家进行注册,总部管理与研发则集中于美国,同时利用爱尔兰等低税国家的分公司向法国等欧盟国家输送服务并获取收益。由于企业在欧盟国家未设立常设机构,从而规避了相应的税收责任,导致了国际税收分配的不公现象。数字服务税应运而生,以大型跨国数字企业为征税对象,以其数字服务收入作为税基,有效缓解了跨国数字服务引发的国际税收分配失衡问题。

(二) 促进本国数字企业竞争力与财政增收

数字经济领域呈现出显著的"头部效应",即资源、人才、市场及收入高度集中于少数头部企业,形成国际垄断格局,限制了中小企业的成长空间。征收数字税,在某种程度上践行了"幼稚产业保护理论",通过政府手段减轻外来竞争压力,助力本国数字产业尤其是初创与中小企业发展,增强其在国际舞台上的竞争力。同时,数字税也成为国家财政收入的新增长点,为政府提供了更多的财政资源以支持数字经济发展和社会福利改善。

(三) 争夺数字经济国际税收规则的主导权

面对数字经济带来的全球税收治理挑战,跨国数字平台经济的收入与税收缴纳地分离现象,严重冲击了传统国际税收规则的公平性,加剧了国际税负不均。数字税作为应对"税收侵蚀"与"利润转移"问题的创新举措,不仅旨在解决当前税收难题,从长远来看,更将成为各国争夺数字经济国际税收规则制定权的关键工具。法国等欧盟国家在数字服务税上的单边尝试,旨在增加与美国等科技巨头国家的谈判筹码,从而在未来全球数字经济税收与数字贸易规则的制定中占据先机,掌握话语权与制定权,从而为本国及盟友争取更多的经济贸易利益。

三、数字税的影响

（一）国际税收分配格局面临重大重构

数字税的引入，如同一股不可忽视的力量，撼动了传统国际税收利益格局的稳固。各国为在税收利益争夺战中占据有利位置，纷纷摩拳擦掌，竞相布局。随着数字税征收实践的扩散效应日益显著，不仅法国、英国、意大利等先行者已付诸实施，加拿大、澳大利亚等发达国家，以及泰国、印度、马来西亚、新西兰、墨西哥、尼日利亚等发展中国家亦紧随其后，积极研究并筹划数字税的实施策略。这预示着，以 OECD 和法国为代表的国际组织与国家，将不遗余力地推动以数字税为核心的国际税收体系重构，旨在最大化本国税收利益，进而重塑平台经济领域的国际税收分配格局，开启一个全新的利益分配时代。

（二）平台经济面临贸易保护主义阴云

法国等欧盟国家对谷歌、亚马逊、脸书等全球数字巨头的数字税征收举措，犹如投入湖面的巨石，激起了美国等国的强烈反应。美国迅速启动"301 调查"，作为对法国数字税的反制措施，无疑加剧了全球贸易领域的紧张氛围。在现行国际税收主权与管辖框架下，数字税的实施超越了传统的纳税人属地原则，其本质已逐渐显现为一种"准关税"形式。"准关税"的存在，不仅可能成为国家间争夺国际经贸利益的利器，更可能诱发贸易保护主义情绪的抬头，对平台经济的全球化进程构成潜在阻碍，威胁到全球经济一体化的深入发展。

四、数字税争议

关于数字税的分类归属，当前社会各界存在显著分歧，其直接税或间接税的身份尚未有定论。现行国际税收规则框架，根植于物理存在、单独实体、独立交易三大基石之上，面对数字经济的无形与跨界特性，显得力不从心，难以精准界定。欧盟委员会与 OECD，作为引领数字经济税制改革的两大力量，正酝酿一种全新的税收体系构想，该体系以无实体应税存在、全球单一实体概念及适当公式分配为核心，旨在构建超越传统框架的征税联结度与利润分配机制，尽管这仅是应对当前经济挑战的一种临时性策略。欧盟内部对于数字税的定位亦存分歧，有的视其为企业所得税的抵扣项，有的则主张将其作为独立税种存在。而美国的"301 调查"则明确将数字税视为直接税（所得税）范畴，进一步加剧了分类上的争议。因此，数字服务税在现阶段仍难以获得统一的法律与经济学界定。

"数字税之争"的表象，是围绕国际税收规则与公平性展开的税收利益再分配博弈。博弈主要体现在两大层面：一是国际税收征管权的争夺，如英国、意大利等国力推数字税以扩大用户所在国的税收权力，美国则通过"营销型无形资产"方案限制征税范围，维护企业所在国的利益；二是征税权划分上的分歧，OECD 提出的"销售门槛"新规则，试图通过量化标准来界定数字企业在各国的实质性存在，从而确定优先征税权归属。随着数字平台经济的迅猛发展，传统税收规则正遭受"税基侵蚀"与"利润转移"的严峻挑战，跨国数字巨头如谷歌、微软、苹果等的避税行为，已对欧洲国家等税收基础造成显著侵蚀。数字税的背后，实则是大国间围绕国际税收主权、规则制定权及话语权的激烈较量。

深入剖析，"数字税之争"的根源在于国际垄断资本与民族资本之间的利益冲突。平台经济的头部效应显著，网络效应与规模效应共同作用，加速了国际垄断的形成。数字巨头通过资本运作与全球市场扩张，不仅实现了资本的快速集中，还通过"赢者通吃"的逻辑，在全球多个市场占据主导地位。以美国谷歌、脸书、推特、亚马逊为代表的跨国数字平台，在欧洲市场占据绝对优势，其避税行为更是加剧了国际税收利益的不平衡。法国等欧洲国家为捍卫民族资本发展与国际税收公平，坚定推行数字税法案；而美国，作为数字产品与服务的输出大国，其核心利益与数字税政策紧密相关，两国间的经贸利益失衡进一步激化了民族资本与国际垄断资本之间的矛盾。

 案例 07

法定货币转型：数字人民币场景拓展创新

导语：数字人民币经过将近十年的发展，越来越成熟，并逐渐进入日常消费支付领域。数字人民币的推广应用主要从三个方面发力：一是推进试点应用、场景建设；二是数字人民币 App 产品研发和服务升级持续推进；三是嵌入成熟的银行 App、支付宝、微信等支付渠道。

数字人民币是由中国人民银行发行的数字形式的法定货币，由指定运营机构参与运营并向公众兑换，以广义账户体系为基础，支持银行账户松耦合功能，与纸钞、硬币等价，具有价值特征和法偿性，支持可控匿名。

2014 年，中国人民银行成立专门团队，开始对数字货币发行框架、关键技术、发行流通环境及相关国际经验等问题进行专项研究。2017 年年末，中国人民银行组织部分商业银行和有关机构共同开展数字人民币体系的研发。在坚持双层运营、现金（M0）替代、可控匿名的前提下，基本完成了数字人民币的顶层设计、标准制定、功能研发、联调测试等工作。

数字人民币试点应用和场景建设顺利推进，服务持续升级。一是数字人民币试点应用和场景建设进展顺利。2022 年，数字人民币试点范围两次扩大，截至 2022 年 12 月，全国已有 17 个省份的 26 个地区开展数字人民币试点；各试点地区政府围绕"促进消费""抗击疫情""低碳出行"等主题累计开展了近 50 次数字人民币消费红包活动，试点场景已涵盖批发零售、餐饮、文旅、政务缴费等多个领域，流通中的数字人民币存量为 136.1 亿元。数据显示，最近半年，1.28 亿网民使用过数字人民币，互联网生活服务平台是最主要的使用渠道,其次是各类银行 App 和数字人民币 App。二是数字人民币 App 产品研发和服务升级持续推进。数字人民币 App 一方面为用户提供了便捷的兑换、支付、钱包管理等服务,并支持线上线下全场景应用;另一方面推出多种形态的硬件钱包,探索软硬融合的产品能力,并针对"无网""无电"等极端情况,研发相应的功能,进一步拓宽使用场景。

资料来源:和讯网.我国网络支付用户规模达 11 亿;1.28 亿网民使用过数字人民币[EB/OL].（2023 - 03 - 27）[2023 - 03 - 28]. https:/baijiahao. baidu. com/s？id＝1761528054963140381&wfr＝spider&for＝pc.

评语:传统货币的数字化转型是经济数字化转型的必然要求。数字人民币的推广应用还处于探索阶段。虽然总体的交易额越来越大,但是其应用的便利性、普及性还有待完善。

思考:如何加快数字人民币的推广应用？数字人民币与比特币相比,有什么不同？数字人民币国际化会面临哪些障碍？

课后习题

1. 简述互联网金融的商业模式。
2. 论述互联网金融监管。
3. 辨析电子货币、虚拟货币、数字货币之间的关系。
4. 简述数字货币的发行、流通与交易。
5. 简述数字税的影响。

第八章　数字经济全球化

本章概要

　　数字贸易以其流程的高度简化、交易对象的广泛拓展、规则的创新性以及生态化的商业模式为显著特征,展现了强大的生命力和广阔的发展前景。在这一进程中,跨国平台企业成为数字经济全球化浪潮中的中坚力量。它们通过无缝对接全球资源,重新定义了用户获取商品、服务及信息的路径与体验,彻底颠覆了传统的消费习惯与认知边界,极大地加剧了国际市场的竞争态势。与此同时,数据跨境流动日益成为一个备受关注的议题。

目标要求

　　1. 了解数字贸易概念与特征。
　　2. 掌握跨国平台内涵与特征。
　　3. 熟悉数据跨境内涵、特征以及本地化。

本章内容

第一节　数字贸易

一、数字贸易的概念

　　数字贸易,作为数字经济蓬勃发展的直接产物,正以前所未有的速度重塑着全球贸易格局。随着数字技术的全面渗透与全球化的深入推进,传统贸易模式已悄然向数字贸易转型,其概念边界亦随之不断拓展与深化。

　　追溯数字贸易的源头,电子商务无疑是其先驱与基石。电子商务不仅涵盖了买卖双方直接的商业交易,还延伸至交易前后的所有互动、信息交流以及形成支撑的技术体系。其模式多样,从 B2B(企业对企业)、B2C(企业对消费者)到 C2C(消费者对消费者),无不体现了数字技术在商业领域的广泛应用与创新。自 20 世纪 70 年代初金融机构间电子资金转移的初步尝试起,电子商务便踏上了不断进化与拓展的征途,最终孕育出了数字贸易全新形态。

美国作为数字贸易领域的领航者,其相关贸易组织对数字贸易的定义与分类进行了深入探索与阐述。2013年,美国国际贸易委员会在《美国和全球经济中的数字贸易》报告中首次明确提出数字贸易概念,将其界定为通过互联网实现的商品与服务交易活动,跨越国界,连接全球。该定义强调了数字贸易的三大核心特征,即互联网为基础、数字交换为手段、数字化信息为标的,并初步将数字贸易划分为数字内容、社会媒介、搜索引擎及其他数字服务四大类别。这是数字贸易概念的第一阶段,聚焦于纯粹的数字产品与服务的交易。

然而,随着数字技术与实体经济的深度融合,上述定义逐渐显露出局限性。为此,美国国际贸易委员会迅速调整思路,于2014年在《美国和全球经济中的数字贸易Ⅱ》中更新了数字贸易的定义,将其扩展至利用互联网技术订购、生产及递送的所有产品和服务,无论是实体货物还是数字产品与服务,均被纳入其范畴。该调整标志着数字贸易进入第二阶段,实体商品通过互联网技术的融入,成为数字贸易不可或缺的一部分。

进入2017年,美国贸易代表办公室发布的《数字贸易的主要障碍》报告更是将数字贸易的边界推向了新的高度。该报告认为,数字贸易应涵盖更广泛的范畴,包括全球价值链中的数据流动、智能制造服务以及各类促进贸易的平台与应用。此阶段的数字贸易,不仅关注于具体的商品与服务交易,更着眼于构建基于数字技术的全球贸易生态系统,推动全球价值链的深度整合与优化。

因此,数字贸易的演进历程,是从电子商务的萌芽到全球价值链深度融合的跨越。随着技术的不断进步与全球贸易格局的变化,数字贸易的定义与范畴将持续拓展与深化,为全球经济注入新的活力与动力,见表8-1。

表8-1 数字贸易概念演化

阶 段	第一阶段	第二阶段	第三阶段
贸易标的物	数字产品与服务	数字产品与服务＋实体货物	数字产品与服务＋实体货物＋全球价值链的数据流、实现智能制造的服务以及其他平台和应用

在中国,随着数字经济浪潮的汹涌澎湃,数字贸易正逐步孕育出独具中国特色的新内涵,不仅仅依托于现代信息网络的广阔舞台,更是通过信息与通信技术的深度应用,实现了传统实体货物与新兴数字产品、服务以及数字化知识与信息的无缝对接与高效流通。不仅极大地促进了资源的优化配置,更引领着消费互联网向更加深邃、高效的产业互联网转型,为制造业的智能化升级铺设了坚实的道路。

相较于国际上的早期定义,中国对数字贸易的理解更为深远且富有前瞻性,不仅继承了美版定义中关于通过互联网实现商品与服务交易的核心思想,更在此基础上进行了重要拓展与创新。中国版本的数字贸易定义,明确指出了其在推动经济结构调整、促进产业升级中的关键作用,尤其是强调了其在促进消费互联网向产业互联网转变,以及加速智能制造进程中的不可替代作用。中国的数字贸易定义,不仅是对国际经验的吸收与借鉴,更是基于本国国情与发展需求的洞察与创新实践,预示着中国将在全球数字贸易版图中扮演更加重要和独特的角色,引领全球贸易形态的新一轮变革。

二、数字贸易的特征

(一)交易流程的高效优化

数字贸易依托现代信息技术构建的平台及其服务体系,实现了交易流程的全面电子化与高度优化。相较于传统贸易中依赖固定交易场所、纸质合同与单据的烦琐模式,数字贸易以其无界化的互联网平台为基础,不仅大幅降低了交易成本,更显著提升了交易效率。数字技术的时空穿透力极大地削弱了地理距离对贸易活动的限制,使得全球范围内的商业往来更加顺畅无阻。

(二)交易对象的创新性与定制化

数字贸易聚焦于知识密集型产品与服务的交易,产品与服务以其高度的创新性和定制化特点脱颖而出。在数字贸易的推动下,产品竞争愈发激烈,促使贸易主体不断提升技术实力与创新能力,以满足市场对个性化、高品质商品与服务的需求。先进通信技术如同桥梁,将用户的个性化诉求即时传递至产业链上游,促进了产品定制化水平的飞跃。

(三)交易规则的探索与协同

全球范围内,数字贸易规则的制定成为各国关注的焦点,但至今尚未形成统一的国际性规范。世界贸易组织在此领域的规则体系尚待完善,多边谈判进展缓慢;而区域性贸易协定,如《跨太平洋伙伴关系协定》《日本—欧盟自由贸易协定》及《美墨加协定》虽有所贡献,其规则差异却难以凝聚国际共识。尤为关键的是,各国对数据数字贸易核心要素的监管立场各异。为此,加强国际合作,共同探索并制定具有广泛适用性的国际性规则,成为保障数字贸易稳健发展的关键所在。

(四)交易模式的普惠与生态化

数字贸易以其普惠性和生态性特征,构建了一个包容性强、互利共赢的商业生态系统。现代信息技术与移动互联网的普及,打破了传统贸易的壁垒,使得原本处于不利地位的群体也能轻松融入数字贸易大潮,共享其发展红利。在此生态体系中,平台、政府、商家与用户等各方平等合作,通过协商共治,共同创造价值,实现了真正意义上的互利共赢。

数字贸易的特征见表8-2。

表8-2 数字贸易特征

维　度	特　征
交易流程	依托现代信息技术,以平台和平台服务体系作为支撑,整体贸易效率更高,成本更低
交易对象	知识密集型产品及服务,创新性更高,定制性更高
交易规则	各国非常重视关于数字贸易规则的制定,但目前仍未有被普遍认可的国际性规则
交易模式	更具普惠性、生态性,能够形成互利共赢的商业生态体系

第二节　跨国平台

一、跨国平台企业的内涵

在数字技术的浪潮推动下,平台企业以惊人的速度崛起,成为数字经济全球化浪潮中的中流砥柱。相较于传统供应链主导的企业模式,新兴的平台组织犹如一股清新的力量,孕育了截然不同的组织架构、交互逻辑与治理范式。本书将"平台型跨国企业"(Platform Multinational Companies,PMNC)界定为那些深度融合平台化组织与商业模式,业务版图横跨多国,展现卓越全球化运营能力的企业。PMNC 的崛起,不仅撼动了企业界的传统架构基石,更引领了一场企业间互动模式的革命。通过无缝连接全球资源,重塑了用户获取商品、服务及信息的路径与体验,彻底颠覆了过往的消费习惯与认知边界。平台型跨国企业不仅加速了产业内部的创新步伐,还促进了跨界融合,构建了一个更加多元化、动态化的全球产业生态体系,从而在全球范围内实现了产业格局的重塑与升级。

二、平台型跨国企业的特征

(一)轻资产与原生全球化

平台型跨国企业凭借其先进的数字技术构建了一个高效、低成本的线上平台,实现了数字资产的迅速扩散。与传统跨国企业不同,无须通过复杂的跨国投资与并购即可踏入新市场,众多平台型跨国企业自诞生之初便展现"原生全球化"的特性,迅速从国际舞台攫取可观的收入与利润。以 TikTok 为例,几乎瞬间席卷全球 200 多个国家的市场,其国际化速度远非传统跨国企业所能企及。传统跨国企业往往依赖产品战略,即出口高性价比产品以赢得全球竞争力;平台型跨国企业则在网络效应的驱动下,从诞生之初便面向全球用户,开创了全新的市场格局。

(二) 网络效应与一体化创新策略

平台型跨国企业通过互联网桥梁紧密连接供应商与消费者,其发展历程深受网络效应的影响。网络效应带来的规模报酬递增,使得平台型跨国企业能够在某些市场实现垄断,如谷歌在搜索引擎领域与脸书在社交软件领域占据绝对优势。模式下,用户规模成为衡量国际竞争力的关键指标。与传统跨国企业不同,平台型跨国企业的价值创造与获取高度依赖于用户的广泛参与和规模扩张,用户不再仅仅是产品或服务的接受者,而是价值共创的重要一环。因此,平台型跨国企业需不断通过一体化创新,将多样化功能融入其核心业务中,如腾讯微信从即时通信拓展至移动支付、游戏、外卖等多个领域,以强化其网络效应优势。同时,由于平台模式易于复制,平台型跨国企业还需应对更为激烈的市场竞争,不断寻求创新突破。

(三) 网络效应的区位差异与国际化挑战

尽管网络效应赋予平台型跨国企业强大的市场渗透力,但其全球化进程并非一帆风顺。不同领域的平台型跨国企业在进军国际市场时,常遭遇本地竞争对手的顽强抵抗,如优步(Uber)在多地市场败给本土企业。这揭示了网络效应在地理区位上的局限性。平台型跨国企业需根据用户群体的特性,区分国内与跨国网络效应。跨国网络效应是其国际化经营的重要基石,能够跨越地域界限,实现全球市场的无缝连接与优势共享。然而,对于部分依赖线下布局的平台型跨国企业而言,其跨国网络效应相对较弱,国际化拓展面临更多挑战与限制。因此,平台型跨国企业在制定国际化战略时,需充分考虑网络效应的区位效用,灵活应对不同市场的特殊需求与竞争环境。

三、平台跨国竞争

由于双边平台具备轻资产运营和快速迭代的网络效应特性,常被赋予"生而全球化"(Born Global)的显著标签。这描绘的是一类企业,自创立之初或短时间内即踏上国际化征途,迅速在全球市场占据一席之地,并获取可观的海外收入与利润(Rennie, 1993)。企业(如谷歌、脸书、推特等)凭借其双边平台优势,在全球多数市场中构建了垄断地位。中国短视频巨擘抖音的国际版 TikTok,更是以惊人的速度席卷多国,长期稳居美国应用下载榜首,彰显了双边平台跨越地理界限的非凡能力。因此,双边平台的快速国际扩展已成为平台经济研究中不可或缺的焦点,其跨国竞争态势尤为引人瞩目。

在以往探讨中,网络效应作为双边平台发展的关键驱动力,被细分为同边与跨边网络效应,聚焦于用户效用层面。而当视角转向跨国竞争的新语境下,网络效应进一步延伸出地理维度的考量,即国内网络效应与跨国网络效应(Stallkamp 和 Schotter, 2021)。该分类揭示了平台用户对不同区域用户群体的敏感性与依赖性差异。跨国网络效应显著的平台,如脸书、YouTube 等,其全球用户的广泛参与和贡献是其成功的基石,新用户的加入能为既有用户带来正向增益。相反,国内网络效应主导的平台,如滴滴出行,其用户群体主要局限于特定区域,对跨区域用户数量变化不甚敏感,地域局限性限制了其跨国拓展的潜力。

双边平台的跨国网络效应往往源于其线上、虚拟社区的商业模式,使得竞争优势能够跨越国界自由流动,形成无地域限制的全球影响力。此类平台一旦在全球用户规模上占据先机,便能借助强大的跨国网络效应构筑难以逾越的壁垒,令后来者望尘莫及。谷歌在搜索引擎市场的绝对统治地位,以及脸书在社交网络领域的广泛渗透,便是该现象的生动例证。

相比之下,依赖国内网络效应的平台则面临更为复杂的跨国挑战。不仅需要线上平台的支撑,还需深入线下布局,如外卖平台需与各地餐厅建立合作关系,招募配送团队,这增加了跨国运营的复杂性与成本。因此,平台在进军新市场时,难以直接移植既有优势,必须重新构建资源网络,应对不同市场的政策环境、文化差异等多重挑战。优步的全球化之旅便反映了这一点,它在多国市场的挫折与调整,凸显了国内网络效应平台在跨国竞争中的独特困境与策略调整。这为我们提供了宝贵的启示:在全球化浪潮中,双边平台需根据自身网络效应的类型与特征,灵活调整国际化战略,以应对复杂多变的全球市场环境与竞争态势。

第三节　数据跨境

在数字经济蓬勃发展的时代浪潮中,生产与贸易活动日益紧密地围绕核心要素数据展开。数据不仅作为可交易的资产,其价值日益凸显,更成为推动服务供给创新的重要渠道,不仅是连接供需双方的桥梁,也是促进贸易流程高效化、智能化的关键驱动力,改变并加速了贸易便利化与自动化的进程。

一、数据跨境流动的内涵

互联网的全球普及催生了前所未有的海量数据海洋,数据的跨国界流动为全球经济与贸易活动开辟了广阔的新机遇。我们统一将跨越国界传输、存储及应用的个人及非个人数据行为称为"数据跨境流动",涵盖了跨境数据活动的全貌。数据跨境流动展现几个显著特点:

首先,其范畴广泛,不仅限于个人信息,更涵盖非个人信息,从而触及工业互联网、智能家居、智能驾驶等多个领域的大数据,实现了跨领域、跨行业的深度融合。其次,跨境数据流动需与国内数据体系保持一致性或作为其子集,尽管数据流动涉及双向传输,但当前焦点多集中于本国数据出境可能带来的风险与影响,特别是对国家安全和公民权益的潜在威胁。因此,跨境数据流动管理的核心在于制定详尽的管控策略,针对数据类型、属性、容量、使用目的及存储位置等要素进行精细化规制。再者，从维护个人信息权益与国家安全的视角出发，构建完善的国内数据安全管理体系是控制跨境数据流动风险的前提。该体系需要覆盖数据的全生命周期，包括传输、存储、应用等各个环节，确保数据流动的每一步都在可控范围内。最后，云计算中心作为跨境数据流动的关键基础设施，其地位日益凸显。基于云计算构建的工业互联网、电子商务、共享经济及社交媒体等平台，正改变着全球经济社会的面貌，同时也对数据跨境流动管理提出了新的挑战。面对挑战，需不断创新监管手段，平衡数据自由流动与安全保障之间的关系，以推动数字经济健康、可持续发展。

二、数据跨境流动的价值和风险

数据跨境流动所带来的影响，其深远与广泛性不容忽视。一方面，数据的有序跨境流动如同催化剂，极大地促进了全球数据资源的深度开发与广泛共享，为信息化产品和服务跨越国界的运营与商业拓展铺设了坦途。信息网络技术的革新、产品与服务的迭代升级得以加速推进，不仅提升了经济运作的效率，更在宏观层面上促进了社会福祉的全面提升。然而，另一方面，随着数据跨境流动的日益频繁与复杂，如何精准识别并有效管理其中潜藏的风险，已成为新时代下数字经济发展与治理面临的核心挑战。数据安全、隐私保护、国家信息安全乃至国际关系等多个维度的问题交织其中，要求在享受数据流动带来的红利时，也必须具备高度的风险意识与应对能力。因此，以下将从数据跨境流动所展现的双重特性——价值与风险出发，深入剖析其对全球经济社会发展产生的深远影响，以期为构建更加安全、高效、有序的数据跨境流动环境提供参考与借鉴。

（一）数据跨境流动的价值

总体而言，数据跨境流动为经济与社会发展注入了强大的动力，其价值具体体现在以下三大维度。

1. 创新能力的加速器

数据跨境流动促进了信息的无界传播与知识的全球共享，为创新创业活动构建了坚实的基础。如今，数据流动的分析与应用已深度融入各行各业，不仅优化了企业的供应链管理，还激发了业务模式的持续创新。跨越国界的数据交流，使全球用户能够即时获取前沿研究成果与数字技术创新，极大地促进了创造力的迸发与新业态的涌现，为国家创新能力的提升做出了不可估量的贡献。

2. 推动全球化进程的关键力量

互联网的开放性与互联性，为企业跨越地理界限、实现全球化运营提供了前所未有的机遇。数据如同企业的生命之血，其跨境流动极大地促进了企业的全球业务布局与拓展。以跨境电子商务平台为例，能够轻松跨越国界收集与传输用户数据，为平台商户构建起覆盖全球的用户网络，助力企业深度融入全球供应链体系，实现业务的全球化飞跃。

3. 有效保护用户的数字权利

特别是基于云计算的数据跨境流动模式,有效打破了数据存储的物理与地理限制,赋予了用户前所未有的选择权。用户能够根据自身需求,在全球范围内挑选服务优质、内容契合的云计算服务提供商,从而享受到更加个性化、高效便捷的数字化服务体验,其数字权利得到了更加全面与深入的保护。

(二)数据跨境流动的风险

数据的跨境流动,其规模之巨、形式之繁,构成了当今数字经济时代的一道独特风景线。然而,伴随而来的风险亦不容忽视,促使各国政府纷纷采取数据本地化策略作为应对措施,使得数据跨境流动成为国际政策博弈中最为错综复杂的领域之一。具体而言,数据跨境流动面临的风险主要包括以下几方面:

首要的是数据安全风险。在数字经济蓬勃发展的今天,数据已成为至关重要的生产要素,私人数据因其潜在的商业价值,更成为企业竞相争夺的战略资源。然而,跨境数据流动中,恶意利用与滥用的现象时有发生,严重威胁到用户的隐私安全乃至人身、财产安全。鉴于此,许多对数据保护采取高标准要求的国家,倾向于限制其公民私人数据流向保护标准较低的国家,以防止数据泄露事件的发生。为此,一些国家提出了"相同保护水平"的倡议,旨在通过国际合作,共同提升全球数据保护的标准,确保各国数据安全得到同等程度的保障。

其次,行业竞争风险亦不容忽视。对于平台企业而言,拥有丰富、多样且及时的异构数据资源,是其持续创新与发展的关键。同时,数据作为国家层面的战略资源,其积累、提炼、处理与控制能力直接关系到国民经济的整体发展水平。在数字经济发展相对滞后的国家,由于数据保护力度不足,本国数据资源往往容易流失至国外,不仅剥夺了本土企业的发展机遇,还严重制约了数字产业的健康成长。为应对挑战,国家往往倾向于实施数据本地化政策,旨在通过限制数据外流,保护国内产业的利益与竞争力。

第三,政府执法风险也是数据跨境流动中不可忽视的一环。随着数字经济犯罪手段的日益高明,跨境数据流动使得大规模数据资源流向国外的现象愈发普遍,无疑给执法机构带来了前所未有的挑战。在跨国取证过程中,成本高企、难度加大,加之数据筛选与价值判断的难度不断提升,使得执法活动往往难以有效开展。特别是在缺乏有效预防与补救措施的情况下,跨境数据流动更是加剧了执法活动的困境。因此,如何降低离境数据的侦察成本,提升执法效率,已成为各国政府亟待解决的重要问题。

三、数据本地化

数据本地化,作为一种国家政策导向,旨在通过在本国境内搜集、处理及存储涉及本国公民或居民的数据,来强化公民隐私保护、维护国家数据安全及促进执法效率。当地时间 2020 年 7 月 31 日,美国宣布对 TikTok 在美国的业务实施禁令,在全球数据与隐私保护意识日益增强的背景下,凸显了全球范围内"数据本地化"趋势的加速,而非孤立现象。多国政府基于国家安全与隐私权益的考量,正积极推行此类措施,以期在数据跨境流动中构建更为牢固的安全防线。

数据本地化的核心诉求,在于捍卫国家数据主权,其出发点远非单纯的经济考量。尽管部分决策者曾乐观地预期,通过限制数据出境并推动本地化,能迫使跨国公司在本国建立数据中心,进而创造大量就业机会并促进国家经济收益,现实情况却复杂得多。鉴于数据工作的高度技术性和部分流程的自动化趋势,新建数据中心所能带来的就业岗位增量有限,难以如预期般为数据所属国带来显著的经济利益。此外,数据本地化对经济的实际影响还需根据各国在数字经济领域的比较优势来综合评估,如美国对全球范围内数据本地化政策的推广持谨慎态度。

然而,值得强调的是,数据的核心价值在于其流动性。跨境数据流动作为推动全球数字经济繁荣的关键力量,其发展趋势不可逆转。然而,在当前的国际法律框架尚不健全、安全风险难以有效规避的情境下,跨境数据流动亦伴随着隐私侵犯、企业财产损失乃至国家机密泄露、社会秩序扰乱及政权安全威胁等多重风险。因此,如何在促进数据自由流动与维护国家安全、个人隐私之间找到平衡点,成为全球范围内亟待解决的重大课题。

 案例 08

跨国平台挑战:TikTok 国际化的曲折之路

导语:数字产品的成本特征决定了数字平台具有极大的用户规模经济性。同时,数字技术的高渗透性也为数字平台的跨地理区域、跨行业、跨族群提供了支持。在数字经济席卷全球的当下,大部分的平台都具备跨国的基本能力,但是往往受到经营远景和跨国不确定性所阻碍。但是在细分行业领域,勇于突破并成长为跨国平台的也不在少数。

自 2016 年由字节跳动集团推出以来,TikTok 最初以"抖音"之名在中国市场大放异彩,并于 2017 年下半年扬帆出海,以"TikTok"之名席卷国际市场。TikTok 的全球总部位于洛杉矶与新加坡,其办公版图还扩展至纽约、伦敦、都柏林、巴黎、柏林、迪拜、雅加达、首尔及东京等全球多个重要城市。用户仅凭智能手机,便能轻松捕捉并分享生活中的创意瞬间与重要时刻,在 TikTok 的平台上创作与浏览精彩纷呈的短视频内容。据知名数据机构 Statista 发布的最新报告,截至 2024 年 4 月,TikTok 的全球下载量已突破 49.2 亿次大关,月度活跃用户数更是高达 15.82 亿之巨。

2018 年以来,TikTok 陆续受到印尼、印度、日本、欧盟等国家和地区的封禁挑战。尽管如此,作为一款月活用户超过 10 亿的短视频应用程序,TikTok 仍在全球范围内引发了轰动效应,其母公司作为中国科技企业,更是在美国市场掀起了一股"文化热潮"和"软实力投射"的浪潮。截至 2024 年 3 月,TikTok 在美国已拥有 1.7 亿忠实用户。

2020 年 8 月,时任美国总统特朗普发布行政命令,对 TikTok 及其母公司字节跳动实施交易禁令,美国方面对 TikTok 的打压持续不断。2020 年 9 月,微软曾宣布有意收购 TikTok 美国业务,但遭到字节跳动的拒绝。随后,甲骨文宣布与字节跳动达成协议,成为其"可信技术提供商",但该协议仍需获得美国政府的批准。在信息安全方面,TikTok 于 2021 年 5 月宣布在美国和英国正式获得 ISO 27001 信息安全管理体系认证证书,这一认证标志着 TikTok 在信息安全方面达到了国际最高标准。然而,美国方面的打压并未因此停歇。2024 年 3 月 13 日,美国众议院更是通过法案,强硬要求字节跳动剥离对 TikTok 的控制权,否则 TikTok 将面临在美国市场的全面封禁。2024 年 4 月 20 日,美国众议院以压倒性多数通过了新的 H.R.8038 法案,要求字节跳动剥离美国 TikTok 业务,否则将面临禁令。

面对美国政府的步步紧逼,TikTok 选择了正面迎战。2024 年 5 月,在拜登签署 TikTok 法案不到两周的时间内,TikTok 正式向美国哥伦比亚特区巡回上诉法院提起诉讼,指控该法案违宪。TikTok 表示,该法案剥夺了数百万美国人分享观点和自由交流的权利,违反了美国宪法第一修正案。同时,TikTok 也强调,剥离其业务在法律规定的 270 天内根本无法实现,且中方也不会出售其关键技术。

此外,美国得克萨斯州也于 2024 年 10 月 3 日起诉 TikTok,指控其在未经父母或法定监护人同意的情况下分享儿童个人身份信息,侵犯了儿童隐私。面对这些指控和诉讼,TikTok 坚决否认并反驳了这些指控,表示将继续坚持自己的立场和原则,强调其一直在努力保护儿童的隐私和安全,并提供了多项保护未成年人的功能和政策,为保护用户的隐私和安全而不懈努力。

资料来源:作者综合百度百科资料整理编撰。百度百科:TikTok 词条[EB/OL].[2024 - 10 - 13]. https://baike.baidu.com/item/TikTok/53322039? fr=ge_ala

评语:每一个跨国平台巨头的成长都不是一帆风顺的,需要经历与所在国家或地区传统习惯、文化风俗、法律约定磨合的过程。TikTok 的国际化之路也不例外,在不断与所在市场发生冲突碰撞中发展壮大。然而,如果掺杂了政治恶意,或者出于保护主义的行政干预,以及以法律和道德名义的不公审判,这将违背贸易自由精神,也无助于本国数字经济的多样化发展。

思考:数字平台大部分都是国内平台,国际平台只有少数的原因是什么? 跨国平台需要具备哪些条件? 平台在跨国发展过程中面临怎样的障碍,需要如何突破?

课后习题

1. 简述数字贸易的特征。
2. 简述平台型跨国企业的特征。
3. 简述数据跨境流动的价值与风险防范。

第九章　数字经济治理政策

本章概要

　　与传统市场相似,数字经济市场失灵的问题同样源自网络外部性、市场垄断、成本结构特性以及信息不对称等因素。在数字经济中,垄断具有暂时性和脆弱性的特征,促使市场竞争格局呈现出新的垄断与竞争并存的特点。相应地,规制理念也经历了从结构主义向行为主义的转变,以适应这一新型市场结构。在这一转变过程中,数据垄断规制、隐私信息保护、平台行为监管等领域均形成了复杂且丰富的内涵。此外,数字经济发展政策涵盖公共投资政策,旨在加强数字基础设施建设;普遍服务政策,确保数字服务的广泛可及性;知识产权保护政策,激励数字技术创新与成果转化;以及致力于缩小数字鸿沟的各项努力,促进数字经济的包容性增长。

目标要求

　　1. 了解数字市场失灵的因素。

　　2. 熟悉数字垄断的传统因素、特殊因素、数字经济特有规律因素、特征、结构,以及数据垄断,熟悉隐私信息规制、平台规制。

　　3. 掌握垄断规制的行为主义与结构主义理论。

　　4. 应用理论分析发展政策,包括公共投资政策、普遍服务、知识产权保护、数字鸿沟。

本章内容

第一节　数字垄断

　　数字经济中,垄断表现为单一厂商主导商品或服务供应,缺乏紧密替代品。垄断企业成为唯一提供者,塑造垄断市场环境。这反映技术创新与平台效应力量,也揭示市场力量集中趋势。垄断企业设定价格、控制产量、设置市场准入障碍,引发市场竞争公平性、消费者福利保护及创新激励机制讨论。

一、数字经济垄断因素

(一) 传统因素

数字经济市场之所以展现显著的垄断特征,部分原因是源于一系列传统因素,具体可归结为以下几点。

1. 资源独占性强化

尽管数字经济领域在整体上呈现出资源相对充裕的态势,但不容忽视的是,特定关键资源的获取与掌控仍具备高度的排他性。以微软 Windows 系统软件为例,其凭借强大的专利保护壁垒,在电脑操作系统市场中构筑了坚不可摧的垄断地位。资源独占性不仅体现在技术专利上,还可能涉及品牌效应、用户习惯等非物质资源,共同构筑了难以逾越的市场门槛。

2. 规模经济的双重驱动

数字产品的生产天然地具有规模经济效应,在数字经济时代被进一步放大。一方面,供应方规模经济的存在使得生产成本随着产量的增加而逐步降低,增强了企业的成本竞争力;另一方面,需求方规模经济则通过提升用户体验、增加用户黏性等方式,促进了市场规模的迅速扩张。双重驱动机制形成了强烈的正反馈效应,即"赢者通吃"现象,使得市场资源不断地向少数领先企业集中,最终促成垄断格局的形成。

3. 政府干预与行政垄断

在数字经济领域,政府的角色同样不容忽视。出于社会整体效益最大化的考量,政府有时会通过政策手段干预市场运行,包括授予特定企业数字产业或业务的特许经营权。行政干预往往以牌照限制、区域划分等形式出现,人为限制了市场竞争的充分性。例如,在数字接入服务市场上,政府可能通过发放有限数量的牌照或实施分区域管理策略,使得在一定时间和区域内的服务提供者变得唯一或有限,从而直接导致了垄断现象的产生。行政垄断虽然在一定程度上能够保障社会稳定和服务质量,但也可能抑制市场活力与创新动力。

(二) 数字经济垄断的特殊因素

数字经济领域垄断格局的塑造,除了沿袭传统市场中的部分因素外,更受到其独特性的强烈影响。以下是对数字经济垄断形成核心要素的深入解析。

1. 技术垄断:垄断的基石

技术垄断是数字经济垄断的根基所在,也是其与传统经济模式最显著的区别之一。作为技术密集型产业的代表,数字产业的垄断地位往往直接取决于企业在技术领域的独特优势。技术创新与积累成为企业构建市场壁垒、确立垄断地位的关键动力。

2. 产品标准化：技术优势的延伸

当一家企业的技术标准获得市场广泛认可，其产品便自然成为行业标准，竞争对手不得不遵循该标准以确保产品的兼容性和市场接受度。数字产品的标准化进程深植于技术优势的土壤中，标准化的实现则进一步巩固了企业的市场垄断地位，成为技术转化为市场统治力的直接体现。

3. 边际收益递增：数字经济的独特经济规律

与传统经济中的边际收益递减规律截然不同，数字产品的主要投入要素——数据要素，具有可再生性和高度共享性，使得数字产品的生产呈现出显著的边际收益递增趋势。数据要素的渗透作用还提升了资本、劳动等传统生产要素的效率，进一步强化了边际收益递增的现象。

4. 锁定效应：消费者行为的固化

在数字经济中，消费者往往因高昂的转换成本而处于被锁定状态，对特定数字产品形成依赖。锁定现象削弱了消费者的需求弹性，为企业提供了强大的市场控制力。然而，锁定并非不可打破，当技术创新带来足以覆盖转换成本的新产品时，原有的锁定状态将被解除，市场格局随之重构。

5. 信息透明性：市场选择的加速器

数字经济市场中，信息的易获取性和低搜索成本使得消费者能够轻松地对不同产品进行比较分析，群体选择迅速向满足大多数消费者需求的产品集中。市场选择的集中化趋势有助于优势企业巩固并扩大其市场地位，进而引发网络效应和锁定效应，最终促成垄断格局的形成。

6. 消费者主导：企业进化的引擎

消费者个性化需求的日益增长推动了客户定制服务的兴起，对企业的研发、生产、资金及物流等综合能力提出了前所未有的挑战。面对挑战，中小企业往往力有不逮，而能够适应大规模定制化服务和高水平电子商务物流服务的企业脱颖而出，逐渐形成具有强大垄断力的市场地位。消费者的主导地位不仅推动了市场的细分与深化，更促进了企业间优胜劣汰和垄断格局的逐步成型。

（三）数字经济规律因素

1. 网络外部性、正反馈与需求方规模经济驱动下的垄断

网络外部性，作为数字规模扩展过程中的内在经济逻辑，实则是一种由市场需求驱动的特殊规模经济——需求方规模经济。此机制下，某一数字产品的用户基数增长，直接提升其整体价值，进而吸引更多用户加入，形成一股正向增强的循环力量，即正反馈效应。这股力量促使信息产品市场迅速膨胀，市场份额急剧集中，市场的垄断性质随之显著增

强,甚至催生出独家垄断的市场格局。

2. 兼容性与标准竞争塑造的市场垄断

兼容性,作为技术或产品间协同工作的能力,是数字经济中竞争与合作的关键维度。当产品间实现无缝兼容,共同服务成本为零时,共享同一数字价值平台。然而,在不兼容且数字外部性显著的市场环境中,先动者优势尤为关键,能够迅速确立行业标准,借助正反馈机制累积巨大市场优势,攫取超额利润与市场控制权,乃至垄断整个市场。因此,企业间围绕技术标准确立的竞争异常激烈,率先树立市场标准的企业将获得控制市场的先机与资本。

3. 产业或市场进入壁垒构筑的垄断壁垒

现代产业组织理论明确指出,进入壁垒是市场垄断的重要成因之一。在数字产品市场,信息技术领先者凭借技术优势构建起坚固的进入壁垒,有效阻止后来者进入,从而巩固其市场垄断地位。此外,数字产品市场的临界规模亦成为另一关键壁垒,其根源在于网络外部性,同时受到企业战略行为的影响。

4. 知识产权与专利权保护强化的市场垄断

知识产权制度,作为激励知识产品创新的法律保障,赋予了生产者一定程度的垄断权利,对持续技术创新至关重要。熊彼特的创新理论强调,垄断利润是驱动企业创新的重要动力,而发明专利正是利润的有效保障。在数字经济背景下,知识产权与网络效应的结合,为企业在快速变化的信息技术环境中维持市场垄断地位提供了强有力的法律支撑。合法垄断不仅保护了创新者的利益,也促进了整个行业的健康发展。

二、数字经济垄断的特征

数字经济的垄断现象展现了一系列与传统经济截然不同的特征,具体体现在以下两个方面。

(一) 垄断行为的反传统逻辑

数字经济以其高固定成本、近乎零边际成本的特点,颠覆了传统经济中垄断企业通过限制产量、提高价格以攫取高额利润的模式。相反,数字企业在确立垄断地位后,更倾向于通过降价和增产的策略来迅速扩大用户基础。这是因为,在数字经济中,用户规模的快速增长和技术优势的持续保持,远比短期内的利润最大化更为重要。随着产量的增加,单位产品的成本不断降低,价格竞争力也随之增强,"增产降价"的策略不仅重塑了垄断的盈利模式,也改变了人们对垄断的传统负面认知。

(二) 垄断与创新并行的独特现象

与传统经济中垄断抑制技术创新的普遍现象不同,数字经济中的垄断企业往往成为技术创新的引领者。在激烈的市场竞争环境下,垄断企业深知稍有不慎便可能被后来者超越,因此,非但没有减少在技术研发上的投入,反而不断加大创新力度,持续推出新产品以保持技术领先地位。以微软为例,自 1985 年推出 Windows 1.03 以来,其操作系统不断迭代升级,直至最新的 Windows 11,并积极探索与 ChatGPT 等前沿技术的融合,推动智能化转型。类似地,微信等数字产品也通过不断自我革新,用新产品挑战旧产品,保持了市场的领先地位。垄断与创新并行的现象,不仅激发了市场的研发和创新活力,还通过"独占"效应保障了高额研发成本的回收,从某种程度上对创新起到了保护作用。这也使得反垄断执法部门在评估垄断行为时,需要更加审慎地考虑"新效果",从而增加了反垄断工作的复杂性和深度。

三、垄断结构特征

(一)垄断结构的脆弱性与暂时性

在数字经济领域,垄断的核心在于技术垄断,其特性在于其暂时性,而竞争构成了该领域的永恒旋律。技术作为决定企业市场版图的关键力量,使得创新竞争聚焦于技术标准与技术范式的掌控之上。大型企业凭借其深厚资源,在确立技术标准和构建技术范式方面占据显著优势。然而,优势并非坚不可摧,因为在动态变化的竞争环境中,高市场份额如同流沙上的城堡,随时可能因技术标准的革新或技术范式的更迭而瓦解,导致企业市场地位的重塑。这迫使在位企业不得不承受巨大的竞争压力,其垄断行为也因此受到显著制约。数字经济中的参与者,无一不处于更为激烈的竞争风暴中心,赋予了数字垄断以鲜明的暂时性特征。垄断与竞争,在此并非非此即彼的二元对立,而是相互交织、共同演进的复杂关系。随着数字时代的深入,统一兼容标准的推动,技术型垄断,特别是那些基于网络系统标准控制的垄断,日益成为主导力量。然而,正如摩尔定律所揭示的,信息技术的飞速迭代使得任何技术优势都可能成为明日黄花,垄断地位因此也变得脆弱而短暂。在数字经济的大潮中,经营者若想维持其通过技术创新获得的垄断地位,就必须持续奔跑在创新的征途上,稍有不慎便可能被他人超越,失去既有的市场优势。因此,垄断不再是静态的堡垒,而是动态竞争中的暂时优势,唯有不断创新,方能确保不被时代的洪流所淹没。

(二)竞争性垄断

自亚当·斯密以来,古典至现代经济学的主流观点往往对竞争持颂扬态度,而将垄断视为效率之敌与福利之殇。然而,在数字经济新兴经济形态中,垄断与竞争的关系被赋予了全新的内涵与特征。

数字经济以其低门槛、高开放性的市场特性,为竞争者提供了自由进出的广阔舞台,使得竞争机制得以充分展现其活力。技术创新,作为数字经济时代的核心驱动力,为企业提供了前所未有的机遇:一旦率先掌握数字标准,即可迅速崛起成为行业领袖,享受垄断带来的丰厚利润。这吸引着无数竞争者投身标准之战,从而进一步加剧了市场的竞争烈度。此处的"垄断"更多指的是一种市场地位,而非垄断行为本身;换言之,市场竞争的激烈程度与垄断地位的稳固性往往成正比,而高垄断程度又反过来激发了更为激烈的竞争与高频次的技术创新。

在此背景下,垄断与竞争不再是传统意义上的对立关系,而是相互依存、相互促进的共生体。企业为巩固其垄断地位,不得不持续强化自身竞争力,而技术创新正是关键钥匙。于是,一种名为"竞争性垄断"的特殊市场结构应运而生,将垄断与竞争融合于新经济的框架之内,展现了两者在新时代的和谐共生。

数字经济中的垄断,其根源深植于产品的资源特性与技术特征之中,是技术竞争尤其是技术创新的直接产物。垄断非但未抑制技术进步与创新活力,反而成为其加速器,推动了技术革新的加速与深化。数字经济时代,知识与技术的更新换代速度空前加快,转化为现实生产力的周期日益缩短,技术的持续进步与创新已成为企业生存与发展的不二法门。一旦企业止步不前,便可能瞬间被潜在的或现实的竞争对手超越,从而丧失市场优势。

因此,数字经济以其独特的魅力,将垄断与竞争统一于创新的旗帜之下,构建了一个既充满挑战又孕育机遇的市场生态。垄断不再是创新的绊脚石,而是催化剂;竞争也不再是零和游戏,而是推动整个行业向前发展的不竭动力。

第二节 规制政策

一、垄断规制

反垄断政策紧跟经济脉搏,灵活应变,推动社会与技术进步。数字经济时代,反垄断面临新挑战,需敏锐洞察新特征,精准制定差异化监管,维护公平竞争,促进行业可持续发展,激发市场活力。

(一)垄断界定的转变

市场由竞争转向垄断反映出经济力量变化和市场结构变革。自由竞争市场充满活力与不确定性,而市场结构稳定背后常有垄断力量支撑,源于行业集中度提升、产品差异化加剧及进入壁垒。市场行为是企业经营智慧与环境互动的产物,本质是追求盈利最大化。在反垄断语境下,行为具有法律意义,如价格卡特尔、滥用市场支配地位及企业兼并收购。

关于垄断识别,有"结构主义"和"行为主义"两个理论方法。"结构主义"强调预防,主张调整可能抑制竞争的市场结构,保持市场活力。"行为主义"则注重实际,认为不正当竞争行为才是法律规制对象,而非单纯的市场集中或垄断状态。随着时代的变迁与反垄断理论的深化,垄断认定的方法逐渐由"结构主义"向"行为主义"演进,不仅体现了反垄断法律理念的与时俱进,也反映了对市场竞争规律更为深刻的理解与尊重。在此框架下,反垄断政策更加聚焦于企业行为的合规性审查,力求在保护市场竞争与创新活力之间找到最佳的平衡点。

(二)"结构主义"衰落的原因

1."结构主义"不适用于存在网络效应的市场

反垄断传统框架中,"结构主义"监控市场集中度,视竞争为效率基石,垄断为效率敌人。数字经济崛起,网络效应等重塑市场结构,"结构主义"面临挑战。数字经济中垄断具有脆弱性、不确定性和暂时性,不宜简单以市场份额判定。盲目套用"结构主义"可能挫伤技术创新,阻碍数字经济发展。

2."结构主义"不利于提升本国企业的国际竞争力

全球经济一体化下,国内市场成为国际竞争舞台,外国企业竞争激发国内企业活力,深化市场竞争。国际竞争的核心力量是企业实力,大企业优势凸显垄断战略价值。政府重新审视反垄断政策,减少"结构主义"依赖,采取灵活包容态度支持本国企业。反垄断执法聚焦企业市场行为,仅规制损害市场竞争和效率的行为。政府可以促进产业集中,提高资源配置效率,增强国际竞争力。

(三)"行为主义"规制

数字经济中,除行政性垄断外,市场自由进入激发活力与创新。企业凭借技术优势和市场支配力构筑壁垒,侵蚀市场公平与活力,威胁数字经济健康发展。反垄断法实施需精准多维,审视市场结构与份额,深究市场行为动机与影响。

1."行为主义":规模经济与创新发展的和谐共生

反垄断法的本质,并非扼杀规模经济或抑制企业正当竞争所得,而是剑指那些滥用市场优势地位、以不正当手段限制竞争的行为,鼓励企业通过技术创新、服务优化等合法途径实现规模扩展,同时坚决打击排他性协议、不公平定价等垄断行径。在数字经济时代,反垄断法不仅是市场竞争的守护神,更是创新驱动发展的催化剂,旨在构建一个既鼓励创新又保障充分竞争的市场环境,推动经济持续健康发展。

2.制裁策略的创新:从"强制拆分"到"开放平台"

面对数字经济的新特性,反垄断法的制裁手段亦需与时俱进。传统的结构制裁,如企业拆分,虽然能迅速打破垄断格局,但其执行成本高、后果难以预测,已难以适应技术密集型行业的复杂需求。因此,"新行为主义法"应运而生,强调通过行为限制与开放要求来规制垄断行为。其中,"开放平台"策略尤为关键,它要求垄断企业开放其技术资源,如软件标准、源代码及数据等,以促进技术共享与市场公平竞争。这一策略不仅尊重了技术创新的连续性,还促进了技术生态的健康发展,为反垄断法注入了新的活力。

3. 开放平台:数字经济反垄断的核心策略

在数字经济时代,开放平台已成为打破技术垄断、促进公平竞争的关键所在。通过遵循开放性标准开发的软件,能够跨越平台限制,实现跨系统互操作,极大地提升了技术生态的多样性与灵活性。开放平台不仅强化了消费者的选择权,维护了其合法权益,更为所有市场参与者搭建了一个公平、透明的竞争舞台。以微软垄断诉讼案为例,美国最高法院通过实施强制许可或要求微软公开部分知识产权,有效促进了市场竞争与技术创新,为数字经济时代的反垄断策略提供了宝贵经验。

(四) 全球反垄断合作

数字经济推动竞争全球化,垄断行为国际化挑战反垄断工作,需加强国际合作。合作面临双重标准等障碍,但各国正积极寻求共识,深化合作,提升全球反垄断效能,为未来国际竞争法典奠定基础。

1. 国内反垄断法的域外适用

坚持域外管辖权是国际合作的前提。未有效规制国内企业反竞争阻碍时,外国企业母国可能跨境适用反垄断法。传统做法虽维护本国利益,但易加剧紧张关系,导致贸易摩擦,威胁政治稳定,且可能触犯国家主权原则。推进域外适用时,需与他国充分沟通协商,最小化不确定性,深化反垄断执法合作。

2. 双边与多边合作的桥梁作用

鉴于域外适用的局限性,双边及多边合作成为调和各国反垄断执法冲突的关键桥梁。基于互利共赢的原则,此类合作能够有效缓解跨国反垄断执法中的利益冲突,特别是针对取证难题提供有效解决方案。此外,合作机制还能有效避免企业遭受重复执法的困境,促进全球反垄断执法的协同与效率。

3. 国际统一反垄断法律规范

尽管构建一部全球统一的反垄断法典面临重重挑战,但国际社会对此目标的追求从未停歇。随着数字经济时代的到来,各国政府及国际组织正加速推进全球反垄断法律框架的建设。当前全球范围内的反垄断法仍处于孕育阶段,已有多边条约中的反垄断条款,虽显稚嫩,却可视为未来国际反垄断法的萌芽。要将其培育为成熟的国际法律体系,还需全球反垄断领域的专家与执法者携手共进,持续不懈地努力与探索。

二、数据垄断规制

(一) 数据垄断

1. 数据垄断问题

数字经济中,数据垄断显著,源于大数据特性导致处理权力向寡头集中。数据寡头压制对手,影响舆论,手段复杂,涉及技术、市场、消费者及产品垄断。超级企业平台取代传统市场机制,引发关注。数据规制成重要议题,跨越法律领域,但共识未形成,数据配置与权益保护待解。反垄断机构关注垄断力量不当利用,数据垄断即关键资源被独占,削弱竞争者。数据作为关键生产要素,垄断者限制其他参与者获取数据,巩固竞争优势。

2. 数据垄断特征

数据汇聚易权属难明,价值需规模显现,技术依赖大数据输出高质量结果,加剧集聚。数据所有权模糊,法律框架难确权,数据收集合规性难保,易生垄断。数据收集门槛高,但规模形成后边际成本降,规模效应显现。巨头凭借扩展能力、资本运作构建商业帝国,汇聚海量数据,加剧垄断。小型收集者难跟上,用户流失加速,数据鸿沟扩大。

以字节跳动旗下的抖音 App 为例,其凭借先发优势积累了海量用户数据,并成功运用数据优化推荐算法,极大地提升了用户体验,从而在市场竞争中脱颖而出,获得了远超同行的优势。后来者则因难以迅速积累足够数据以优化算法,导致产品体验不佳,最终陷入竞争劣势。"使用者反馈"与"获利反馈"的正向循环,不断巩固并扩大了大公司的数据收集优势,加剧了数据收集者之间的不平等。

3. 数据垄断影响

数据垄断对市场生态的负面影响深远且复杂,具体体现在以下几个方面:

① 数据安全隐患加剧。大数据技术虽极大便利了生活,却也使得公民与企业的数据隐私暴露于电子商务、搜索引擎及社交媒体等平台的严密监控之下,为不法分子提供了可乘之机,严重侵犯个人隐私权。数据垄断者通过海量生物特征码与用户画像的深度融合,实现"深度伪装",不仅威胁个人伦理道德,更可能对国家安全构成潜在风险。

② 理性决策能力退化。数据垄断导致社会普遍对数据产生过度依赖,削弱了人们的逻辑思辨与独立判断能力。在数据面前,人们倾向于盲目信任其分析结果,即便数据存在偏差,也倾向于通过技术手段调整以符合预设的经济规律,盲目性一旦失误,将直接损害公众利益。

③ 数据鸿沟日益扩大。数据垄断通过设定严格的接入规则与限制,阻碍了数据的合理流动与共享。这不仅抑制了数据资源的优化配置与创新活力,还加剧了社会不同群体间的信息不对称,形成难以逾越的数据鸿沟。

④ 产业竞争生态扭曲。数据垄断构筑起新的市场壁垒——数据壁垒,特别是在电商、支付、物流及出行等领域,数据寡头的存在严重阻碍了同业及跨界竞争,中小企业难以通过差异化竞争实现突破,市场活力受到严重抑制。

⑤ 消费者权益受损。数据垄断导致市场定价不公,"数据杀熟"现象频发,消费者权益保护面临严峻挑战。同时,数据垄断下的法律合约问题复杂化,消费者难以获得有效法律救济。

⑥ 技术创新受阻。数据垄断限制了大数据处理技术的开放与发展,算法进步与数据资源之间的良性循环被打破,技术进步速度放缓,甚至可能出现技术与数据脱节的现象。

数据垄断者还可能拒绝政府数据共享请求,影响公共服务的透明度与效率。

⑦ 算法共谋与垄断行为。在数字经济中,通过大数据与算法,不同经营者无须直接沟通即达成默契,共同实施反竞争行为,如联合定价、市场分割等,严重破坏了市场竞争秩序。

⑧ 市场支配地位的滥用。拥有市场支配地位的企业,为巩固或提升地位,会利用数据实施包括价格歧视、隐私侵犯、降低服务质量在内的剥削性滥用行为,以及"二选一"、封锁屏蔽等排斥性滥用行为,严重扭曲市场竞争,损害消费者与中小企业的合法权益,抑制社会整体创新与发展。数据垄断的复杂性使得执法过程中常陷入"技术必要性"的争议,为企业逃避责任提供了借口。

(二) 算法垄断

1. 算法滥用

算法滥用的现象深植于技术的复杂性与动态性之中,其多元且不断演进的技术基础,导致至今尚未形成一个跨领域广泛接受的统一定义。本书将算法界定为针对特定问题所制定的精确且详尽的解决方案,是一系列旨在解决问题的明确指令集合,通过机械化、高重复性的运算过程,系统地描述并实践着问题解决的策略机制。

与数据垄断不同,算法滥用的实施并不全然依赖于市场支配地位,其门槛在于对数据的掌握而非单纯的市场力量。这意味着,即便在没有显著市场势力的情况下,任何持有数据资源的实体都有可能实施算法滥用。算法滥用的具体表现形式丰富多样,包括但不限于利用大数据分析实施的价格歧视(俗称"大数据杀熟")、通过算法设计锁定用户选择(算法锁定)、利用动态调价算法操纵市场价格等,这些行为均在不同程度上违背了公平竞争原则,对消费者权益及市场秩序构成了潜在威胁。

2. 算法效率

数据构成了算法实施潜在滥用行为的基石,算法则是该行为的具体执行者,其核心价值在于对大数据蕴含信息的深度剖析与挖掘。算法依据预设规则,精准预测消费者的潜在需求,跨越平台边界,精准定位并呈现消费者最可能感兴趣的商品。在数据充裕的情境下,算法展现双重优势:

首先,极大地降低了卖家调整价格的成本与买家进行价格比较的门槛,从而促进了市场价格的透明度。通过智能推送一系列同类商品至消费者面前,算法不仅让消费者能够轻松对比商品的价格与质量,做出更加明智的选择;同时,对于卖方而言,公开透明的价格竞争环境也促使其通过提升产品品质或降低价格来增强竞争力,进而促进市场的优胜劣汰。其次,算法凭借其预测能力,能够提前洞察并推荐符合消费者需求的产品,有效缩减了消费者的搜索时间与成本,显著提升了消费者的购物体验与福利水平。然而,算法作为技术工具,其内在的非中立性决定了其对市场竞争的影响具有双重性。在合理应用时,算法能够促进效率与公平;但当算法被滥用时,其对竞争的负面影响将被显著放大,可能引发一系列市场失衡与消费者权益受损的问题。

3. 算法歧视

互联网平台依托先进的大数据分析技术，深入剖析消费者行为轨迹，精准构建用户画像，并据此实施个性化定价策略，即经济学上的价格歧视，在技术伦理领域则常被视为算法歧视或偏见。尽管数据作为算法的基石具备客观中立性，但人为设计的算法在编码过程中难免渗入主观偏见与局限性，导致算法歧视问题在互联网空间日益凸显，引发社会各界的深切关注与反思。

（1）成因探析

算法的非中性本质：算法虽追求客观，但其构建基础不可避免地带有预设偏见。设计者的主观倾向在算法执行中被放大，加剧了结果的不公。

数据的偏倚性：数据集若本身存在偏见，将直接影响算法的学习与输出结果，反映并加剧社会既有的歧视。

算法黑箱问题：算法的封闭性与不透明性使得歧视行为难以察觉，为歧视性决策提供了庇护。

规则理解的局限：在将复杂规则转化为代码时，编程人员可能因缺乏技术公平性认知，导致算法设计存在偏差。构建技术公平规则体系，强化透明度与可追责性，成为当务之急。

（2）识别难点

专业壁垒：算法的复杂性与专业性构筑了认知障碍，限制了非技术专家对算法决策过程的深入理解与监督。

黑箱保护与商业秘密：算法作为企业核心竞争力，往往受到严格保护，其不透明性不仅为歧视性审查设置障碍，还涉及商业秘密与公平竞争之间的微妙平衡。此外，解密算法的高昂成本与实际效益之间的权衡，也使得全面透明化成为一项艰巨任务。

因此，在解决算法歧视问题上，需要在尊重企业权益与保护市场竞争之间寻找平衡点，采取折中措施，如有限的不透明审查，同时加强跨学科合作，提升公众对算法决策的理解与监督能力，共同推动算法技术的公正、透明与健康发展。

4. 算法合谋

在激烈的市场竞争中，合谋成为企业攫取超额利润或排挤对手的手段，形式多样，包括维持高价、低价倾销等。合谋分为公开与默契两类，后者因隐蔽性强而更普遍。随着数字经济与算法的发展，算法合谋作为新形态出现，通过智能定价算法实现高效协同，具有隐蔽、精准的特点，重塑市场竞争格局。算法合谋对经济、法律及监管构成挑战，引发各界关注与应对，其监管与治理成为紧迫任务。算法合谋依据主观意图可分为主动与被动两类，展现复杂多变的形态。

（1）主动算法合谋：策略与意图的精准布局

在主动算法合谋中，算法使用者展现高度的策略性和主动性。他们可能运用以下三类算法积极寻求与竞争对手的协同：

监测类算法：如同市场的敏锐哨兵，实时监测并分析竞争对手的价格动态，为合谋的监督与执行提供坚实的数据支持。

信号类算法：扮演信息传递的隐秘角色，通过生成并发送加密信息，实现与竞争对手间的秘密协商与协调，确保合谋策略不被察觉。

平行算法：展现算法在实时响应与策略调整上的卓越能力，根据市场数据变化自动调整价格等关键参数，促使竞争者之间不自觉地采取相似定价策略，达成默契合谋。

(2) 被动算法合谋：技术进步的意外副产品

相较于主动算法合谋，被动算法合谋则凸显了技术进步的双重性。其中，自主学习类算法尤为典型。这类算法利用神经网络等先进技术实现自我学习与优化，通过海量数据的训练与迭代构建复杂的决策模型。然而，高度自主的学习过程也伴随着不确定性，算法在追求最优解的过程中，可能"偶然"发现与竞争对手定价策略相吻合的最佳方案，导致无意识的同步行为，最终形成被动合谋的局面。这一现象揭示了技术进步在推动市场效率提升的同时，也可能带来意想不到的竞争格局变化。

（三）数据垄断规制

当前，数据垄断严重威胁数字经济发展，少数寡头垄断用户数据，占据经济体系优势，挤压中小企业生存空间，破坏市场自由竞争，削弱市场活力，减少消费者选择。此外，数据垄断阻碍技术创新，巩固寡头市场地位，限制新技术发展。更严重的是，它加剧数据伦理风险，如隐私侵犯、不正当竞争等，损害用户权益，破坏社会信任，威胁数字经济长远发展。因此，需建立健全数据规范体系，促进数据合理配置与利用，并探索保护隐私的数据共享机制，以打破垄断，激发市场活力，推动数字经济公平健康发展。

1. 宏观策略：强化数据治理，引领数据共享新范式

① 数据预处理与隐私保护机制。在数据流通之前，推行普遍的数据预处理措施，采用先进的隐私保护技术对敏感数据进行脱敏处理，从而平衡数据收集与隐私保护之间的关系，减缓数据垄断趋势。同时，审慎把握数据治理与产业发展的平衡，确保两者相辅相成。

② 第三方中介与政府监督相结合的共享模式。构建由第三方机构主导、政府监督的数据共享平台体系，包括数据交易平台、数据众包平台和数据共享平台等，实现数据价值的最大化。特别是间接共享平台，通过共享模型参数而非原始数据，既保护了用户隐私，又促进了机器学习模型的共同发展。同时，加强政府对第三方中介的监督力度，确保数据流通的合规性。

③ 中心化与去中心化并行的全局治理模式。针对数据全生命周期实施全面监管，采用中心化与去中心化相结合的全局治理模式。中心化模式通过建立统一的数据监管平台，确保数据集中管理与流通监控；去中心化模式则依托区块链、智能合约等技术，构建透

明、可追溯的数据共享与监管体系。两者相辅相成,共同打破数据寡头垄断。

2. 应用层面:深化数据透明度,护航数据治理公正高效

① 保障数据质量与价值。通过数据透明机制确保数据的真实性、准确性,统一多源数据标准,评估并优化数据价值。这有助于构建可靠的数据驱动决策体系,推动社会资源的优化配置。

② 个人隐私数据使用的评估与监管。基于数据透明策略,清晰追踪个人隐私数据的流向与用途,赋予用户更强的数据掌控力。同时,加强对个人隐私数据使用的评估与监管,遏制数据的过度收集与非法聚集。

③ 推动数据有序开放与共享。建立共享数据库或平台,鼓励各方交换与共享有价值的数据资源。针对敏感数据的交换,构建安全可靠的闭环系统,确保数据在可用不可见的前提下流通。同时,克服观念、利益、安全及技术等方面的挑战,推动数据开放共享的进程。

④ 强化数据流全程监管。在保障隐私的前提下,对数据流进行全生命周期的监管。利用区块链等先进技术构建基于信任的监管模型,支持审计、追踪溯源、防止数据篡改与伪造。这为数据监管与反垄断提供了强有力的技术支撑。

三、隐私信息规制

(一) 隐私信息探索

1. 隐私信息与个人数据的边界界定

隐私的现代概念,其基石可追溯至社会学家艾伦·威斯汀的奠基性工作,他强调了个体、团体及组织在信息披露上的自主权,这一界定触及信息控制权的本质与信息传播界限的微妙平衡。随着时代的演进,隐私的内涵已远远超越了物理空间的范畴,它不仅是个人独处自由的守护,更是对个人数据全面保护,触及人性尊严、自主性与自由意志的核心。

在隐私的广阔领域里,个人信息占据了核心地位。这里的个人信息,并非局限于敏感或私密内容,而是广泛涵盖任何能够直接或间接识别个体的数据,无论其敏感程度如何。在数字化浪潮的推动下,个人的真实身份、性别、年龄、身份证号等关键信息,均成为个人信息网络中的关键节点。权利主体对其数据享有完整的权利谱系,包括隐瞒、利用、维护及支配,任何未经授权的侵扰均是对隐私权的严重践踏。

在个人信息保护与分享的微妙博弈中,消费者与生产者各自站在利益的天平两端。一方面,个人信息既是个人宝贵的私有财产,也是推动商业繁荣的重要资源,其合理流通有助于市场的顺畅运作;另一方面,不当的数据分享却可能削弱个体安全感,甚至对社会整体福利构成威胁。

2. 隐私风险的认知与偏好多样性

消费者的每一次购买决策,都伴随着对结果不确定性的微妙感知,这种不确定性正是

隐私风险感知的起点。在隐私领域,隐私风险特指消费者在使用移动服务时,对运营商可能未经许可便滥用其隐私信息的深切忧虑,以及由此可能引发的负面影响。隐私风险根植于数据的负外部性,包括数据泄露、内部滥用及身份盗窃等多重威胁。人们通过评估这些负面事件的可能性及其潜在损失,来衡量隐私风险的程度。

隐私偏好,则是每个人在面对隐私泄露风险时所展现的独特容忍度与防范意识的综合体现,不仅受到信息本身特性的影响,还深受个体特征(如年龄、性别、教育背景)及所处环境(如不同类型的网络平台)的塑造。因此,隐私偏好是一个动态且多维度的概念,随着情境的变化而灵活调整。

3. 隐私悖论的深层剖析

隐私悖论,如同一面镜子,映照出消费者在隐私态度上的矛盾与挣扎。在信息爆炸的时代,用户既享受着数据共享带来的便捷与福利,又时刻警惕着隐私泄露的风险。这种矛盾心理的背后,是隐私关注与实际行为之间的微妙脱节。

对于隐私悖论的解释,学界众说纷纭。一种观点认为,这是由于消费者对隐私侵犯后果的认知不足或缺乏替代选择所致;另一种则强调,在隐私与数据福利的天平上,人们会根据实际情况进行理性权衡,隐私悖论实则是这一权衡过程的直观反映,揭示了消费者权益的双重性质:既渴望保护隐私的净土,又希望通过数据分享获得更加优质的服务体验。因此,全面理解消费者权益,必须把握这种双重性及其背后的复杂权衡逻辑。

(二) 隐私信息博弈

1. 企业基于隐私信息的战略布局

在数字经济时代,企业与消费者围绕隐私信息的博弈展现前所未有的复杂性与多样性。企业借助先进的信息技术,精准追踪用户行为,从网络漏洞到 Cookies,都成为其搜集隐私信息的工具。在此背景下,企业的隐私信息战略主要聚焦于两大方面:

① 价格歧视的隐形之手。企业通过对消费者隐私信息的深度挖掘,实施个性化定价策略,构建"搜索歧视"壁垒。例如,互联网企业普遍采用的跨期价格歧视,通过 Cookies 记录消费者购买历史,对老用户与新用户实施差异化定价,即"大数据杀熟"。此外,隐私信息的滥用还加剧了性别、种族歧视及电信诈骗等社会问题。

② 隐私保护的双赢策略。面对消费者的警觉与反制,企业逐渐意识到隐私保护的重要性。通过保护消费者隐私,企业能够维护良好的客户关系和市场声誉,减少价格歧视带来的负面影响,促进市场公平竞争,实现企业与消费者的双赢。

2. 消费者的隐私策略选择

在隐私博弈中,消费者的策略同样丰富多彩,其行动深受个人特征、偏好及市场环境的影响:

① 反制隐私侵犯的智慧。部分消费者通过匿名购物、使用反制软件或采取等待策略,有效抵御企业的隐私侵犯行为,保护个人隐私。

② 隐私共享与个性化服务的双赢。一些消费者乐于与企业共享隐私信息,以换取更加个性化的服务和商品推荐。这种隐私共享行为在一定程度上促进了市场效率提升和社会福利增进。

(三) 隐私信息治理

1. 隐私保护的市场失灵现象

市场失灵在隐私保护领域尤为显著,表现为市场机制难以自发地解决隐私保护难题,资源分配效率低下。其根源可归结为信息不对称、谈判力量不均衡及平台垄断与策略滥用等方面。解决市场失灵问题,需要政府、企业与消费者共同努力,通过完善法律法规、加强监管、提升公众意识、促进技术创新等多维度措施,构建良好的隐私保护生态。

2. 隐私保护的产权治理

基于科斯定理的产权理论框架,明确个人数据产权归属有助于在隐私权益保障与个人数据价值挖掘之间找到平衡。然而,数据产权的明确界定在现实中面临诸多挑战,如操作难度大、市场交易机制复杂、道德风险增加等。尽管如此,随着数据技术的不断革新与数字交易制度的日益完善,基于产权观念的隐私保护策略有望成为未来政策的重要选项。

3. 隐私信息的监管策略

关于个人数据保护是否应纳入政府干预范畴,经济学界存在争议。多数学者倾向于政府应扮演监督角色,但反对全面且严苛的行政干预。隐私信息监管的核心挑战在于如何在维护隐私权益的同时,不牺牲信息共享所带来的社会与经济利益。因此,监管策略应平衡多方利益,既要保障个人隐私权,又要促进数字经济的健康发展与技术创新。具体策略包括强化私人监管的基础作用、综合运用多种机制等,以实现隐私保护与信息共享的和谐共生。

四、平台规制

(一) 平台生态治理

平台生态系统,作为一种以核心平台企业为中心构建的复杂商业网络架构,汇聚了多元化的企业、用户、政府机构及产业联盟等互补性参与者,他们各自携带着独特的利益诉求,共同编织出一个既经济繁荣又富有社会责任感的动态系统。在这个系统中,各类互补者通过紧密的互动和微妙的竞争合作关系,协同推动平台的搭建、成长与不断进化,共同挖掘并分享价值创造的丰硕果实。植根于创新生态的肥沃土壤,平台生态系统凭借先进的数字平台技术应运而生,成为数字经济时代新型产业组织模式的典范。

随着生态系统中互补者群体的不断壮大和多元化,平台生态系统不仅凭借强大的网络效应展现深远的经济社会影响力,同时也面临日益复杂的生态治理挑战,呼唤着更为精细和创新的治理策略。平台生态的核心魅力在于其互补性,即不同互补者的融入,通过协同作用创造出超越个体独立存在所能实现的价值总和。这一原理在诸如 Windows 与英特尔的软硬件协同、美团生态中商家、外卖员与食材供应商的紧密合作等成功案例中得到了生动诠释。

平台生态治理的重任落在平台企业身上,它引领着一个多元共治的局面,其中生态内部的各类互补者作为共同参与方,携手推进治理进程。治理的焦点在于公平、合理地分配与平衡平台生态中产生的经济社会价值,旨在实现生态系统的长期利益最大化,促进可持续、创新和健康的全面发展。在数字经济的浪潮中,平台生态汇聚了跨动机、跨产业、跨类型和跨地域的互补者,他们利用数字技术激发网络效应,推动创新多元化,但同时也带来了复杂多变的利益纠葛。

因此,平台企业需要扮演生态舵手的角色,承担起协调与平衡各方经济行为和社会关系的重任,以维护良好的治理秩序。面对生态的复杂性和多样性,单一的治理机制已难以应对,取而代之的是构建合理且系统的治理机制,全面考量各类互补者的利益诉求。这不仅能够妥善解决当前经济活动参与者的利益分配问题,激发其共创价值的积极性,还能兼顾非经济活动参与者的合理需求,为平台生态的持续、健康、稳定发展奠定坚实基础。

在平台生态系统中,价值创造与价值分配同样重要。为确保生态的和谐共生与可持续发展,治理机制的核心逻辑应聚焦于精准平衡各类互补者之间的价值分配。随着平台生态的日益复杂化,平台企业需要不断创新治理机制,设计既符合市场规律又能兼顾社会价值的价格与信息结构,充分利用网络效应优化资源配置。同时,面对平台与互补者之间的潜在竞争关系,平台企业需要展现治理智慧,拓宽研究视角,以全面把握生态治理的动态变化。

目前,基于价值分配平衡的核心理念,平台生态整体治理机制的研究已取得显著进展,但仍需应对互补者间交互协调的复杂性、互补关系不确定性所引发的创新风险,以及数据资源开放性的局限等多重挑战。为此,控制机制、关系机制与激励机制的深度融合成为构建有效治理机制的关键要素。以微信平台为例,其通过精细平衡各利益相关者的关系,强化监管力度,确保在追求经济价值的同时,保护用户隐私,维护平台形象与用户信任,为平台生态的持续优化与可持续发展提供了宝贵经验。

(二) 平台垄断表现形式

随着平台规模的持续膨胀及其"赢者通吃"市场特性的日益凸显,平台企业往往趋向于形成垄断地位,并借助一系列创新的垄断策略攫取超额利润,对社会整体福利构成了显著且紧迫的威胁。平台相较于入驻商家与消费者,天然地占据优势高地,不仅能够对商家施加强大影响力,推行排他性协议(如"二选一"),还通过深度挖掘交易数据,实施精准营销,使消费者陷入信息不对称的困境,便于平台采取"大数据杀熟"、捆绑销售等策略进一步攫取利润。更为复杂的是,平台间的竞争、平台与交易相对人之间,以及平台内部经营者之间的互动,可能通过技术手段、平台规则、数据垄断及算法操控等隐蔽方式,达成共谋或限制市场竞争的协议,这些行为削弱了市场竞争的活力,侵害了相关主体的合法权益,对经济社会的健康发展产生了深远影响。

在此背景下,科学且高效地规制平台垄断行为,已成为数字经济时代不可回避的全球性挑战。近年来,美国、欧盟等经济体纷纷加大对平台经济反垄断的审查力度,以应对新兴经济形态下的复杂竞争环境。然而,平台经济领域的反垄断界定远比传统行业复杂,要求传统的垄断界定方法必须与时俱进,适应并引领平台经济的新发展。

为应对这一挑战,中国于 2021 年 2 月发布了《关于平台经济领域的反垄断指南》,为我国数字经济领域的反垄断工作量身定制了规范措施,为构建公平、有序的市场竞争环境奠定了坚实基础。2022 年 6 月,全国人大常委会审议通过了《中华人民共和国反垄断法》的修订,标志着我国平台经济反垄断工作迈入了一个全新的发展阶段,旨在更加精准地应对平台经济中的垄断行为,促进数字经济持续健康发展,维护消费者和中小企业的合法权益。

根据《关于平台经济领域的反垄断指南》,平台垄断的新型表现形式具体包括以下几种。

1. 垄断协议

平台经济中的垄断协议涉及经营者间旨在排除或限制市场竞争的协议、决策或其他协同行为,形式灵活多样,包括数据共享、算法协同、平台规则操控等手段,这些行为在实质上可能达成了一致行动,损害了市场竞争。

2. 滥用市场支配地位

评估平台是否滥用市场支配地位需从多个维度综合考量,包括市场份额、市场竞争态势、市场控制力等。滥用行为包括但不限于不公平定价、低于成本销售、交易限制、捆绑销售与附加不合理条件、差别待遇等,这些行为均对市场竞争、消费者权益及经济生态构成威胁。

3. 扼杀型并购

在平台经济中,并购行为往往以数据资源整合与战略控制为核心动机,旨在通过并购初创企业来消除潜在竞争挑战,巩固或扩大市场地位。网络效应在此过程中发挥关键作用,使得并购行为能够间接限制市场竞争,构建更稳固的市场壁垒。

4. 经营者集中

经营者集中涉及已具规模企业之间的联合或实质性控制,通过灵活的策略(如 VIE 架构等)实现经营权与财务整合,对市场竞争格局产生深远影响。

5. 算法控制

在数字经济时代,算法已成为平台经济活动的核心枢纽。平台企业通过大数据与算法构建数字优势,进行精准营销与商业决策,甚至实施自我优待,为自身业务开辟不公平的竞争优势,对整个数字市场的公平竞争环境构成挑战。

(三)平台垄断的经济学分析

鉴于平台经济独有的网络效应等内生特性,平台企业相较于传统企业更易于达成规模经济效应,进而加速向垄断地位演进。在此背景下,界定平台企业是否"滥用市场支配地位"的复杂性显著增加。平台的市场支配力往往多维度展现,包括但不限于高市场份额、广泛业务范围、深度供应链渗透及技术独占性等。当前,平台经济领域的反垄断议题已成为社会经济的热点,相关政策措施的实施直接关联到市场竞争格局的重塑。

鉴于平台构建的双边市场结构迥异于传统市场模型,平台型垄断的成因更显复杂,亟待深入剖析。平台的网络效应天然地孕育了垄断倾向,加之"赢者通吃"的市场竞争现象频繁显现,进一步加剧了市场结构的非均衡性。传统经济理论指出,垄断企业的利润最大化追求与市场整体福利最大化之间存在显著背离,导致垄断相较于完全竞争状态效率低下。然而,面对双边市场与数字平台所展现的新特性,传统反垄断框架在识别与规制垄断行为时遭遇了挑战,呼唤更加精细化、适应性的反垄断策略出台。

尽管平台型垄断与自然垄断在表象上均表现出规模报酬递增的特征,但两者的生成机理大相径庭,因此需采取差异化的治理路径。这要求在制定反垄断政策时,不仅要考虑到平台经济的独特性,还需精准施策,以实现既维护市场竞争活力,又促进平台经济健康发展的双重目标。

自然垄断中的规模报酬递增,来源于由生产技术决定的边际成本递减。如图 9-1 所示,由于边际成本递减,一个自然垄断企业的边际成本曲线 MC_n 一直处于平均成本曲线 AC_n 的下方。随之带来的规模报酬递增,致使规模大的企业拥有更强的竞争优势,并使得行业通常出现高度垄断。自然垄断企业会将垄断产量确定在边际收益曲线 MR_n 和边际成本曲线 MC_n 的交点处,因此其最优的垄断产量—垄断价格的组合为图 9-1 中的 (q_n, P_n)。而治理政策希望企业将产量—价格的组合确定为社会最优,即需求曲线 D_n 和边际成本曲线 MC_n 的交点 (q_n^*, P_n^*)。但产量—价格的组合势必会导致垄断企业亏损而停止生产。考虑到将自然垄断企业分割成多家小企业在经济上是无效率的情况,对于自然垄断行业的反垄断,常用措施便是限制价格与数量并进行补贴,或者以特许经营的方式允许少数企业进行生产。

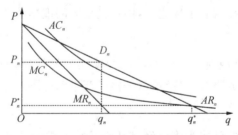

图 9-1　自然垄断行为的成本曲线

平台型垄断与自然垄断虽同属规模经济范畴,但在成因上有着本质的区别。平台型企业的规模经济主要来自其需求方,即来自不同的用户组之间的网络效应,可以理解为源自需求一侧的规模经济,如图 9-2 所示。首先,在生产成本方面,平台型垄断的边际成本(MC)曲线与平均成本(AC)曲线都呈 U 形,并不一定具备自然垄断的边际成本递减的特征。

因此,传统限价结合补贴的反垄断方法并不适用于平台型垄断,即使按照 $MC=MR$ 的原则定价,但由于平均成本曲线位于边际成本曲线下方,垄断的平台企业仍可获利。其次,平台型企业的规模报酬递增来自需求方之间的网络效应,在图9-2中则显示为需求曲线更加扁平,即需求价格弹性更大。假定没有网络效应时的需求曲线和边际收入曲线分别为 D_0 和 MR_0,存在网络效应时则分别为 D_p 和 MR_p。因为网络效应的乘数加速作用,相较于传统垄断(D_0,MR_0),平台型垄断厂商的需求曲线 D_p 和边际收益曲线 MR_p 会更加平坦。需求曲线更加平坦的变化,最终所呈现出的便是平台型垄断的规模报酬递增。

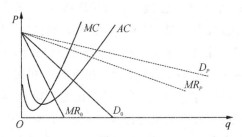

图9-2　平台型垄断厂商的需求曲线

平台型垄断与自然垄断在形成机制上的异同,直接决定了二者在治理策略上的分野与共性。共通之处在于,两者均源于规模经济效应,从根本上削弱了简单分拆垄断企业或人为强制多企业竞争的经济合理性。然而,差异之处更为显著,导致针对自然垄断的传统治理手段难以直接套用于平台型垄断之上。具体而言,平台型垄断因边际成本不总是低于平均成本及网络效应的强化作用,使得"社会最优"价格与产量调控政策缺乏明确的参照基准与科学依据。此外,平台企业的复杂性进一步加剧了挑战,如信息不对称导致平均成本等关键信息难以透明化,以及自然垄断与平台型垄断交织并存时,规模经济来源的复杂性显著提升。

鉴于平台型企业与自然垄断之间形式上的相似性掩盖了本质上的差异,治理策略必须摒弃"一刀切"的思维模式,转而从各自特性出发,灵活调整视角与策略,以探索适应新型企业垄断特征的识别与治理路径。当前,一个被广泛认同的观点是,平台经济领域的反垄断焦点不应聚焦于垄断状态本身,即不应盲目追求对垄断平台企业的拆分,而应精准定位于规范其垄断行为。我国现行的平台经济反垄断政策正是该理念的实践体现,聚焦于遏制"二选一"不正当竞争、保护用户隐私等具体垄断行为,旨在维护市场公平竞争秩序,促进平台经济健康发展。

(四) 平台反垄断的影响

当前,数字平台反垄断议题已跃居社会舆论的风口浪尖,反垄断政策的执行无疑对市场均衡格局产生深远影响。通过分析可知,双边平台固有的网络效应天然地驱动其趋向垄断状态。传统经济学理论认为,垄断企业为追求利润极致化,所采取的垄断行为往往导致市场均衡偏离社会福祉最大化的理想状态。对此,存在两种对立的观点:一种认为垄断平台的市场效率不及竞争状态,因此无法提升社会福利;另一种则强调,网络效应促使双边平台在垄断境遇下采取更加普惠的策略,吸引更多用户参与,从而在实现利润最大化的同时,也促进了社会资源的优化配置。无论双边平台垄断是否真正导致社会福利损失,其对广大用户群体的强大影响力是不容忽视的。

基于此,全球范围内针对平台的反垄断调查与处罚屡见不鲜,如美国 1997 年对微软的反垄断调查、欧洲 2017 年对脸书的罚款、美国 2020 年对苹果与谷歌的审查,以及中国 2020 年在蚂蚁金服监管事件后颁布的《关于平台经济反垄断指南》等。然而,传统的反垄断框架在应对平台经济时遭遇重重挑战,尤其是在垄断行为界定上显得力不从心。同时,反垄断措施的实施如何影响双边平台最终的市场均衡状态,仍是亟待深入研究的课题。

以我国《关于平台经济反垄断指南》为例,其核心目标之一即遏制资本无序扩张。在此"指南"出台之前,中国互联网市场竞争趋于白热化,部分行为已对社会经济发展造成负面影响。例如,互联网巨头纷纷涉足社区团购,虽提升了居民购物效率,但激烈的"价格战"严重挤压了小商小贩的生存空间,不利于社会稳定。随着"指南"的实施,互联网巨头的投资行为得到了有效规范,腾讯退出京东大股东行列,阿里巴巴剥离优酷股权,字节跳动更是解散了战略投资部门。然而,过度反垄断亦可能给互联网行业带来重创。

从长远视角审视,平台经济领域的反垄断旨在促进整个互联网行业健康、可持续发展,关键在于把握反垄断的力度与节奏。《人民日报》2022 年年初的评论文章指出:"防止资本无序扩张并非排斥资本,而是引导其有序发展。"这揭示了平台经济反垄断的深远影响与重大意义,其实施过程必须紧密结合社会经济发展的宏观背景,以实现最佳的政策效果。

第三节　发展政策

数字经济自 20 世纪 90 年代萌芽,初期网络经济为其核心动力。随着其在全球 GDP 占比攀升,战略地位凸显,多国将其纳入国家战略规划核心。欧盟推出《数字化单一市场战略》等蓝图,强化跨境数字服务、政策与潜力挖掘,后续发布《欧洲数据战略》等文件,加速构建统一数字市场,聚焦数据开放、AI 安全创新及技术主权。美国不甘示弱,聚焦技术创新与应用,出台系列政策巩固其全球领先地位。英国重视数字政府建设、产业发展与人才培养。日本则致力于智能社会建设,推进"数字新政"。中国自 2015 年"互联网＋"行动起,数字经济发展迅猛。2017 年数字经济入政府工作报告,2021 年"十四五"规划将其推向新高潮,设定核心产业增长目标,提出多项战略举措,绘制高质量发展蓝图。

一、公共投资政策

(一) 公共与市场的权衡

互联网基础设施因其公益性与自然垄断的固有属性,其投资活动展现独特的双重性:

既蕴含"非市场性"特质,要求超越纯粹市场机制,聚焦于市场失灵领域,以非营利目标为导向,运用非市场手段推进;又兼备"市场性"特征,强调通过收费与竞争机制,在市场框架内追求经济效益,采用市场化手段运营。因此,合理平衡互联网基础设施投资的双重性质,核心在于精准协调公私资本投入比例,依据项目公共性与私人性的混合程度,灵活设定政府与私人部门的投资权重。

鉴于互联网基础设施行业普遍存在的自然垄断与规模经济特性,其内部往往缺乏自然形成的竞争动力,政策制定者常需在规模效益与竞争活力之间寻求微妙平衡。有效策略在于明确区分业务属性,对自然垄断业务实施模拟竞争机制,如采用许可证制度和科学定价策略,以增强其竞争意识并规范经营;对于非自然垄断业务,则应全面引入市场竞争,以此促进整个行业在保持规模经济的同时,激发竞争活力。

合理的价格策略是确保基础设施产业健康发展的基石。价格作为资源配置与收入分配的关键杠杆,其制定需慎之又慎。针对自然垄断行业,公共定价机制是抑制垄断高价、保障公共利益的有效手段。政府亦可通过价格政策调整,降低具有正外部性的基础设施产品价格,扩大供给,优化收入分配。

回顾我国基础设施价格管理历史,长期实行的低价政策往往导致价格低于边际成本,违背了经济效率原则。因此,改革势在必行,核心在于建立以成本补偿为核心、以收费为主要形式的定价机制。这应以经济效率为导向,兼顾公众承受力与分配公平,确保价格既能反映商品价值与市场供求关系,又能激励企业降低成本、提升效率,同时避免对公共利益造成不利影响。对于高公益性、民生关联紧密的基础设施,适度调整用户费用或提高收费标准,减少乃至取消政府补贴,不仅有助于缓解财政压力,还能引导合理消费,减少资源浪费。

(二) 公共投资的配套政策

1. 法律体系

互联网基础设施产业的稳健发展离不开健全的法律体系的支撑。随着该领域投融资渠道的日益多元化,构建一套符合市场经济规律、适应其发展特性的法律"游戏规则"显得尤为关键。这不仅要求法律保护各投资主体的合法权益,确保市场参与者的公平竞争,还需通过立法手段规制自然垄断现象,强化产品和服务质量标准,切实维护消费者权益,促进市场的健康有序发展。

2. 产业政策

国民经济的持续繁荣依赖于各产业间的协调与平衡。政府应精准施策,通过制定科学合理的产业政策,为包括互联网基础设施在内的各产业绘制清晰的发展蓝图。作为国民经济的基础命脉,互联网基础设施产业的发展规划必须兼顾当前实际与未来趋势,既要避免滞后发展导致的"基础瓶颈",又要防范过度建设造成的资源浪费,确保产业结构的合理性与动态优化。

3. 财政政策

税收与补贴政策是政府调控产业结构、激发产业活力的重要财政杠杆。针对互联网基础设施产业，政府可通过实施减税降费政策，降低企业运营成本，同时辅以适当的财政补贴，特别是针对具有显著外部效益的项目，以吸引更多社会资本与外资的注入。此举旨在优化资源配置，促进产量达到效率与效益的最佳平衡点，减少市场失灵现象，确保供给充足且高效。

4. 筹资策略

鉴于互联网基础设施产业投资规模庞大、建设周期长的特点，资金筹措成为制约其发展的关键因素。政府应采取多元化筹资策略，一方面，通过财政预算、专项基金等渠道直接增加对基础设施产业的投入；另一方面，积极创新融资模式，如利用 BOT 模式引入社会资本，鼓励企业利用资本市场融资，并建立健全政策性银行与长期信用银行体系，为基础设施建设提供稳定的资金来源。此外，政府还可采取财政贴息等间接支持措施，引导商业银行加大对基础设施产业的信贷投放，共同推动产业的高质量发展。

二、普遍服务

(一) 普遍服务原则的定义与内涵

"普遍服务"概念的核心在于，确保全体公民无论地域、经济状况如何，都能无差别地获得高质量、经济可负担的电信服务，旨在维护公民基本权益，促进社会公平与缩小贫富差距。通过国家立法与政策扶持，这一原则确保了从繁华都市到偏远乡村，乃至高成本服务区域的民众，均能以普遍认可的合理价格，享受到满足基本生活需求及促进个人发展的服务。此原则广泛应用于邮政、电信、电力、供水等关乎国计民生的公益性垄断行业，强调服务的全面性、接入机会的平等性及用户负担的合理性。尽管各国具体实现方式各异，但普遍服务的核心特征——广泛覆盖、价格亲民、质量可靠却是一致的。

在偏远及农村地区，由于经济相对滞后、基础设施利用率低，服务提供商常面临投资与收益不成正比的挑战，形成恶性循环。为打破这一困境，政府积极推行普遍服务制度，强制要求服务提供商不得因成本因素拒绝服务或提高资费，确保服务质量不受影响，从而有效促进这些地区的经济社会发展。

与此相关，"普遍接入"作为另一重要概念，侧重于提升信息与通信技术的可获得性，尤其关注中低或低收入国家的需求，与普遍服务在家庭层面的高水平普及目标相辅相成，共同推动全球信息与通信技术的均衡发展。

(二) 普遍服务的功能

普遍服务不仅是一项社会政策，更是驱动经济增长、促进社会公平的重要力量。在数字经济时代,其三大功能尤为显著。

1. 强化网络正外部性

互联网的价值随用户增长而呈指数级提升,普遍服务通过政府介入,将网络的正外部性部分内部化,确保网络价值最大化,促进整体社会福利。

2. 独特的收入再分配机制

通过创新的定价策略,普遍服务实现了对社会资源的再分配,特别关照低收入群体,有效抵御资费变动带来的经济压力,成为政府调节收入分配、促进区域均衡发展的重要工具。

3. 助力地区发展战略

针对我国地区发展不平衡的现状,普遍服务政策为协调区域发展提供了新思路,通过高效配置资源,促进落后地区经济社会发展,缩小区域差距,推动社会整体和谐与进步。

(三) 普遍服务原则的运作机制

普遍服务政策实质上构建了一个广泛而间接的补贴体系,通过特定服务项目的专项收费筹集资金,实现大用户、工商用户对居民用户或低收入用户的隐性补贴。这一机制在财政资金紧张时尤为有效,但也面临市场环境变化的挑战。

随着价格上限政策的引入和互联网基础设施行业的自由化改革,传统的交叉补贴机制正面临考验。价格上限政策赋予企业更多定价自主权,自由化改革则加剧了市场竞争,可能导致高资费服务项目补贴资金来源减少,威胁普遍服务的可持续性。

三、知识产权保护

(一) 知识产权简述

知识产权体系在法律领域内构筑了智力性权利与识别性权利两大支柱。智慧性权利,作为智力劳动成果的坚固盾牌,涵盖著作权、专利权、技术秘密及商业秘密保护权等,为创新思维与技术革新提供了坚实的法律保障。识别性权利,则聚焦于商品与服务的独特标识,如商标权及知名商品元素的法律保护,确保了市场中的品牌清晰度和消费者信赖。此外,知识产权还隐含着对商业竞争公平性的维护,体现了法律对市场秩序与竞争环境的关怀。知识产权的法定性决定了其并非自然生成,而是需满足特定法律条件方能获得法律庇护。相比之下,经济学视角下的知识产权概念则更为宽泛,触及个人知识价值等经济领域的深层次议题。

从经济视角审视,知识产权不仅是法律制度的产物,更是企业内部制度设计的核心要素。其布局与优化直接关联着企业的运营效率及市场资源配置效率。随着技术与互联网的迅猛发展,传统产权经济学中物质资本至上的观念正逐步让位于人力资本与知识产权的价值凸显,成为高新技术企业发展的核心驱动力。在此背景下,企业与员工在知识产权领域的协同合作显得尤为重要,其中,关键员工持股制度作为优化企业产权结构的创新实践,正逐步成为促进企业与员工共赢、激发创新活力的新路径。

(二)知识产权的特点

1. 专有性

作为知识产权的基石,专有性赋予权利人独占或垄断的特权,严格排除未经许可的第三方介入。这一特性彰显了法律对创新成果的坚定捍卫,确保创新者免受非法侵扰,仅在特定法律程序下(如强制许可、国家征用)方可调整。

2. 地域性

知识产权的效力受限于特定国家的法律框架内,体现了其地理边界的明确性。然而,在全球化背景下,通过国际公约或双边互惠协定,知识产权的效力可跨越国界,展现其国际性的一面。

3. 时间性

知识产权的保护期限由法律明确规定,旨在平衡创新激励与知识传播的需求。各国法律对保护期限的设定虽有差异,但国际协定往往促使特定权利保护期限的国际统一。

4. 绝对性

知识产权在某些方面类似于物权中的所有权,权利人享有对权利客体的直接支配权,包括使用、收益、处分等,且这些行为均具有排他性和可移转性。

(三)数字知识产权制度的重要性

强化知识产权法律框架,明确其财产权本质及经济利益,是驱动数字经济蓬勃发展的关键。构建公平透明的知识产权竞争环境,加速创新成果的商业化进程,不仅是保护知识产权的必由之路,也是激发数字经济活力的核心策略。数字知识产权制度的重要性体现在以下几个方面:

首先,数字经济之核。知识产权制度为数字经济提供了坚实的法律支撑,确保网络交易、信息获取、文化交流与内容消费的合法性与安全性,是数字经济稳健发展的基石。

其次,创新引擎。知识产权制度为网络创新提供了强有力的法律保障,通过保护创新者的合法权益,激发持续的创新活力,推动数字经济不断向前发展。

第三,资本磁石。有效的知识产权保护为网络企业构建了稳固的权益屏障,吸引了大量创业投资者的关注与投入,为数字经济的繁荣注入了源源不断的资本动力。

(四)数字知识产权保护

1. 数字知识产权的独有特征

① 存在形式的虚拟化。在网络环境中,智力成果以电子形式存储与传播,彻底实现

了数字化转型,对确权过程提出了新挑战。

② 专有性与共享性的平衡。网络的普及与数字技术的发展模糊了专有与共享的界限,既促进了知识共享,也加剧了保护与共享的矛盾。

③ 地域性界限的模糊。智力成果在网络空间跨越国界,要求各国法律体系加强协作,共同应对跨国知识产权保护的挑战。

④ 时间性限制的相对性。网络环境加速了知识产品的无形损耗与技术迭代,传统时间限制需适时调整以适应新需求。

2. 数字知识产权侵权的主要形式

① 版权侵权的严峻挑战。网络传播的广泛性与难以控制性使得著作权人的维权之路充满困难。

② 不正当竞争行为的网络蔓延。部分不良经营者利用网络的匿名性与广泛性实施不正当竞争行为,扰乱市场秩序。

③ 商标侵权现象的频发。未经许可使用相同或相似商标的行为严重侵犯了商标权人的合法权益。

3. 保护数字知识产权的对策

① 构建全面的知识产权保护体系。完善相关法律法规,制定适应数字经济发展的数字知识产权保护制度。

② 融合技术手段强化保护。利用先进科技手段构建多层次、立体化的知识产权保护网,提升防护能力。

③ 提升全社会知识产权维权意识。加强宣传教育,培养市场主体的维权意识和能力,激发社会各界参与知识产权保护的积极性。

四、数字鸿沟

(一) 数字鸿沟内涵

在学术界与国际组织中,数字鸿沟的定义展现多元化的趋势。经济合作与发展组织提出的定义尤为典型,它强调了不同社会经济地位的个人、家庭、企业及地理区域之间,在获取 ICT 资源、利用互联网进行各类活动的能力与机会上的差距。这一定义不仅触及了技术接入的层面,还深入剖析了社会经济、人口统计特征(如年龄、性别、收入、种族)及地理位置(如城乡差异)等多维度因素,为全面理解数字鸿沟提供了坚实的理论基础。

在界定数字鸿沟的内涵时,需精准把握以下几个核心要素:数字化核心、鸿沟的广度与深度、多元比较对象以及内容的动态演变。数字化核心聚焦于数字技术变革所带来的独特差异;鸿沟的广度与深度则超越了简单的差距概念,触及多维度、多层次的不平等状态;多元比较对象为数字鸿沟的量化与定性分析提供了丰富的参照系;内容的动态演变则反映了研究视角的拓展与深化,揭示了数字鸿沟与信息化水平差距在概念上的日益融合。

综上所述,数字鸿沟可定义为:不同社会群体之间,在拥有、接触、利用现代信息技术(包括但不限于互联网及信息基础设施)的过程中所展现的显著差距。这种差距不仅体现在技术的获取与接入上,更深刻影响了技术的实际应用效果及信息化水平的提升,成为衡量社会公平与发展水平的重要指标之一。

(二) 数字鸿沟分类

数字鸿沟的初始形态,鲜明地勾勒出能否接入信息与通信技术的群体之间的鲜明界限。彼时,简单地提供 ICT 接入被视为弥合这一鸿沟的直接途径。然而,随着互联网的深度渗透与技术革命的浪潮,数字鸿沟的内涵与外延经历了显著的蜕变,其焦点逐渐从单一的接入能力转向更为复杂的能力、技能差异,乃至深层次的社会、心理、文化背景的不平等。这一转变促使研究者们重新审视并深化了对数字鸿沟的理解,进而提出数字鸿沟的细致划分。

1. 第一道数字鸿沟:资源获取的鸿沟

直观上,第一道数字鸿沟指的是个体或群体在获取 ICT 资源方面的显著差异,关注的是技术接入的平等性,即是否存在因经济、地理或其他因素导致的资源分配不均。

2. 第二道数字鸿沟:能力与使用的鸿沟

相较于第一道鸿沟,第二道数字鸿沟更为复杂且多维,它涵盖 ICT 使用方式、自主性、技能掌握程度、社会支持网络以及使用目的等多个方面。这一层次的鸿沟不仅聚焦于访问的平等性,更深入挖掘了使用效率、效果以及背后隐藏的社会结构因素,极大地丰富了数字鸿沟的理论框架,使其成为一个多维度、多层次的研究领域。

3. 第三道数字鸿沟:效益分配的鸿沟

随着技术进步与社会发展的并行推进,当技术普及成为常态,第二道数字鸿沟的重要性愈发凸显,同时,第三道数字鸿沟的概念也应运而生,聚焦于数字网络使用所带来的实际效益分配不均,以及这种不均等所催生的新型不平等,进一步拓宽了有关数字鸿沟研究的视野,使其更加贴近社会公平与发展的核心议题。

此外,也可以从国家层面划分不同的数字鸿沟。国家间数字鸿沟聚焦于全球范围内国家与国家之间的不平等现象,亦称全球数字鸿沟。其根源错综复杂,可能源于国家间的教育发展水平差异、社会经济指标的悬殊,以及国内生产总值所反映的国家财富差距。此外,各国在互联网与宽带基础设施建设上的投入与成效,也是造成国家间数字鸿沟的关键因素。国家内部数字鸿沟同样影响着国家内部的不同地区与个体群体,国内数字鸿沟主要聚焦于国内社会结构中的多元化差异,包括不同社会阶层、种族群体、行业领域、年龄层次、教育背景以及城乡之间的显著差异。差异直接反映在信息资源的获取能力、网络技术的应用深度及创新能力的高低上,进而加剧了信息获取的不平等,并可能加剧社会贫富的两极分化趋势。

（三）数字鸿沟的成因

在当今社会,仍有广泛群体因多重因素难以积极融入数字技术浪潮,无法充分享受其带来的福祉。数字鸿沟的成因错综复杂,可归纳为以下五大核心要素:

首先,经济发展状况与收入水平构成基础障碍。新技术的采纳与应用往往伴随着不菲的初期成本,使得经济欠发达地区及低收入群体因财务压力而难以触及。特别是在技术快速扩散的初期阶段,高昂的费用成为一道难以逾越的门槛。

其次,教育水平与知识能力的不均衡显著影响着技术的接纳度。受教育程度的差异直接导致了个体对新技术的理解、接纳及应用能力的显著差异。对于识字有限或缺乏相关技能的群体而言,有效利用现代信息技术成为一大挑战。

第三,政策环境对数字鸿沟的形成具有深远影响。技术革命与产业变革往往伴随着全球生产力的重新洗牌,国家间的战略选择与政策导向成为决定谁能在变革中脱颖而出的关键因素。缺乏有效的政策支持或错误的战略导向,都可能加剧数字鸿沟的扩大。

第四,个人习惯与偏好亦不容忽视。即便在拥有经济能力和教育背景的情况下,部分个体因个人秉性使然,仍可能对新技术持保守态度,选择排斥而非接纳,从而在数字时代中逐渐边缘化。

最后,生理因素(如年龄、体能等)也在一定程度上制约了部分群体对数字技术的适应与运用。婴幼儿与老年人在该维度上尤为显著,前者因成长阶段限制而难以参与,后者则可能因体能下降或对新技术的认知障碍而选择退避。

此外,个体数据的差异化处理、网络社会的圈层化趋势以及信息技术的飞速迭代,也作为新兴因素,进一步加深了数字鸿沟的复杂性与挑战性。因素相互交织,共同作用于数字鸿沟的形成与演变过程之中。

（四）数字鸿沟的效应

现代信息技术的蓬勃发展赋予个体前所未有的自由,重塑社会面貌的同时,也加剧了不同群体间的数字鸿沟。这一鸿沟作为经济社会差异的镜像,根源于收入、阶层及地域等多重因素,且随技术迭代而扩大,加剧了社会不平等。从宏观上看,数字鸿沟的广泛存在威胁社会整体发展与安全,限制个人潜能,阻碍社会进步,甚至可能加剧社会分裂,影响稳定与和谐。因此,积极应对数字鸿沟,努力缩小不同群体间的技术差距,已成为当前社会亟待解决的重要课题。这主要体现在以下四个方面。

1. 信息贫困者的涌现:数字鸿沟的离散效应凸显

数字鸿沟的深化催生了一种新型贫困形态——"信息贫困"。群体因缺乏获取信息的能力与途径,被隔绝在信息社会的繁荣之外,难以参与信息文明的共建共享,最终沦为信息时代的边缘群体,仿佛信息社会的"流浪者"。将信息贫困者日益推向社会边缘的现象,正是数字鸿沟离散效应的具体体现。

2. 信息均享失衡:数字鸿沟的分化效应加剧

信息技术的快速发展并未惠及所有群体,弱势群体尤其被排斥在信息技术革命的红利之外,导致信息资源分配和使用上的巨大鸿沟。从全球层面来看,信息技术资源主要集中于发达国家手中,发展中国家则严重依赖进口,加剧了信息技术普及和网络接入的马太效应。而在个体层面,早期接触并善用信息技术的群体,其信息理解力、应用能力和创新能力显著提升,与未接触信息技术的群体之间的差距日益扩大。将信息富有者与贫困者两极分化的趋势,便是数字鸿沟分化效应的直接后果。

3. "双刃剑"下的弱势群体:数字鸿沟的"双刃"效应

数字鸿沟对弱势群体而言,既是挑战也是机遇。一方面,加剧了弱势群体被信息社会边缘化的风险;另一方面,信息技术的迅猛发展与广泛渗透为弱势群体提供了弯道超车、实现跨越式发展的可能。对于像中国这样的发展中大国,把握先机、突破核心技术,是实现信息技术领域飞跃的关键。若任由数字鸿沟扩大,则可能错失利用信息技术革命实现国家整体跃升的历史机遇。在国内层面,数字资源的有效利用亦能激发国民信息能力的提升,进而增强国家整体竞争力。数字鸿沟虽客观存在,但不同应对态度将决定其最终影响的迥异走向,这便是数字鸿沟双刃效应的内涵。

4. 社会脆弱性的加剧:数字鸿沟的放大效应

数字鸿沟的存在不仅加剧了收入分配、就业及发展机会等方面的不平等,还进一步放大了原有的社会差距,成为威胁社会安全与稳定的重要因素。联合国等国际组织已发出警告,数字鸿沟可能使国际社会为缩小南北差距所做的努力付诸东流。收入差距的扩大已广泛被认定为社会安全的隐患,并在多国实践中得到验证。对于中等收入国家而言,面对已存在的收入差距问题,数字鸿沟的出现将进一步加剧贫富差距,增大社会脆弱性。将既有社会差距无限放大的现象,正是数字鸿沟放大效应的具体表现。

(五) 弥合数字鸿沟

1. 聚焦硬件设施升级,跨越"接入鸿沟"

首要任务是扩大数字基础设施的覆盖范围,加速"数字丝绸之路"的构建,重点投资于落后国家与地区的固定宽带网络及移动通信基站建设,辅以资金与技术双重援助,如提供低息贷款、技术专利合理共享等激励措施。同时,探索并推广创新的互联网接入方案,如加速全球低轨宽带互联网星座系统的部署,确保偏远地区也能获得稳定、可靠的互联网连接。此外,推动宽带技术与5G通信技术的革新与应用,提升网络传输效率、降低延迟、增强系统容量,为在线教育、远程办公、智能制造、远程医疗等前沿领域奠定坚实基础。通过市场化竞争机制,促进电信市场开放,激励企业降低宽带及移动流量套餐费用,特别是为贫困学生及中小企业量身定制优惠套餐,减轻其经济负担。

2. 优化软件服务体验,缩小"使用鸿沟"

为有效缩小"使用鸿沟",需从多方面着手。首要的是加强数字人才队伍建设,通过国际交流、留学访问等形式,培养并引进专业人才,作为技术传播的桥梁,促进先进数字技术的普及与应用。同时,优化数字教育资源公共供给体系,构建国家级乃至全球性的数字教育平台,提升教师数字化教学能力和学生在线学习效率。此外,积极助推传统企业数字化转型,通过政策引导与技术支持,鼓励企业借鉴行业标杆的转型经验,运用工业互联网、智能工厂、智慧供应链等先进技术,实现产业升级与效率提升。

3. 强化数字素养教育,填平"能力鸿沟"

构建以政府机构为引领、教育机构为主体、社会力量为补充的多维度数字素养培育体系,明确各参与方的角色与责任。该体系应面向全体学生、工人及广大社会公民,旨在培养其数字资源筛选与评估、数字知识应用与交流、数字内容创作与分享以及数字安全防护等多方面的能力。秉持"有教无类"的原则,将数字素养教育融入家庭、学校、职业及社会各个层面,形成全方位、立体化的教育模式,确保不同背景、不同层次的群体都能获得必要的数字技能,共同迈向数字时代的新征程。

 案例 09

规制保障发展:中国数字经济反垄断实践

导语:网络经济中的企业垄断行为具有不同于传统经济的特征。市场监督管理部门的反垄断行为需要适应网络经济的特征。同时也由于网络经济的特征,许多企业的决策行为违反了相关法律规定。反垄断规制需要在促进网络经济良性发展的基本原则框架下,采取适应性监管行为。

2021 年 4 月 30 日,市场监管总局根据《中华人民共和国反垄断法》第四十八条、第四十九条发出行政处罚决定,对腾讯控股有限公司、滴滴智慧交通科技有限公司、苏宁润东股权投资管理有限公司等企业分别处以 50 万元人民币罚款。经查,上述企业均违反了《中华人民共和国反垄断法》第二十一条。构成违法实施经营者集中,评估认为不具有排除、限制竞争效果。

1. 对腾讯的反垄断惩罚

2019 年 11 月,汽车养护电商平台途虎养车再获腾讯注资,资金规模达 3 亿美元。2020 年 6 月,易车宣布公司董事会批准并正式与腾讯控股及黑马资本(Hammer Capital)组成的买方团签署具有法律约束力的合并协议。基于调查情况和评估结论,腾讯被处以 50 万元罚款的行政处罚。

2. 对滴滴的反垄断惩罚

滴滴智慧交通与浪潮智投设立合营企业,分别持股 42% 和 58%,共同控制合营企业,属于《中华人民共和国反垄断法》第二十条规定的经营者集中。根据《中华人民共和国反垄断法》《经营者集中审查暂行规定》,市场监管总局于 2021 年 3 月 11 日对滴滴智慧交通科技有限公司与济南浪潮智投智能科技有限公司设立合营企业涉嫌违法实施经营者集中案进行立案调查。基于调查情况和评估结论,滴滴智慧交通与浪潮智投被处以50万元罚款的行政处罚。

3. 对苏宁润东的反垄断惩罚

2016年12月2日,苏宁润东通过其下属公司南京恒昊企业管理咨询合伙企业(有限合伙),与上海易果及其原股东张晔等签订《关于上海易果电子商务有限公司之增资协议》,以现金方式增资上海易果取得其15.21%的股权,并取得对上海易果的控制权。2016年12月5日完成股权变更登记。随后双方在业务层面开展合作。基于调查情况和评估结论,苏宁润东受到了50万元罚款的行政处罚。

资料来源: 第一财经.国内互联网反垄断再落一刀,腾讯滴滴等分别被罚50万[EB/OL].(2021-04-30)[2023-03-26].https://m.yicai.com/news/101039495.html.

评语: 相较于世界发达国家网络经济领域的反垄断,我国的网络经济反垄断尚处于探索阶段。尤其是网络经济反垄断立法尚不完善,基本沿用传统反垄断法的延伸解释,以规范网络经济市场。事实上,网络经济所具有的特征和市场表现,迥异于传统经济。这就需要立法机构、执法部门和企业多方协作,不断探索中国的网络经济市场的反垄断问题。

思考: 我国网络经济领域反垄断的特点是什么?我国网络经济反垄断适宜的措施和策略有哪些?

🔑 课后习题

1. 论述数字经济市场垄断的主要因素及其特征。

2. 论述在数字经济市场中,结构主义规制转向行为主义规制的原因。

3. 简述数据垄断的影响及其规制策略。

4. 简述隐私信息博弈及其治理。

5. 论述数字经济中平台垄断的主要类型以及平台生态治理。

6. 绘制成本曲线分析数字经济边际成本递减。

7. 绘图解释数字经济的规模报酬递增。

8. 简述数字经济发展的投资政策。

9. 简述数字经济中的普遍服务政策。

10. 简述数字知识产权保护。

11. 论述数字鸿沟的成因、分类及效应。

第十章　数字经济增长理论

本章概要

在遵循国民账户体系既有的成熟框架基础上，免费的数字产品以及非企业化单位与个人的生产活动常常未能被纳入 GDP 核算体系之中。为应对这一挑战，美国、经济合作与发展组织以及中国等国家和地区，已针对各自的统计对象，积极探索数字经济的核算方法，并形成了各具特色的核算体系。数字经济的持续增长，不仅依赖于传统的生产要素，更需高度重视其关键的生产要素——数据要素。特别是数据要素的广泛渗透性，引发了关于生产率悖论的深入讨论。从更深层次来看，随着研究的不断推进，基于增长模型并纳入数据要素的系统性理论考察也日益丰富。

目标要求

1. 了解数字经济统计核算体系，熟悉数字经济统计方法。
2. 了解生产要素的演进，掌握数据要素的经济增长效应、数字经济的溢出效应。
3. 了解引入数据要素的经济增长模型。

本章内容

第一节　增长核算

一、数字经济统计核算

（一）现行的国民经济统计体系

当前运行的国民经济统计体系，作为工业社会需求的产物，在联合国、国际货币基金组织等国际力量的推动下，构建了一套以国民账户体系（SNA）为核心，集统计标准、手册与规范于一体的综合框架。该体系以国内生产总值（GDP）为核心度量指标，广泛覆盖经济、金融、财政、贸易、投资及价格等多个维度，旨在全面评估人类社会经济的发展状况。

GDP 作为衡量国家或地区生产规模的关键指标,聚焦于常驻单位的生产成果,其估算方法多元且互补。

生产法,通过汇总各部门的总产出,并相应减去其中间消耗,精确计算出 GDP 的总量;收入法,依据各部门员工薪酬、固定资产折旧、生产税净额及营业盈余的总和,来估算 GDP;支出法,从需求侧出发,将最终消费支出、资本形成总额、政府消费及净出口等经济活动的总和作为 GDP 的估算依据。

然而,依据国民账户体系的既有框架,GDP 的核算范畴存在一定局限性。首要的是,未能将无偿提供的产品及服务纳入统计范围,忽略了经济活动对总体经济产出的贡献。此外,非企业化单位及个人的生产活动往往游离于 GDP 核算体系之外,传统统计主要聚焦于法人单位与个体经营户,对于新兴的数字经济领域尤显不足。

(二) 经济活动难以厘清

SNA 体系通过清晰区分经济活动中的生产者与消费者角色,并精确界定其生产、消费及资产范畴,构建了经济活动核算的坚实框架。然而,在数字经济浪潮的冲击下,参与者身份的模糊性为统计核算带来了前所未有的挑战,具体体现在以下几个方面。

1. 生产边界的模糊化

随着数字技术的普及与深化,生产活动的边界日益模糊。传统上,居民部门的自给性服务并不纳入 SNA 核算体系,但在数字经济时代,消费者与生产者之间的界限变得愈发模糊。数字技术的广泛应用促使家庭和个人参与到原本由专业机构主导的生产性活动中,活动本应计入 GDP,却因现行统计体系的局限性而被忽视。数字平台作为新兴的中介力量,不仅为非法人服务提供者和家庭创造了市场准入的机会,还极大地丰富了生产活动的多样性。例如,滴滴出行等平台使私家车车主能轻松转化为兼职司机。这个转变挑战了传统生产核算的边界,使得许多新兴的生产性活动难以有效纳入 GDP 统计之中。

2. 消费边界的重塑

数字经济同样重塑了消费边界,使得商品使用权与所有权的界限变得模糊。消费者不再局限于传统的职业和收入模式,而是能够通过数字平台灵活选择工作和收入来源。此外,数字产品的估值难题进一步加剧了消费边界的混乱。数字产品的价格和服务量难以准确衡量,加之平台经济的兴起促进了个人交易的频繁发生,如 58 同城等平台上的房屋租赁服务,其价格制定及附加服务的多样性使得真实交易情况难以被现行统计体系全面捕捉。

3. 资产边界的扩展

SNA - 2008 虽然将数据库的实际维护和建设费用视为固定资产进行统计,却未将数据本身的潜在价值纳入生产资本的范畴。在数字经济时代,数据已成为关键的生产要素,其价值远超传统评估方法所能衡量。用户生成的海量数据构成了庞大的免费数据资产库,这些数据虽未直接产生货币交易,却通过隐性交易实现了巨大的经济价值。因此,如何在统计核算中准确反映数据的潜在价值,成为当前亟待解决的问题。

二、数字经济核算方法

(一) 美国人口普查局——聚焦电子商务统计

1999 年,美国人口普查局对数字经济进行了里程碑式的界定,将其划分为三大核心组成部分:"电子商务基础设施""电子业务"以及"电子商务",见表 10-1。具体而言:电子商务基础设施构成了支撑整个经济体系内电子商务活动及电子交易顺利进行的基石。该领域涵盖广泛的技术与资源,包括但不限于专为电子商务设计的硬件与软件设备、高效运作的电信网络、全方位的支持服务体系,以及掌握相关技能的人力资本。这些要素共同构建了一个稳固且高效的环境,促进了电子商务活动的蓬勃发展。电子商务则是指商业组织或非营利机构利用计算机媒介网络所开展的一系列广泛而深入的活动。活动不仅限于传统的线上采购与销售,更涵盖了生产管理、物流优化以及组织内部的通信与支持服务等多个维度。电子业务的兴起,极大地拓宽了企业的运营边界,提升了运营效率,并促进了商业模式的创新。电子商务作为数字经济的重要组成部分,特指通过计算机媒介网络实现的商品与服务的交易过程。这涵盖从线上询价、谈判到最终达成所有权或使用权转让协议的所有环节。电子商务的"完成"标志在于买卖双方在线上达成交易协议,而非必须完成支付。此外,电子商务的统计范畴严格限定于定价交易,对于如免费软件下载等未涉及货币交换的活动,则不纳入其计量范畴之内。这不仅体现了电子商务的实质特征,也为后续的统计与分析工作提供了明确的指导原则。由此可以看出,美国人口普查局对于数字经济的定义更多地聚焦于电子商务,具体分类见表 10-1。

表 10-1　美国人口普查局的数字经济分类

组成部分	示例	
电子商务基础设施	硬件	计算机、路由器和其他硬件
		卫星、有线和光通信
		网络
	软件	操作系统和应用软件
	支持服务	网站开发、托管和咨询
		电子支付和认证服务
	人力资本	程序员

续　表

组成部分	示　　例		
电子业务	在线采购	访问供应商产品名录	
		在供应商处下单	
		向供应商进行电子支付	
	内部活动	电子邮件	
		信息共享	
		视频会议	
	通过互联网销售书籍或光盘		
	通过企业内网络向企业内部的另一座工厂销售电子元件		
	通过 EDI 网络向零售商销售制造品		

(二) 美国经济分析局——供给—使用视角的统计

随着互联网技术的迅猛发展,数字化浪潮已重塑了企业的运营模式及消费者与企业、消费者之间的交易形态。这不仅触及工作与交流的边界,还颠覆了传统的购物与日常生活方式,使得数字产品和服务成为企业与消费者不可或缺的一部分。数字技术对于推动国家经济增长、增强国际竞争力的作用日益凸显,因此,精准衡量数字经济的规模与影响力,对于把握整体经济运行态势具有不可估量的价值。

为科学统计数字经济数据,美国经济分析局于 2016 年在供给—使用表(Supply-Use Tables)框架下,借鉴了其在构建其他卫星账户时采用的先进方法①。该估算流程精心规划为三大关键环节:首先,明确数字经济的定义范畴;其次,识别供给—使用框架内与数字经济定义相契合的商品与服务;最后,利用该框架锁定提供商品与服务的行业,进而估算其产出、增加值、就业状况、薪酬水平及其他相关经济指标,见表 10 - 2。在定义数字经济时,美国经济分析局紧密围绕互联网与信息与通信技术的核心要素,充分吸纳了行业专家、现有文献及统计数据的智慧与经验。鉴于信息与通信技术部门与数字经济之间的紧密联系,该局将数字经济定义的起点锚定于 ICT 部门,并细化为三大支柱:数字赋能基础设施、电子商务及数字媒体。作为数字经济的基石,数字赋能基础设施支撑着计算机网络的稳定运行,涵盖计算机硬件、软件、电信设备与服务、物联网设施、建筑物及其支持服务

---

①　1993 年,国民账户体系(SNA)创新性地引入了卫星账户的概念,旨在针对那些若直接融入核心框架则会限制统计核算广度的特殊活动,提供一种更为详尽的描述途径。卫星账户作为传统国民经济核算体系的补充统计工具,专门用于深度剖析国民经济运作中的特定领域。通过构建这些卫星账户,能够针对特定形态的经济模式及相关产业的运作状况,实施专门化的统计监测与细致分析。其核算成果不仅丰富了传统宏观经济统计数据的范畴,更是对这些数据的有效补充与深化。

等关键要素。电子商务广义上涵盖所有依托计算机网络进行的商品与服务交易活动,从数字化订购到交付,再到平台支持的 B2B、B2C 及 P2P 等多种交易模式,均被纳入其范畴。至于数字媒体,反映了消费者偏好向数字化内容的转变,包括在数字设备上创作、访问、存储或观赏的各种内容,如电子书、在线新闻、数字音乐与视频等。系列精准的定义与分类,为全面评估数字经济的多维度影响奠定了坚实基础,有助于政策制定者、企业界及社会各界更好地理解并把握新兴经济形态的发展趋势与潜力。各部分的具体分类见表 10-2。

表 10-2 美国经济分析局的数字经济分类

组成部分	二级分类	解释及示例
数字赋能基础设施	计算机硬件	构成计算机系统的实体元件,包括但不限于显示器、硬盘驱动器、半导体、无线通信产品和视听设备
	软件	个人电脑或商用服务器等设备上使用的程序,包括商用软件和企业内部供自己使用的软件
	电信设备和服务	通过电缆、电报、电话、广播或卫星进行信息的远距离数字化传输所需要的设备和服务
	建筑物	包括数字经济生产者生产数字经济商品或提供数字经济服务的建筑,同时还包括为数字产品提供支持服务的建筑,如数据中心等
	物联网	具有嵌入式硬件的互联网设备,如电器、机械和汽车,允许相互通信并连接到互联网
	支持服务	数字基础设施运行所需的服务,如数字咨询服务和计算机维修服务
电子商务	BtoB	利用互联网或其他电子化手段进行企业与企业间的商品和服务交易的电子商务
	BtoC	利用互联网或其他电子化手段向消费者销售商品和服务的电子商务,或零售电子商务
	PtoP	即所谓"共享经济",也称为平台电子商务,涉及通过数字应用促进消费者之间的商品和服务交换。服务包括但不限于住宿租赁、送货和快递服务、消费品租赁、洗衣服务和清洁服务等
数字媒体	直销数字媒体	企业可以通过逐项收费或订阅服务的形式直接向消费者销售数字产品以换取收入
	免费数字媒体	一些企业向消费者免费提供数字媒体,如优兔或脸书。正如许多纸媒或广播电视台所采用的模式一样,提供服务的企业通过在数字产品的边缘销售广告空间来赚取收入。此外,一些消费者也会制作原创的线上内容供其他人消费,称为 PtoP 数字媒体
	大数据	一些企业将生成大数据集作为其正常运营的一部分。这还可能包括利用数字媒体收集消费者行为或偏好信息的机制。企业可能通过出售信息(有时称为"大数据")或以其他方式利用信息来赚取收入

（三）经济合作与发展组织和 G20 峰会——聚焦数字化统计

随着"数字化"浪潮的汹涌澎湃，数字经济的边界被两种普遍存在的趋势不断拓宽：一是"信息数字化"(Digitization)进程的加速，即将传统信息转换为易于处理、存储与传输的数字格式；二是"数字化转型"(Digitalization)的深化，即数字技术在各领域的广泛应用与深度融合。鉴于二十国集团（G20）自 2016 年设立数字经济工作组（Digital Economy Task Force，DETF）以来，并于次年绘制了数字化发展蓝图（Roadmap for Digitalization），已意识到把握数字经济带来的无限机遇与妥善应对其挑战的重要性，强调需强化国际及多元利益相关者的对话与合作，以构建更加精准有效的数字经济衡量体系。在此背景下，2018 年，G20 主席国阿根廷携手经济合作与发展组织等国际机构，共同推出了"G20 数字经济衡量工具包"（G20 Toolkit for Measuring the Digital Economy），里程碑式的成果标志着全球在数字经济量化评估领域迈出了坚实的一步。该工具包精心设计了衡量数字经济的三大核心维度指标，见表 10 - 3，旨在为全球各国提供一套科学、系统、可操作的评估框架，以全面、深入地洞察数字经济的规模、结构、增长动力及其对经济社会发展的深远影响。

表 10 - 3　G20 峰会衡量数字经济的"工具包"

一级指标	二级指标
基础设施	宽带投资、移动宽带兴起、互联网速度、联网价格、物联网基础设施、安全服务器基础设施、家用电脑、家用网络
赋能社会	数字原住民（Digital Natives）、缩小数字鸿沟、人们对互联网的使用、电商消费者、移动支付、民政互动、数字时代的教育、ICT 技能人员
创新和技术应用	机器学习研究、人工智能相关技术、制造业的机器人使用、信息产业的研发投入、企业研发支持、ICT 相关创新、企业的 ICT 使用、云计算服务

（四）中国国家统计局——数字技术与产业互动统计

2021 年 5 月，中国国家统计局正式颁布了《数字经济及其核心产业统计分类（2021）》，为评估我国数字经济发展水平设立了权威且全面的统计基准。该分类体系不仅明确界定了数字经济及其核心产业的范畴，还为衡量其发展规模、增速及结构奠定了坚实基础，充分响应了社会各界对数字经济精准统计的迫切需求。

数字经济的定义，作为产业分类的基石与先导，在中国版图中被赋予了内涵：它是指以数据资源作为关键生产要素，以现代信息网络作为重要载体，以信息通信技术的有效使用作为效率提升和经济结构优化的重要推动力的一系列经济活动。此定义紧密围绕数据资源、现代信息网络、信息与通信技术三大核心要素，三者相辅相成，共同构成了数字经济的坚实支柱。

在产业分类的具体实践中，中国从"数字产业化"与"产业数字化"两大维度出发，清晰勾勒出了数字经济的基本轮廓。其中,"数字产业化"部分聚焦于数字经济的核心领域,涵盖数字产品制造业、数字产品服务业、数字技术应用业、数字要素驱动业与数字化效率提升业五大类。这些产业不仅是数字技术的直接产物,也是推动产业数字化进程不可或缺的基石与支撑。

进一步而言,前四大类作为"数字产业化"的核心构成,集中展现了数字经济的基础性力量,通过提供数字技术、产品、服务、基础设施及解决方案,为各行业的数字化转型奠定了坚实的基础。而"产业数字化"侧重于传统产业在数字技术与数据资源的赋能下,实现产出增长和效率提升的过程,广泛涵盖智慧农业、智能制造、智能交通、智慧物流、数字金融、数字商贸、数字社会及数字政府等多个领域的深度应用,是数字经济与实体经济深度融合的生动体现。

第二节　增长因素

一、生产要素的历史演进

遵循"技术—(规则)—经济"动态演进范式,技术革新被视为经济形态更替的鲜明标志,引领着人类经济形态从农业经济、工业经济向数字经济转变,实现了历史性的跨越与持续发展。在此壮阔历程中,人类生产力的显著提升体现在三大标志性变革之上:首先,新经济生态蓬勃发展,表现为新产业如雨后春笋般涌现,催生了全新的分工体系、市场格局与商业模式,同时孕育了前所未有的财富形式,新兴元素共同编织着经济发展的新蓝图。其次,科学技术以前所未有的速度进步,并日益深入地渗透生产活动的每一个环节,成为推动产业升级和效率提升的强大引擎。从基础研究的突破到应用技术的广泛普及,科技的力量正以前所未有的方式重塑着生产关系与生产力的面貌。第三,核心资源与关键生产要素的构成发生了根本性变化,主导经济生产与财富分配的力量也随之转移。数据、信息、知识等无形资产逐渐取代传统物质资源,成为新时代的核心生产要素,而数字技术的广泛应用则进一步强化了其引领作用,全球经济结构向更加高效、智能、可持续的方向转型。

(一)农业经济时代

农业经济时代,一个烙印于历史长卷的时代,其特征是以手工劳动作为主导生产方式,以自然资源作为劳动的核心对象,农产品的丰饶则构成了经济产出的主基调。产业版图主要由农产品种植业、畜牧业与渔业精心构筑,各自依循着自然的韵律展现对自然条件的高度依赖性。种植业在温润的平原与盆地间茁壮成长,其繁荣深受土壤肥沃度、降水量与气温波动的微妙影响,且作物间差异显著;畜牧业则产生于干旱与半干旱区域,其生存逻辑与种植业大相径庭;至于渔业,则对水域环境提出了更为精细的要求,养殖对象的多样性更添水域管理的复杂性。

农业经济时代的帷幕,是由农业技术的曙光初现及其所引领的生产力与生产关系变革缓缓拉开的。在此时代,土地作为生产活动的基石,自然而然地成为核心资源。在技术相对稳定的假设下,土地资源的有限性促使社会通过增加劳动力投入来实现财富的积累,劳动力因而成为关键生产要素。然而,从长远视角审视,农业技术的持续进步如同催化剂,不仅提升了土地与劳动力的质量,更极大地释放了生产要素的潜力,其带来的财富增长效应远超单纯劳动力数量的增加,彰显了农业技术作为第一生产力的非凡地位。

纵观农业经济时代,地主阶层因掌握着广袤的土地资源而手握经济命脉,他们通过对土地的绝对控制权,间接实现了对劳动力的有效管理。对核心资源的垄断,进而转化为对关键生产要素——劳动力的掌控,最终构筑了地主阶层主导经济生产与财富分配的格局。该历史现象,揭示了资源、技术与社会结构之间错综复杂而又相互依存的关系。

(二) 工业经济时代

工业经济时代,一个标志着机器轰鸣取代手工匠心,能源资源成为开采焦点,工业产品跃居经济产出主导地位的时代。此时代,产业结构多元化发展,农业虽仍占一席之地,但工业(涵盖采矿业、制造业、能源供应及建筑业等)与服务业(生产性服务业与消费性服务业并行不悖)已牢牢占据舞台中央。工业与服务业的崛起,显著降低了对自然条件的直接依赖,转而依赖高效的交通运输与通信技术,推动产业在沿海、沿江平原区域集聚,形成规模庞大的都市圈与城市群,展现对区位优势的敏锐洞察与利用。

工业经济时代的启幕,是以工业技术的萌芽及其引领的生产力与生产关系变革为标志的。历经三次工业技术革命,从蒸汽机的轰鸣开启机械化时代,到电力的广泛应用照亮电气化进程,再到微电子技术引领的信息技术革命,每一次飞跃都改变了世界的面貌。能源资源成为核心驱动力,相较于土地资源的有限性,工业经济的扩张更多依赖于劳动力与资本的双重增长。然而,随着技术革命的深入,资本的力量逐渐凸显,成为推动财富积累的关键生产要素。工业技术的持续革新,不仅提升了土地与劳动力的利用效率,更催生了新技术、新工艺、新分工模式与新市场格局,其带来的价值增殖远超农业技术时代,确立了工业技术作为工业经济时代第一生产力的地位。

总体而言,工业经济时代的主宰者,是那些手握巨额资本的资产阶层。他们通过对资本的绝对控制,间接掌握了能源资源,进而主导了经济生产与财富分配的格局。相较于农业经济时代对土地资源的直接掌控,展现一种更为复杂且高效的经济控制逻辑,即通过关键生产要素(资本)实现对核心资源(能源)的间接控制,从而引领时代潮流。

(三) 数字经济时代

数字经济时代,产业格局焕然一新,在农业、工业与服务业三大传统支柱并存的同时,新兴数字产业如雨后春笋般涌现,如大数据、云计算、车联网、金融科技等,正逐步在经济结构中占据更显赫的位置,其产值贡献也在日益攀升。传统产业的地位与比重渐趋下降,而数字化改造后的工业与服务业,凭借数字技术的赋能,焕发出新的生机与活力。相较于工业经济时代对地理集中与区位条件的依赖,数字经济通过其强大的网络效应实现了规模经济的全新路径,极大地降低了对自然条件和物理位置的依赖。

追溯数字经济时代的起源,可至 20 世纪 90 年代互联网的广泛普及。自此,数字技术如同潮水般席卷全球,引发了生产力与生产关系的变革。在近三十年的高速发展中,人工智能、5G、物联网、区块链等前沿技术深度融合于社会生产各领域,催生了互联网经济、共享经济、零工经济、平台经济、生态经济等多元化经济形态,不仅重塑了智能制造等生产方式,更引领了无人驾驶等生活方式的革命性变迁。与过往信息技术相比,当代数字技术对经济的影响已远远超越了辅助工具的范畴,其颠覆性力量不容忽视。

在数字经济时代,数据资源跃升为核心资源,其数量与质量成为推动经济发展的关键因素。相较于土地、劳动、资本等传统生产要素,数据以其独特的多维属性,在丰富的应用场景中释放出巨大价值。因此,数据不仅是关键生产要素,更是第一生产要素,不仅能够直接贡献于财富积累,还能通过大数据分析优化模型,赋能其他生产要素,实现整体效率的提升。

展望未来,数字经济时代的主导力量将是那些掌握海量数据的科技企业。凭借对数据的绝对控制权,不仅间接掌握了其他生产要素与资源,更拥有了推动数字技术持续进步的强大引擎。相较于农业经济时代的地主阶层与工业经济时代的资本阶层,科技企业展现了更为强大的影响力和主导力,成为经济生产与财富分配的新主宰,正以前所未有的方式,引领着全球经济向更加智能、高效、可持续的方向发展。

二、数据要素的经济增长效应

在宏观经济的大框架下,生产要素对经济增长的驱动作用体现在总供给与总需求两个核心维度上。以劳动力为例,其作为关键生产要素在生产部门中直接参与生产活动,有效提升总供给能力;同时,作为家庭部门提供的资源,劳动力在个体效用最大化决策中平衡闲暇与工作时间,间接塑造着总需求格局。

数据要素,作为数字经济时代的核心驱动力,其促进经济增长的路径同样多元且深远。首先,数据作为企业的无形资产,在生产与管理中扮演决策指南针与效率催化剂的角色,通过优化资源配置与流程,显著提升整体社会生产效率,从而激发经济增长活力。其次,创新是经济增长的不竭源泉,数据要素以其强大的信息挖掘能力,加速了知识空间中新组合的发现,为创新提供了肥沃土壤,推动了经济结构的升级与发展。再者,在金融领域,数据要素成为企业与投资者精准预测、把握市场先机的关键,有效缓解了信息不对称与不确定性问题,为金融市场的稳定与经济的持续增长保驾护航。

尤为数据要素展现了非竞争性的独特属性,与实物商品或资本截然不同。数据的可复制性、易传输性使其能够无限量地被多主体同时使用而不减损,不仅打破了传统资源的稀缺性限制,还催生了规模报酬递增的奇迹。数据资源的共享性如同为经济体系铺设了一条高速通道,使得每个参与者都能享受到整个行业的资源红利,极大地提升了经济效率与产出。

数据资本作为生产要素的前提是必须经过整合与处理,转化为能够驱动新生产过程的力量。数据资本的投资,不仅直接助力企业提升生产效能,更通过优化资源配置,间接促进了整个社会生产效率的飞跃。其创新性体现在两个方面:一是促进生产技术与经济结构的双重革新,如交通数据的实时处理推动了自动驾驶技术的飞跃;二是通过数据循环增值机制,不断强化数据分析能力,使得数据资本本身的价值与影响力持续放大,如电商平台利用大数据精准营销,创造了巨大的市场价值。

因此,数据要素以其非竞争性、高增值性及创新性,正改变着经济增长的面貌,成为数字经济时代不可或缺的核心力量。

三、数字经济的溢出效应

华为携手牛津经济研究院(Oxford Economics)于 2017 年联合开展的一项深度研究,揭示了企业数字投资所蕴含的广泛而深远的潜在积极溢出效应。该效应犹如涟漪般扩散,超越了投资主体的直接受益范畴,影响着产业链上下游的每一个环节,使得整个生态系统共享数字技术带来的繁荣果实。

本书则从数字经济领域内几个引人深思的悖论为切入点,深入剖析并拓展了溢出效应的边界与内涵,不仅探讨了数字技术如何超越传统经济模式的界限,促进效率与创新的双重飞跃,还揭示了在这过程中,如何解析看似矛盾实则相辅相成的现象,如个体利益与集体福祉的和谐共生、短期投资成本与长期增长潜力的权衡等,从而全面揭示了数字经济中溢出效应的复杂机制与巨大价值。

(一) 生产率悖论提出

斯蒂芬·罗奇(Stephen Roach)在其富有洞见的文章中,详尽剖析了 20 世纪 70 至 80 年代间一个耐人寻味的现象:尽管美国服务业企业为白领阶层配备了计算能力飞跃式增长的计算机,这一技术革新却未能显著撬动企业生产率的杠杆,信息化对整体经济活力的提振作用显得微乎其微。换言之,尽管计算机技术如潮水般涌入企业日常运营,其预期中的生产率飞跃却迟迟未能显现,这一现象被罗伯特·索洛(Robert Solow)以"生产率悖论"(亦称"索洛悖论")之名,精准地揭示了技术普及与生产率提升之间的断裂带。

信息化悖论,如同一面棱镜,折射出企业在信息化征途中遭遇的尴尬现实:巨额投资于信息技术的各个领域,旨在通过数字化手段重塑运营与管理生态,却往往陷入"投入大、回报微"的困境。信息技术,这本应是企业效率提升的强力引擎,在某些情境下却仿佛化作了吞噬资金与期望的"黑洞",尤其是在人工智能等前沿技术的探索之旅中,这种挫败感尤为强烈。

历史上，"IT黑洞"这一戏谑之称，不仅是对早期企业信息化项目高失败率的无奈总结，更隐含了对战略规划缺失与经验不足的反思。即便偶有项目突破重围，其成果亦常显得"性价比"不高，巨额投入未能换来管理效率的显著提升，时间与资金的消耗似乎并未能兑换成相应的价值回报。

因此，信息化悖论不仅是对当前企业信息化实践的省思，更是对未来发展方向的警醒之钟，在信息化浪潮中航行，必须强化战略规划的精准性、项目执行的效率以及投资回报的评估机制，以免重蹈"IT黑洞"的覆辙，确保信息技术真正成为推动企业高质量发展的坚实支撑。

以自动取款机（ATM）为例，这一金融领域的革命性创新极大地简化了交易流程，为用户与银行双方带来了前所未有的便捷体验。然而，其广泛应用却意外触发了银行产出和生产率统计指标的微妙变化，原因在于传统统计框架难以全面捕捉ATM带来的服务效率提升与用户体验优化等无形价值，而ATM部署成本直接反映在财务报表上，造成了统计上的"生产率下降"假象。这再次印证了生产率悖论的核心——技术进步的显著性与统计体系滞后性之间的张力，呼吁重新审视并优化经济评估体系，以更加全面、准确地衡量信息化时代的真实价值创造。

（二）现代生产率悖论

在当今数字经济迅猛发展的时代背景下，生产率悖论以一种更为复杂而微妙的形态浮现，揭示了新兴经济形态对国民经济生产、消费及分配模式的颠覆性重塑与现有宏观经济统计体系之间的显著脱节。数字经济以其前所未有的速度加速了社会经济运转的齿轮，但其广泛而深远的渗透力未能被传统宏观经济统计指标充分捕捉，从而书写了生产率悖论在数字时代的新篇章。

现代生产率悖论的核心症结在于，尽管数字经济无所不在，其对社会进步的强大驱动力却仿佛被宏观统计的显微镜遗漏。传统上，全要素生产率与资本深化的增长被视为劳动生产率提升的双轮驱动，但在数字经济浪潮下，这一经典逻辑正面临严峻挑战。全要素生产率，作为衡量纯技术进步对经济增长贡献的标尺——索洛余量，其变动本应预示着生产前沿的拓展与技术飞跃的轨迹，然而现实往往显示其增长放缓，未能与数字经济的蓬勃发展相匹配。

资本深化，作为经济增长过程中的显著标志，反映着资本积累相对于劳动力增长的加速趋势，是技术进步与资本效率提升的直观体现。然而，生产率悖论揭示了一个悖论性现象：尽管社会对技术的投资规模空前，但这些投入并未如预期般转化为生产率的显著提升，反而可能伴随着全要素生产率和资本深化增速的放缓，凸显了技术进步与经济增长预期之间的巨大鸿沟。

深入探讨数字经济时代索洛悖论持续存在的原因，可归结为两大方面：一方面，数字经济虽展现提升生产力的巨大潜能，但其全面释放尚需时日。尽管数字技术已在某些领域引发变革,但其对整个经济的整体提振作用仍处于初期阶段,预示着未来广阔的发展空间与无限潜力。另一方面,数字经济产出的准确衡量遭遇重重障碍。由于数字经济概念的模糊性、边界的模糊性以及统计方法的多样性,各国及机构间对其认知存在显著差异。加之数字经济在传统 GDP 等宏观经济指标中的占比相对较小,进一步加剧了统计体系对数字经济规模测度的不足,成为现代生产率悖论的重要推手。

随着人工智能技术大行其道,但是其在推动生产率增长过程中面临另一重悖论——"人工智能悖论"。尽管人工智能技术不断突破,推动生产率达到前所未有的高度,但社会的就业率和收入中位数呈现出下降趋势。这一矛盾现象产生的原因在于以下几个方面:

首先,现有经济度量体系(如 GDP)等存在根本性局限,难以全面捕捉人工智能技术的真实价值。这些"测量盲区"涵盖从服务行业中的自动化便利到制造业中的产品多样化等多个方面,导致人工智能技术所带来的服务质量提升、产品种类增加、客户满意度提高及资源调度效率优化等宝贵产出被系统性低估。

其次,人工智能技术对生产率的积极影响往往伴随着显著的时间滞后效应。由于技术的复杂性和用户的适应过程,初期投资可能面临高昂成本与有限收益的困境。然而,当考虑其长期潜力与滞后效应时,人工智能驱动的生产率增长前景则展现令人振奋的乐观态势。

再者,技术回报的非对称性也是人工智能悖论的一个重要方面。在某些情况下,人工智能技术可能高度集中于少数企业手中,通过市场份额的重构而非整体市场的扩张来获取利益,这虽能提升特定企业的竞争力,却未必能促进整个行业或经济的整体生产力提升。此外,信息经济的特殊性还加剧了技术红利被少数企业独占的现象,进一步加剧了市场的不平等性。

最后,组织层面在人工智能应用与管理上的低效也是不容忽视的因素。成功的技术应用需要伴随着对生产流程、组织结构及激励机制的变革。若缺乏必要的调整与优化措施,人工智能的引入可能非但未能提升效率反而增加组织冗余与成本负担。同时新技术的引入也可能带来新的瓶颈与挑战,若不能及时解决,将严重制约人工智能技术的实际效用发挥。

第三节　增长模型

本节将以 Jones 与 Tonetti(2020)的研究成果(戎苘和周迪,2023),精练阐述如何将数据要素创新性地融入传统生产函数框架之中。这不仅深化了对数据要素本质的理解,还为洞察数据在推动经济增长过程中的独特作用提供了全新视角。通过该模型,能够更全面地评估数据作为新兴生产要素的价值,并探索其如何重塑经济结构与增长动力。关于具体模型构建与求解的详尽技术细节,读者可参阅原文以获取全面而深入的理解。

首先,假定经济体中包含多个品类的产品,而每个品类的产品均是基于同一个研发生产过程得到的。由于研发需要知识或想法的积累,假定一个质量为 A_i 的想法结合数量为 L_i 的劳动力后,可以得到某个品类产品的产出 Y_i 为:

$$Y_i = A_i L_i \tag{10-1}$$

由于想法具有非竞争性,即类似的想法可以被多家企业用于生产不同的产品。因此,基于想法的生产函数对劳动力是规模报酬不变的。之后,假定该经济体中包含 N 个品类的产品,并采用常弹性 CES 生产函数,得到整个经济体的总产出 Y 为:

$$Y = \left(\int_0^N Y_i^{\frac{\sigma-1}{\sigma}} \mathrm{d}y_i \right)^{\frac{\sigma}{\sigma-1}} = N^{\frac{\sigma}{\sigma-1}} Y_i \tag{10-2}$$

式中,σ 为生产函数的替代弹性。

从式(10-1)和式(10-2)可知,整个经济体的总产出并不是各个品类产出的一个简单加总。以共享出行为例,市面上可能存在特斯拉、优步等品类。品类所提供的出行服务并不是完全一致的,它们的服务源自不同质量的共享出行理念,而且最终提供的出行服务之间可能也存在互相竞争或互补的关系。

接下来引入数据要素,以探究数据要素对生产系统的影响。假定数据可以用来提升想法的质量,即越多数据的支撑可以提升想法在生产活动中所起的作用。因此,数据要素对想法的影响可用如下公式表示:

$$A_i = D_i^\eta \tag{10-3}$$

式中,D_i 表示投入的数据量;η 为一常数。

同样以共享出行为例,不同的企业均具备共享出行商业模式的想法,但是想法之间存在差异性。通过相关的出行数据,可以进行机器学习算法的训练,从而让整个出行服务变得更为高效和安全。从不同的场景来看,可能只需要少量数据,就能训练出简单路况下的紧急制动模型;而在高速公路复杂且高速移动的场景下,需要大量的数据才能训练出合适的模型。同样,经过大量数据验证后的想法在实际应用过程中可以依靠同样的劳动力以获得更高效的产出。因此,数据可以被认为是能够提升想法质量的。

在此逻辑下,不同企业的异质性还体现在对数据的算法能力上。比如,同样两家出行企业,在使用相同数量的数据后所训练出来的机器学习模型可能仍然存在质量的差异。为了捕捉差异性,在式(10-3)中引入了参数 η,η 越大则说明该企业对数据的算法能力越强。

于是,将式(10-3)代入式(10-1),可以得到如下生产函数:

$$Y_i = D_i^\eta L_i = D_i^\eta L/N = D_i^\eta v \tag{10-4}$$

这里假定 L 是整个经济体中的劳动力总量,N 是整个经济体中的企业数量。因此,v 可以被理解为是按劳动力数量度量的生产每个品类企业的规模。每当一个品类被消费,就会产生一份数据,比如每千米的驾驶数据可以用来提升未来驾驶的算法。这些数据对自身品类的产品都有用,当所有品类合在一起时,这些数据对各自品类也存在一定的用处。因此,可以用来提升想法质量的数据被记为如下形式:

$$D_i = \alpha x Y_i + (1-\alpha)B = [\alpha x + (1-\alpha)\tilde{x}N]Y_i \qquad (10-5)$$

式中,Y_i 是消费某一品类而产生的数据;x 是在所有数据中可以使用的份额;B 是其他品类消费活动中所产生的数据集合;$\tilde{x}$ 是某一品类可以从其他品类消费活动所产生的数据中使用的份额;α 和 $1-\alpha$ 是两类数据来源的占比。

基于式(10-5),代入式(10-1),就可以得到:

$$Y_i = ([\alpha x + (1-\alpha)\tilde{x}N]^\eta v)^{\frac{1}{1-\eta}} \qquad (10-6)$$

这个公式意味着,越多的用户消费产品,能产生越多的数据,以不断提升生产力,从而让用户消费更多的产品,并进一步产生更多的数据。最后,把式(10-6)代入 CES 生产函数,就可以得到:

$$Y_i = N^{\frac{\sigma}{\sigma-1}}([\alpha x + (1-\alpha)\tilde{x}N]^\eta v)^{\frac{1}{1-\eta}} \qquad (10-7)$$

把式(10-7)写成人均产出的形式,结合 $L = vN$,可以得到:

$$Y_i = N^{\frac{\sigma}{\sigma-1}}([\alpha x + (1-\alpha)\tilde{x}N]v)^{\frac{\eta}{1-\eta}} \qquad (10-8)$$

这便是数据要素影响经济增长的方式。可以看到,只要有产出 y,便有对应的数据以 x 或 x 的一定比例进入生产活动之中,再作用于产出 y。以此不断循环,最终达到经济增长的均衡。这里 $\frac{1}{\sigma-1}$ 度量了传统生产函数中的投入多样性,而 $\frac{\eta}{1-\eta}$ 度量了数据对产出所起的作用。

该生产函数非常好地刻画了数据要素的非竞争性,同时也解释了数据要素进入研发(提升想法质量)的过程中所起的作用。此外,该模型表明,数据要素除了非竞争性外还有很多其他的特有属性,且也不仅仅是能够进入研发的流程之中,在生产、匹配的过程中同样可以发挥自己的作用。数据要素影响经济增长的模型提供了一个非常实用的建模思路,读者可以在此基础上考虑更多数据要素的属性,并试图将属性引入生产函数之中,以进一步探究数据要素对经济增长的不同影响机制与影响路径。

 案例 10

数字驱动增长:中国数字经济增长成效

导语:数字技术的广泛渗透,推动经济增长质效的同时,也为数据要素的脱颖而出创造了条件。数字技术和数据要素成为驱动经济转型与增长的双轮。中国数字经济已经成为经济增长的核心动能,仍有很大的发展空间。

2023 年以来,我国 5G、人工智能等技术创新持续取得突破,数据要素市场加快建设,数字经济产业体系不断完善,数字经济全要素生产率巩固提升,支撑了我国新质生产力的积累壮大。具体来看:

一是扩量方面,数字经济规模扩张稳步推进。2023 年,我国数字经济规模达到 53.9 万亿元,较上年增长 3.7 万亿元,增幅扩张步入相对稳定区间。

二是增效方面,数字经济在国民经济中的地位和作用进一步凸显。2023 年,我国数字经济占 GDP 比重达到 42.8%,较上年提升 1.3 个百分点,数字经济同比名义增长 7.39%,高于同期 GDP 名义增速 2.76 个百分点,数字经济增长对 GDP 增长的贡献率达 66.45%,数字经济有效支撑经济稳增长。

三是提质方面,数字经济融合化发展趋势进一步巩固。数字产业化与产业数字化的比重由 2012 年的约 3∶7 发展为 2023 年的约 2∶8,2023 年,数字产业化、产业数字化占数字经济的比重分别为 18.7% 和 81.3%,数字经济的赋能作用、融合能力得到进一步发挥。

四是挖潜方面,数字经济和实体经济融合发展持续拓展深化。2023 年,我国一、二、三产业数字经济渗透率分别为 10.78%、25.03% 和 45.63%,分别较上年增长 0.32、1.03 和 0.91 个百分点,第二产业数字经济渗透率增幅首次超过第三产业。

五是区域方面,综合实力较强的地方彰显数字经济发展活力。2023 年以来,经济基础较好、科技创新能力较强的地区,数字经济发展的规模经济、范围经济效应充分释放,地区数字经济实现了更快、更好、更有韧性的发展。

总的来看,数字经济推动经济发展遵循一定的经济规律。在供给端,数字经济通过扩大数字投入,促进劳动生产率及资本回报率的提升,推动经济发展"质"的跃升。在市场端,数字经济通过发挥有效市场作用,吸引市场主体充分参与竞争,推动经济发展活力的释放。在需求端,数字经济通过发挥数字投资利率弹性与数字消费收入弹性,有效扩大市场需求,推动经济发展"量"的扩张。

资料来源:中国信息通信研究院:中国数字经济发展研究报告(2024),2024 年 8 月.

评语:中国数字经济后发而先至,得益于不断的自主创新,形成以 5G 为代表的新一代信息技术,与庞大的应用市场融合,创造了增长奇迹。同时,数字经济理论不断创新,以新质生产力为代表的新经济理论为经济增长定向领航。中国经济数字化转型仍在加速,数字产业和产业数字化依然有很大发展空间,孕育着无限机会。

思考:现阶段,为什么中国数字经济中产业数字化具有主导地位?数字经济增长扩大还是弥合了区域间差距?数字经济增长的实现路径有哪些?

🗝 课后习题

1. 阐释现行国民经济统计体系难以核算数字经济的原因。

2. 比较分析具有代表性的数字经济核算体系。

3. 简述生产要素的变迁历史。

4. 简述数据要素的经济增长效应。

5. 简述数据要素的溢出效应。

6. 举例解释纳入数据要素的内生增长模型。

参考文献

[1] Acemoglu D, Azar P D. Endogenous production networks [J]. Econometrica, 2020, 88(1): 33-82.

[2] Acemoglu D, P Restrepo. Robots and Jobs: Evidence from US Labor Markets [J]. Journal of Political Economy, 2020, 128(6): 2188-2244.

[3] Armstrong M. Competition in Two-sided Markets[J]. The RAND Journal of Economics, 2006, 37(3): 668-691.

[4] Begenau J, et al. Big Data in Finance and the Growth of Large Firms[J]. Journal of Monetary Economics, 2018(97): 71-87.

[5] Belleflamme P, Peitz M. Platform Competition: Who Benefits from Multi-homing?. International Journal of Industrial Organization, 2019, 64: 1-26.

[6] Cong, Lin W, et al. Endogenous Growth under Multiple Uses of Data[J]. Joumal of Economic Dynamics and Control, 2022: 104395.

[7] Davoodalhosseini S. Central Bank Digital Currency and Monetary Policy. Journal of Economic Dynamics and Control, 2021: 104-150.

[8] Gaessler F, S Patents Wagner. Data Exclusivity, and the Development of New Drugs[J]. Review of Economics and Statistics, 2022, 104(3): 571-586.

[9] Shapiro C, et al. Information Rules: A Strategic Guide to the Network Economy[J]. Journal of Economic Education, 1999, 30: 189-190.

[10] Yoo Y, Boland R J, Lyytinen K, et al. Organizing for innovation in the digitized world[J]. Organization Science, 2012, 23(5): 1398-1408.

[11] 安筱鹏.重构:数字化转型的逻辑[M].北京:电子工业出版社,2019.

[12] 陈斌彬,王斌楠.数据主权视阈下我国数据出境的法律规制及完善[J].华侨大学学报(哲学社会科学版),2024,(02):49-63.

[13] 陈兵."数据垄断":从表象到本相[J].社会科学辑刊,2021(2):129-136.

[14] 陈吉雨.数字经济时代的税收法治建设:逻辑内涵与实践路径[J].江西社会科学,2024,44(03):124-132.

[15] 陈收,蒲石,方颖,等.数字经济的新规律[J].管理科学学报,2021,24(8):36-47.

[16] 陈维涛,朱柿颖.数字贸易理论与规则研究进展[J].经济学动态,2019(9):114-126.

[17] 陈伟光,明元鹏.数字货币:从国家监管到全球治理[J].社会科学,2021(9):13-27.

[18] 崔学敬.我国大数据交易存在的主要问题及其应对[J].学习月刊,2021(4):49-51.

[19] 戴翔,林益安,王昱涵.数字贸易强国:理论、指标及测度[J].中南财经政法大学学报,2024(01):96-108.

[20] 冯志波.数字经济赋能制造业转型升级[J].宏观经济管理,2024(03):49-59.

[21] 龚辉文.数字服务税的实践进展及其引发的争议与反思[J].税务研究,2021(01):39-46.

[22] 郝东杰,陈双专.数字经济跨境课税之"双支柱"方案的创新、影响及应对[J].税务研究,2020(11):100-107.

[23] 何伟,孙克,胡燕妮,等.中国数字经济政策全景图[M].北京:人民邮电出版社,2022.

[24] 黄光晓.数字货币[M].北京:清华大学出版社,2020.

[25] 嵇正龙,姜丽丽.网络经济学[M].苏州:苏州大学出版社,2023.

[26] 嵇正龙,肖艳,宋宇.数据要素资本化驱动人工智能演进分析[J].淮阴工学院学报,2023,32(06):57-62.

[27] 嵇正龙.中国制造业企业动态的增长效应研究[M].苏州:苏州大学出版社,2023.

[28] 姜奇平.数字经济学的基本问题与定性、定量两种分析框架[J].财经问题研究,2020(11):13 – 21.

[29] 刘小鲁,董烨然,邝仲红,等.平台经济学[M].北京:中国人民大学出版社,2023.

[30] 马化腾,等.数字经济[M].北京:中信出版集团,2017.

[31] 戚聿东,肖旭.数字经济概论[M].北京:中国人民大学出版社,2022.

[32] 戎苟,周迪.数字经济学[M].北京:清华大学出版社,2023.

[33] 芮廷先.网络经济学[M].2 版.上海:上海财经大学出版社,2021.

[34] 宋宇,嵇正龙.论新经济中数据的资本化及其影响[J].陕西师范大学学报(哲学社会科学版),2020,49(4):123 – 131.

[35] 孙毅.数字经济学[M].北京:机械工业出版社,2021.

[36] 王晔,张铭洪.网络经济学[M].3 版.北京:高等教育出版社,2019.

[37] 谢卫红,李秀敏,王永健,等.数字经济概论[M].北京:中国人民大学出版社,2023.

[38] 中国信息通信研究院.数字经济概论:理论、实践与战略[M].北京:人民邮电出版社,2022.

[39] 周伟.数字经济:产业历史、未来方向与中国机会[M].北京:中国经济出版社,2024.

[40] 朱红根,周曙东.数字经济概论[M].北京:经济科学出版社,2023.